伍忠贤博士 著

图解 金融科技与数字银行

FINANCIAL TECHNOLOGY & DIGITAL BANK

从基础知识到实践运用，
图解让FinTech更简单！

SPM
南方出版传媒
广东经济出版社

图书在版编目（CIP）数据

图解金融科技与数字银行 / 伍忠贤著. —广州：广东经济出版社，2019.9

ISBN 978 -7 -5454 -6511 -2

Ⅰ. ①图…　Ⅱ. ①伍…　Ⅲ. ①金融 - 科学技术 - 图解　②数字技术 - 应用 - 银行业务 - 图解
Ⅳ. ①F830. -41

中国版本图书馆 CIP 数据核字（2018）第 281441 号

Tujie Jinrong Keji Yu Shuzi Yinhang
出版人：李　鹏　　责任编辑：陈念庄 周伊凌　　责任技编：陆俊帆

出版发行	广东经济出版社（广州市环市东路水荫路 11 号 11 ~ 12 楼）
经销	全国新华书店
印刷	佛山市迎高彩印有限公司 （佛山市顺德区陈村镇广隆工业区兴业七路 9 号）
开本	787 毫米 ×1092 毫米　1/16
印张	18
字数	353 000 字
版次	2019 年 9 月第 1 版
印次	2019 年 9 月第 1 次
书号	ISBN 978 -7 -5454 -6511 -2
定价	58.00 元

如发现印装质量问题，影响阅读，请与承印厂联系调换。
图书营销地址：广州市环市东路水荫路 11 号 11 楼
电话：（020）87393830　邮政编码：510075
广东经济出版社官方网站：**http://www.gebook.com** 微博：**http://e.weibo.com/gebook**
广东经济出版社常年法律顾问：胡志海律师

推荐序

沈中华教授

从2015年起，金融科技（Fintech）和数字银行（Bank3.0）已经通过大众媒体，形成全民的常识教育，最常见的是手机支付，你到商店，刷手机，一声就可付款。在数字银行业务方面，最常见的是自动柜员机用按指纹方式，免金融卡也可提款等。

大学与财务金融相关的学系纷纷开授“金融科技”与“数字银行”等相关课程。许多大学跟金融控股公司或银行签约进行产学合作、建教合作，许多金融控股公司也开课训练员工“跟得上时代”。

这些现象皆显示我们需要有一本系统且实用的书，既可以在大学中使用，也可在金融业通行。恰巧，我20年的老朋友伍忠贤老师《图解金融科技与数字银行》一书托我校阅。

我先替各位看了以后，觉得本书至少还有两个特色：

1.训练学生、读者的判断力

例如书中主张“手机支付”在中国台湾的金额，到2030年顶多占家庭支出的5%，远低于信用卡所占的30%，也就是会跟欧美国家类似，中国大陆是特例。

网络放款中介（P2P lending）在中国台湾只有30亿元[①]市场，跟家庭贷款11.3兆元比起，只占0.026%，在欧美也是如此。在中国大陆占3%，不会威胁到银行。

① 本书的价格单位“元”均指新台币，1 元新台币≈ 0.2 元人民币。

2.深入浅出的实战例子

以“区块链”（blockchain）来说，全书只占一章。本书不谈区块链的信息技术专业术语，主要聚焦在银行的运用方面。

在大数据分析、人工智能的运用部分也一样，本书以一个单元篇幅详细介绍一家银行如何运用，让你看门道。

读书是“一本万利”的投资，读好书，等于把一位作者辛苦数年的心得在几天之内就化为己用，可以使你谈吐更迷人，你一讲话，大家就静下来，想听听你说些什么，相信你读了这本书后会有此效果。

自序
读一本书有三本书的收获

“重点不在于你出拳有多重，在于你挨多少重拳后仍能往前行。”

——洛基·巴布亚（西尔维斯特·史泰龙饰）
美国电影《洛基：勇者无惧》（2006）

一、外行看热闹，内行看门道

2015年起，报刊对“金融科技”（Fintech）、“数字银行”（Bank3.0）的报道如天上繁星，令人目不暇接。套用财富极端分配法“5%的最高财富家庭拥有全国48%的家庭财富，95%的家庭拥有52%的财富”说，95%有关这方面的报道的含金量极低。以北半球的人来判定方位的话，找到北斗七星，再找到北极星作为北方，本书就是你在“金融科技与数字银行”的北极星（在南半球的南十字星）。

二、本书的市场定位

本书主要是作为下列两类人士“见林又见树”的易懂又实用的图书。

（一）大学生

从财务金融系、金融系选修课的教科书到常识课程的用书。

（二）金融业（尤其是银行业）

本书以8章（占全书50%）的篇幅讨论在金融科技的潮流下，银行（尤其是消费金融导向的银行）如何跟上时代，推出“数字银行”业务。本书可作为银行员工的培训用书或自学用书。

三、本书如何做到“易懂实用”

（一）实用

本书不牵扯复杂的信息用词（例如区块链、大数据、人工智能的原理），终究那只是“数字金融部”“信息部”（甚至是外包信息公司）等少数人的事。因此，只要找“一主题一家银行”，你就可“从实践中学习”，由标杆银行针对某项主题（例如：信用卡大数据分析）怎么做，你就算“没有吃过猪肉，至少也看过猪走路”。

由于本书于2017年10月出版，而2017年财经数字尚未出来，为了让读者在2018年、2019年使用本书时，时效性高一些，有些数字是本书预估的2017年的数字。

（二）易懂

本书的亮点是讲“人话”“大白话”。

四、本书跟其他课程的“大队接力”

（一）本书架构

由序表1可知，本书共十六章，分四部分涵盖三本书范围：金融科技、网络金融公司、数字银行（Bank3.0）。

第一部分共三章（第一至第三章），介绍金融科技；第二部分共五章（第四至第八章），介绍网络金融公司；第三部分共四章（第九至第十二章），介绍银行数字化的经营、核心活动（研发—生产—业务）；第四部分共四章（第十三至第十六章），介绍数字银行分行的数字化运作。

（二）本书不讨论的主题

限于篇幅，有四个主题本书未曾涉猎，请参阅作者相关书籍：

（1）第三方支付与电子票证：这偏重于货币银行学领域。

（2）群众募资：这偏重于“财务管理”，一般来说，一年募资金额一亿元以内，市场影响力极低。

（3）大数据分析的原理。

（4）人工智能的原理，未来在“银行经营管理”书中说明。

（三）资料来源

有关台湾地区的银行的营收、净利等内容，以台湾地区货币政策主管机关金融业务检查处编印的《中国台湾银行营运绩效季报》为准。有关货币供给等内容，以台湾地区货币政策主管机关经济研究处编印的《金融统计月报》为准。

序表1　金融科技与数字银行全书架构

第一部分 金融科技 快易通	Chapter 1 金融科技导论 Chapter 2 台湾地区金融监管机构的网络金融政策 Chapter 3 金融科技行业 ——金融科技、网络金融公司
第二部分 网络金融公司	Chapter 4 公司与支付方式——总体篇 Chapter 5 网络金融公司的支付业务——个体篇 Chapter 6 数字货币与跨国支付——兼论比特币 Chapter 7 网络金融公司的授信业务 ——以网络放款中介为例 Chapter 8 美国、中国大陆和中国台湾的网络放款中介公司
第三部分 数字银行Ⅰ： 银行业	Chapter 9 银行策略管理 Chapter 10 银行智慧分行 Chapter 11 银行对金融科技的研发管理 Chapter 12 区块链技术在数字金融的运用
第四部分 数字银行Ⅱ： 分行经营	Chapter 13 银行分行综合业务的数字化 Chapter 14 银行手机支付的布局 Chapter 15 银行放款的在线申请 Chapter 16 银行财富管理部的业务

五、感谢

本书的撰写，承蒙专业人士麦朝成先生的教诲，以及许多银行业人士的建议，特此感谢。

伍忠贤

2017年9月

谨志于中国台湾新北市新店区

目录

Chapter 3 金融科技行业——金融科技、网络金融公司 / 41

Chapter 4 公司与支付方式——总体篇 / 63

Chapter 8　美国、中国大陆和中国台湾的网络放款中介公司 / 127

Chapter 9　银行策略管理 / 141

Chapter 10　银行智慧分行 / 163

目录

Chapter 13 银行分行综合业务的数字化 / 211

Chapter 14 银行手机支付的布局 / 229

Chapter 15 银行放款的在线申请 / 241

Chapter 16 银行财富管理部的业务 / 253

Chapter 1

金融科技导论

Unit 1-1 远景——营销总体环境

Unit 1-2 科技带来产业革命——系出同门的工业4.0与银行3.0

Unit 1-3 第四次工业革命与金融业数字化

Unit 1-4 科技在数字银行的运用

Unit 1-5 信息通信技术在金融业的运用

Unit 1-6 金融科技带来的破坏性创新

Unit 1-7 金融科技的重要性——以投资金额为例

Unit 1-8 金融科技的发展进程

Unit 1-9 金融科技对大学生、上班族的含义

Unit 1-10 银行与大学研发合作——兼论台湾中国信托商业银行的区块链实验室

Unit 1-1 远景——营销总体环境

大部分电影一开场时，都是拉个远景，让观众了解“时空”（何年、哪一个国家、哪一个城市）背景。著名电影《叶问》系列，饰演叶问的甄子丹在比武时，会展开“起手式”说：“咏春，叶问。”代表自己是“咏春派”的传人“叶问”。同样地，在本书第一章第一个单元，我也想通过一张“大图”，让你“执简御繁”。

一、营销总体环境

在“营销管理”类企业管理书中，把公司的总体（或经营）环境分成如图1-1-2四大项。

二、总体经营环境中的科技扮演的角色

“科技”（science&technology，或称为技术）对产业造成的重大影响如下：

（1）工业革命：在工业（尤其是制造业）称为“工业革命”（industrial revolution），从1760年起，共有四次。

（2）服务业中的金融业：在服务业中第二大行业的金融业中的银行，从1965年起，共有三次重大变革，随之出现了Bank1.0，Bank2.0，Bank3.0数字银行。

三、科技“推”，经济“拉”

在营销管理中把“科技”“经济／人口”划在个体环境中的“公司”左、右两边，含义如下，详见图1-1-1：

（1）科技“推”力：网络金融公司对银行不够“杀”。对银行来说，两大网络金融公司（手机支付、网络放款中介）只能“蚕食”银行相关业务的0.1%。

（2）银行推数字银行是因为顾客“拉”着银行前进。银行推出以手机为上网媒介的“数字银行”（digital banking）业务，主要是主顾客群（X世代，1966—1980年出生）、次顾客群（Y世代，1981—2000年出生），详见表1-1-1，都已习惯用手机上网办事。银行是被顾客的习惯“拉”着跑。

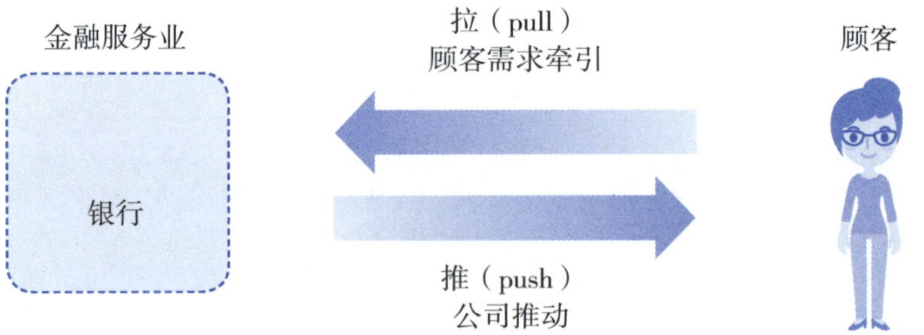

图1-1-1 科技“推”，经济“拉”

营销总体、个体环境切入本书架构

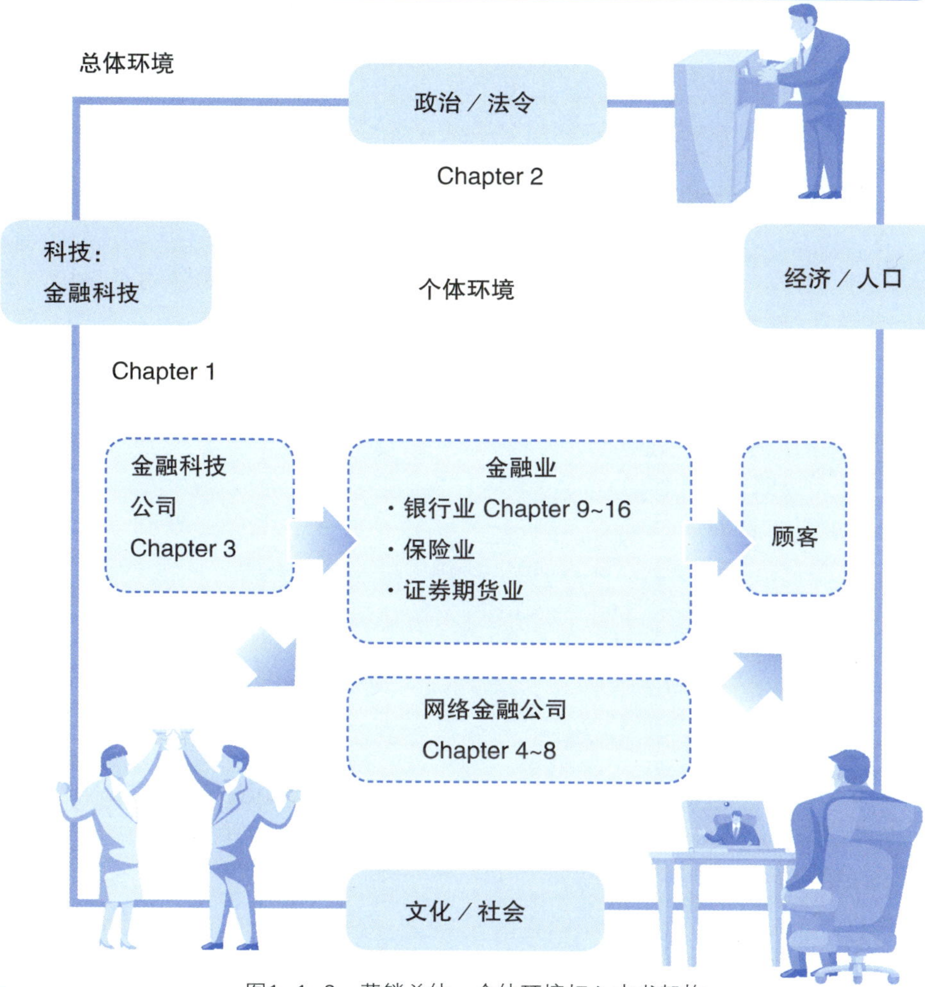

图1-1-2 营销总体、个体环境切入本书架构

表1-1-1 美国各年龄层分类

出生年份	1945—1965年	1966—1980年	1981—2000年	2001年至今
中文译名	婴儿潮世代	X世代	Y世代	Z世代
英文名称	Baby Boomers	Generation X	Generation Y	Generation Z
合称	数字移民（digital immigrant）		数字原住民（digital native）	数字世代（digital generation）

Unit 1-2 科技带来产业革命——系出同门的工业4.0与银行3.0

大部分的技术都是多用途的，多项技术像乐高玩具的组合，可以组成城堡、汽车玩具。由图1-2-2可知，生产因素市场中的“科技”运用在工业、服务业，会带来商品市场/服务在价格、数量、质量、时间上的改变。

一、21世纪的共通技术

第三次工业革命来自信息技术，1989年再加上网际网络（中国大陆称互联网），二者合称“信息通信”，有人简称“资通信”（ICT），这可说是1999年起，工业4.0、银行3.0的“共通科技”，详见图1-2-1。

（一）第1C：信息

（1）人工智能（Artificial Intelligence,AI），以计算机“模拟”人脑；人工智能旗下“图形识别”，可运用于人脸识别。

（2）大数据分析（Big Data Analysis）。

（二）第2C：通信

（1）频宽：从2G到3G、4G、5G（2019年起）。

（2）物联网（Internet of Things,IoT）。

（三）金融科技专属技术

真正专属于银行业的技术很少，常见的是“区块链”（blockchain），用于数字身份识别、数字货币的发展。

二、太极生两仪：工业4.0与银行3.0系出同源的结果，大同小异

（一）工业4.0

工业中的制造业通过智慧机器人取代劳工，终将造成越来越多汽车业、3C组装业等行业的劳工失业。

（二）服务业中银行3.0

银行采用金融科技，先取代“劳力”密集工作（主要是分行中存提款、汇款、外汇）行员，再逐渐取代知识密集工作（企业金融、消费金融中的财富管理）行员。

2017年中国台湾宽带网络使用调查

时间： 2017年7月21日

地点： 中国台湾台北市

调查结果： 该调查自2007年开始，研究指出2016年台湾地区可上网家庭706万户，占台湾地区家庭82.3%，宽带上网比例占82%，主要上网工具为手机

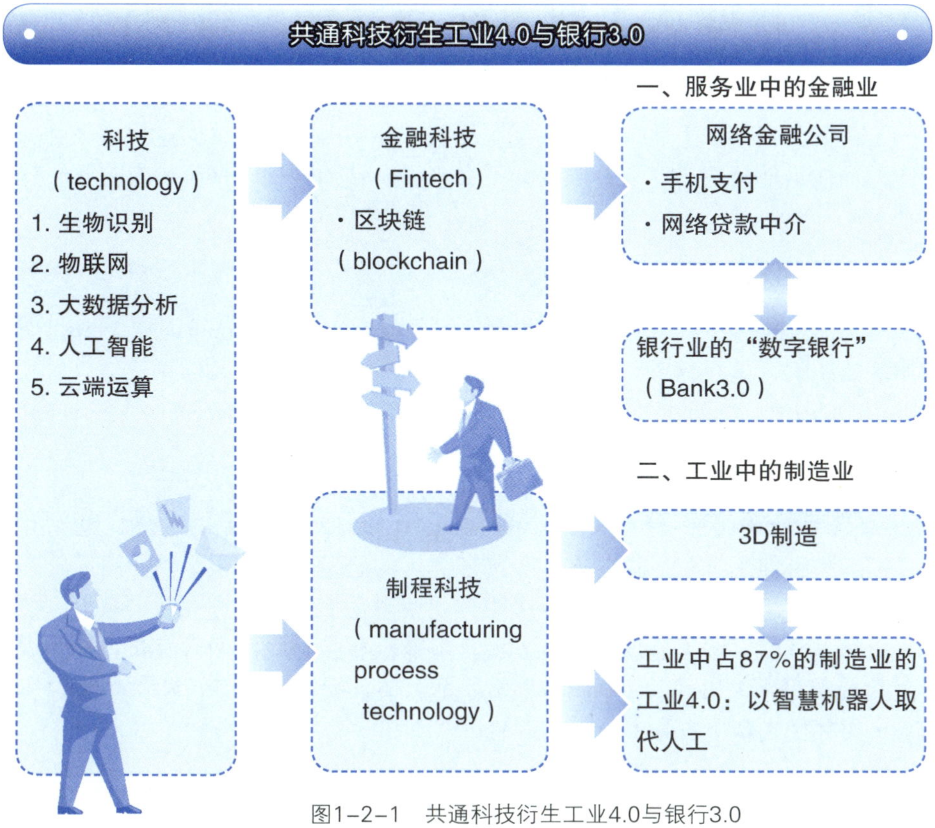

图1-2-1　共通科技衍生工业4.0与银行3.0

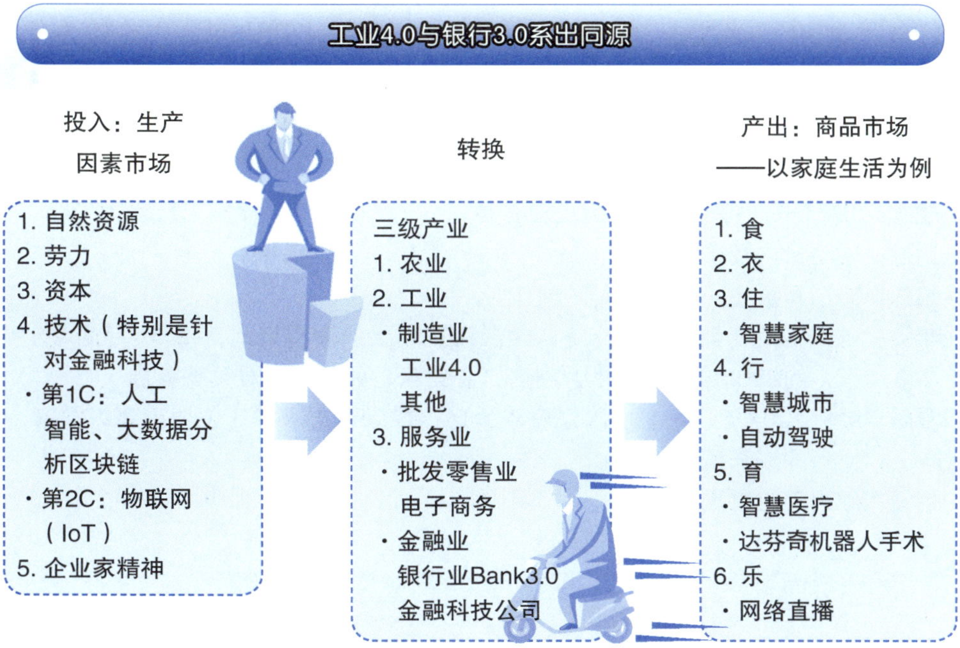

图1-2-2　工业4.0与银行3.0系出同源

Unit 1-3 第四次工业革命与金融业数字化

工业革命名为“工业”，是农工服三级产业中的一部分，但这只是名称，其影响力往往延伸到三个产业。以工业革命来说，较重要的图书至少有三本，详见表1-3-1。

一、佩蕾丝的主张

英国伦敦政治经济学院教授卡萝塔·佩蕾丝（Carlota Perez）研究自18世纪以来出现的纺织、蒸汽与铁路、钢铁与电力、汽车与石油，以及信息通信等五项重大发明的演进，发现要激发研发产品化、产业化，进而带动新一轮经济循环，需要金融资本相辅相成。

二、美国麻省理工学院教授的书

美国麻省理工学院一直想成为美国东海岸的研发中心，跟位于西海岸加州硅谷的斯坦福大学分庭抗礼。该校的多媒体研究室在信息通信方面着力甚深，该校的经济系是经济学中凯恩斯学派的发源地。兼具科技与经济两大专长，麻省理工学院教授撰写相关书籍，2006年8月《远见》杂志编辑们曾专访两位作者之一艾瑞克·布林优夫森（Erik Brynjolfsson）。

三、施瓦布

世界经济论坛创办人兼执行董事长克劳斯·施瓦布（Klaus Schwab）的书籍和演讲同步推出，他的影响力很高，所以其书籍、演讲被引用程度很高。

世界经济论坛（World Economic Forum,WEF）

成立：1971年，1987年更名为现在名称

地址：瑞士日内瓦市

组织形态：基金会

年会：冬季在达沃斯（Davos），达沃斯是瑞士的滑雪场地，每年1月底共5天，约2000位政治领袖、学者、企业家、公益组织成员等参加

夏季年会：2007年起，在中国辽宁省大连市或天津市举行，主要由新兴国家的成长型公司参加

宗旨：致力于改善世界状况

表1-3-1 有关“工业革命”三本重要的书

时间	2004年	2014年	2016年1月
作者	卡萝塔·佩蕾丝（Carlota Perez）英国伦敦政治经济学院教授，委内瑞拉人	艾瑞克·布林优夫森（Erik Brynjolfsson）和安德鲁·麦克费（Andrew McAfee）美国麻省理工学院教授	克劳斯·施瓦布（Klaus Schwab）瑞士日内瓦大学教授，世界经济论坛创办人 
书籍	《技术革命与金融资本：泡沫与黄金时代的动力学》 	《第二次机器时代：智慧科技如何改变人类的工作、经济与未来？》（天下文化，2014）	《第四次工业革命》
主张	“科技-经济典范转移”（techno-economic paradigm shift）必须仰仗金融资本的大力襄助、创新之间的交互影响，要有“新通识”（new common sense），包括金融创新、法规和管制架构、企业结构与治理，以及大众期望等社会各方面都经历重大变革。引导每一次技术革命的扩散，有新逻辑带动技术与企业运作方式的淘汰替换	计算机、机器人（即人工智能）、新技术（大数据等），以前所未有的速度取代旧劳工，甚至“旧”公司 机器即将取代大量工作，未来是“赢者全拿”时代（例如：美国加州硅谷、马萨诸塞州波士顿市）。机器将创造更多财富，但未必所有人都能分到一块饼 政府的工作是改革教育，鼓励创业，培养更多创造性人才。个人也应改变，都应不断学习新技能。企业也要改变，把新科技用来发明新的产品、新的服务	无所不在的行动网络：物联网。到人工智能，第四次工业革命像海啸般扑面而来。创业精神和敏捷程度，会成为越来越重要的胜出关键。未来的竞争，将不会是大鱼吃小鱼，而是快鱼吃慢鱼的新世界。产业革命需要的数字人才增加，全球都面临人才慌。只有及早帮助劳工提升和学习新技能的国家，才有机会胜出

Unit 1-4 科技在数字银行的运用

每天你看电视、上网、看报纸周刊，甚至跟亲朋同事聊天等，都会亲身感受到新科技，例如：自动驾驶汽车等。同样的创新，在金融业也很多，如哪家银行在哪里开了“智慧分行”等，令人眼花缭乱。

本单元一以贯之，以图整理（详见图1-4-1）。

一、顾能公司（Gartner Inc.）的科技分析

2016年11月，国际科技研究顾问机构顾能（Gartner）提出，2017年的科技趋势分成三大类、十中类，详见图1-4-1第一栏。用全视野来看，科技就是科技，可能源自某个行业，例如：太空科技中的摄影，后来成为智能型手机、数字相机甚至行车记录数字器感光模块（CCD）芯片的源头。同样地，本书随俗地使用“金融科技”这个词，但笔者认为这些都是将科技运用到金融业，金融业很少主动研发出专属的科技。

二、银行的运用

有人把金融科技的效益分成两个层级。

（一）高层级的商业分析（business analysis）

例如：大数据分析可以有预测顾客们行为趋势的能力，至少做到精准营销。人工智能可用于机器人理财专员。

（二）低层级的交易效率

例如：手机支付等。

美商顾能（NYSE：IT）公司

Gartner Inc.，又译高德纳公司，2001年前称Gartner Group
成立时间：1979年
地址：美国康涅狄格州斯坦福市
资本额：8.272亿美元
总裁：尤金·A. 霍尔
营收（2016）：24.4亿美元
净利（2016）：1.936亿美元
主要成就：号称全球第一家信息技术研究和咨询公司
主要客户：12000家公司，包括政府
员工数：8000人

科技趋势与在银行数字化的运用

科　技	数字银行	本书单元
一、网格（mesh） 由人、流程、物件、服务所组成的智慧数字生态系。 1.对话式系统 对话式界面的应用多在聊天机器人和内建麦克风的装置，如智能型手机、平板、汽车等。 2.网状应用程序和服务架构 （mesh APP and service architecture） 使用者在桌上型计算机、智能型手机上使用，或者在电动汽车上使用，都能获得最佳解决方案。即使切换于各种装置之间，也能享有连续不间断的体验。 3.数字科技平台 （digital technology platforms） 信息系统、顾客体验、资料搜集和分析、物联网及商业生态体系。 4.适应性安全架构 （adaptive security architecture）	总行顾客服务部 各分行 ·顾客服务部 ·数字银行部 总行信息部	Unit10-4 智慧客服 ·顾客体验 Unit10-7 ·大数据分析
二、数字（digital） 1. 虚拟与扩增实境 ·虚拟实境（virtual reality） ·扩增实境（augmented reality） 2. 数字孪生（digital twin） 指某种实体物品或系统的动态软件模式，借由感应器搜集的资料，来侦测状态、回应变化、改善操作及增加价值。 3. 区块链（blockchain）	数字金融部 国际业务部	Unit6-1至Unit6-3 数字货币 Chapter12 区块链
三、智慧（intelligent） 1. 人工智能与机器学习 例如：智慧顾问等。 2. 智慧物件（intelligent things） 例如：无人机、智慧家电、自动驾驶汽车。 3. 智慧应用程序 ·虚拟个人助理 ·虚拟顾客助理	银行分行	Unit10-8 银行分行的人形机器人 Chapter16 机器人理财专员

图 1-4-1　科技趋势与在银行数字化的运用

资料来源：《天下》杂志，2016年12月7日，第98~99页。

Unit 1-5 信息通信技术在金融业的运用

“万变不离其宗”“太阳底下没有新鲜事”，这些俗语贴切地说明我们的治学原则：回归最基本（return to basic）。例如：企管中的财务管理的基础知识是会计学（尤其是大一的会计学），生产管理、策略管理的基础知识是经济学中的个体经济学，主要是消费者行为、公司行为。同样地，我们总说，“金融科技等于金融加科技”，而这“科技”九成是信息通信技术。

一、投入（资料来源）

开宗明义地说，2014年“大数据”（big data）把一堆脸书、推特上的大数据吹捧得“处处是黄金”，事实如下，以银行来说：

（一）90%有价值的资料来自银行

90%有价值的资料来自银行顾客的资料，包括信用卡交易资料、存款交易、放款交易（频率很低，一生数次）。至于顾客上网浏览，不会留下完整资料（例如：个人基本资料），只有网页点击次数等。

（二）10%有价值的资料来自银行外部

10%有价值的资料来自银行外部，许多情况也是付费取得，例如：信用卡中心的信用卡交易资料。

二、转换（金融科技）

技术的功能在于产品创新、制作程序创新，以这角度来看，大部分的技术都是“新瓶装旧酒”，将新技术“运用”于旧产品。

（一）通用的信息通信科技

网络金融业的主力业务有两个：手机支付（mobile payment，俗称移动支付）、网络放款中介（internet lending，俗称个人对个人借贷），在智能型手机（简称手机）上皆可完成，背后的通信技术是网际网络，严格来说，只是像消费性电子商务般应用。

（二）专属的金融科技

“区块链”（blockchain）是把一位顾客的网络转账资料，分成数个“区块”（block），串成一条“链”（chain），以达到资料加密的目的。

三、产出（银行管理）

由图1-5-1可看出，在“投入”阶段所需“资料”，通过“转换”阶段的技术，便可得到两类“产出”。

（一）营销面贡献

在营销研究阶段，银行可以借由交易资料，更加“精准”地了解每位顾客的需求，提供“一对一”“量身定做”的金融商品组合（保险加基金、存款），比“分众营销”更精准达到目标。简单来说，这像美军的精准炸弹（在传统炸弹上加上寻标器），1颗炸弹便可打中目标，以前要500颗炸弹地毯式轰炸，才勉强碰碰运气打中。

（二）业务面贡献

银行借由人工智能（主要是机器学习），可做到两件事：

（1）人工智能中的图形识别。顾客到自动柜员机，经过连线镜头“扫描”脸部，便可以生物特征识别，取代签名、密码、提款卡，可以提款。

（2）机器人理财专员。机器人理财专员可以提供顾客投资建议，如同自动驾驶汽车将在2025年上路一样，各国大都未允许“计算机”替顾客“全权处理理财”，以厘清银行的责任。

数字银行的“投入—转换—产出”架构

投入 资料等	转换 金融科技	产出 银行管理
· 著名理财专员们对各色顾客的投资建议 · 顾客ATM前“扫脸”	一、人工智能 · 机器学习 · 图形识别	生物识别 · 网络开户 · ATM免卡提款等 · 机器人理财专员（robot advisors）
顾客输入 · 银行账号 · 汇款、支付的金额	二、区块链	· 支付：转账、汇兑 · 其他
顾客上网行为 · 顾客信用卡交易资料 · 顾客投诉 · 顾客上网浏览	三、大数据分析 · 资料探勘 · 文字探勘 · 其他	精准营销 · 顾客关系管理 · 客诉处理 · 客服中心

图1-5-1　数字银行的“投入—转换—产出”架构

金融科技（Financial Technology）

Financial：金融
Technology：技术
Financial Technology：译为金融技术，俗译为金融科技，简写 Fintech
最著名的金融科技之一：区块链（blockchain）

Unit 1-6 金融科技带来的破坏性创新

在Unit1-1拉出“远景”后，接着镜头往前推近，拉出“近景”，让我们聚焦金融科技带来的重大改变。每次谈到“创造性破坏”（creative destruction），许多人总会“小和尚念经——有口无心”地说出奥地利学者约瑟夫·熊彼特（Joseph A.Schumpeter，1883—1950）的主张。由图1-6-1可知，我们把他主张的五种“创新”（innovation），以“投入—转换—产出”架构分类，进而分析金融科技带来的影响，以银行业为例。

一、投入阶段：生产因素市场

“新资源”的范围可大可小。

（1）广义：五种生产因素。“新资源”可扩大解释为五项生产因素（有的书称为生产要素）。

（2）狭义：以自然资源为例。最狭义的例子是自然资源中的工矿原料，1856年发现石油的用途后，开启了石油化学产业、化学纤维产业、汽（柴）油引擎汽车业（全球第二大产业，产值近3兆美元）。

二、转换阶段：产业—行业

（1）新生产方法：数字银行（Bank3.0）。银行借由金融科技，可更新“研发”“生产”“营销”等核心活动的“生产”方法，以降低旧商品生产成本，最简单的例子便是以智能型手机（简称手机）APP，让顾客可以进行“线上线下”（online to offline,O2O）交易，例如：手机开户、申请贷款等。

（2）新产业组织：金融科技公司。金融科技带来两种公司（金融技术公司、网络金融公司——也称互联网金融公司）的商机。

三、产出：商品市场

我们把商品市场的两种创新归分为：

（1）新市场：银行借由手机APP、上网等功能，扩大客户群体到“数字世代”（digital era，指1981年以后出生的人，熟悉数字商品）。

（2）新商品：金融业务公司推出新金融商品（例如：个人对个人贷款）服务“旧市场”客户。

四、马云的主张，只是熊彼特主张的白话版

2016年10月13日，云栖大会在浙江省杭州市举行，阿里巴巴集团董事长马云的主张详见图1-6-2。

金融科技带来的影响

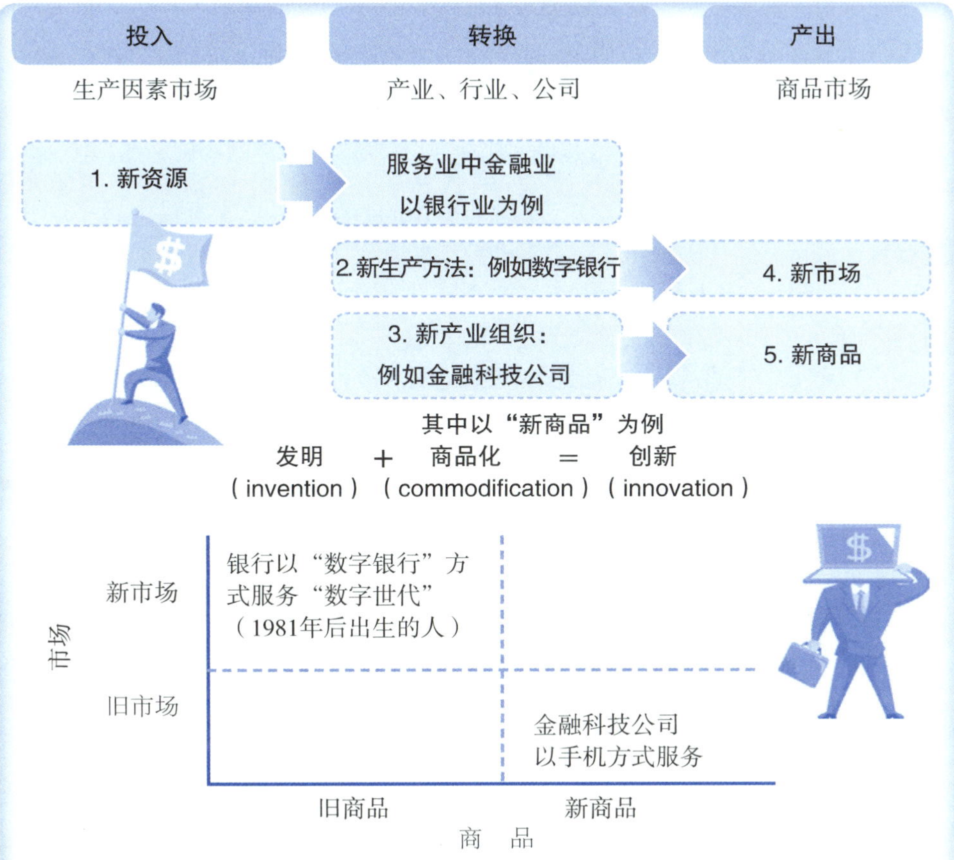

图1–6–1 金融科技带来的影响

马云的五个“新”趋势

生产因素市场

一、自然资源

“新能源”就是数据，数据将成为最重要的核心能源。

二、劳力

三、资本

“新金融”要支持中小微企业。

四、技术

“新技术”是基于网际网络和大数据的智慧制造技术。

五、企业家精神

转换

“新制造”讲究的是智慧化、个性化和量身定制化

商品市场

“新零售”是线上、线下、物流和大数据结合在一起的零售新模式，但不是要取代网络商店

图1–6–2 马云的五个“新”趋势

Unit 1-7 金融科技的重要性——以投资金额为例

许多行业的人士都会强调本行业的重要性，本单元则认为：以最泛的定义，2016年全球金融科技投资300亿美元，只占全球投资0.23%，微不足道。

一、分析某行业重要程度的切入角度

（1）投入：生产因素市场。金融业雇用的劳工、投资金额最常用来形容其重要性，最常见的是美国纽约市金融业劳工70万人。

（2）转换：产业化。比较正确地衡量一个行业的重要性是从产业关联表来看其向前、向后的“牵一发而动全身”的效果。

（3）产出：商品市场。以英国来说，金融业产值占总产值10%；以中国台湾来说，2017年银行附加价值7220亿元，占总产值（GDP）17.61兆元的4.1%。

二、“投资”的统计

由表1-7-1可知，在“投入（生产因素市场）”方面的重要性，常见的是以“行业投资金额”来进行分析，以“金融科技”为例：

（1）投资金额：美国市场调查公司埃森哲（Accenture，纽约证交所股票代号ACN）调查的全球对金融科技的投资金额结果如下，即2010年18.6亿美元、2015年223亿美元、2016年300亿美元，与美国花旗集团的估计金额相近。

（2）金融科技投资占全球投资0.23%：300亿美元看似很多，从两个角度来看，就知道“微不足道”。

①全球投资角度：2016年全球总产值约76.2兆美元，其中投资占17%，约12.9兆美元，金融科技投资占全球投资0.23%。

②中国台湾台积电资本支出100亿美元，全球“金融科技”投资300亿美元，是台积电2017年资本支出100亿美元的三倍。

为何金融业投资如此之少？金融业是服务业之一，服务业不像工业需要土地、厂房与机器设备，前两者占投资的60%。金融业的“投资”主要用于买办公大厦、营业据点（分行行址），可使用50年。对于信息设备（计算机、服务器等）的支出金额占投资比重10%以下。关于市场对金融科技、网络金融公司的投资分类比重详见表1-7-2。

表1-7-1　分析某行业重要程度的切入角度

项目	投入（生产因素市场）	转换	产出（商品市场）
水平值	（1）劳工人数 （2）资本	（1）行业附加价值 （2）产业关联表	行业产值
比例	（1）占就业人口比例：行业劳工数／劳工总数 （2）占投资比例：行业投资额／投资总金额	—	占总产值比例：行业产值／总产值

表1-7-2　对金融科技、网络金融公司的投资

大分类（行业）	中分类（业务／功能）
1. 银行73% 2. 保险10% 3. 证券及期货10% 4. 其他7%	以银行业务为例： 保险科技 1. 支付46% 2. 放款23% 3. 其他4%

资料来源：花旗银行《数字革命：金融科技如何把银行逼向临界点》（*Digital Disruption：How FinTech is Forcing Banking to a Tipping Point*）报告。

Unit 1-8 金融科技的发展进程

任何技术的演进都像长江（或亚马孙河），源头是许多细流（冰川融化），往下流成为小溪，再成为河，纳入一些支流，才成众江。由表1-8-1可知，金融科技在信息通信技术上的演变，是先电子商务，后网络金融、数字银行。

一、电子支付

电子支付的存在一开始是为了网络购物，2010年后才扩大到实体商店。

（1）1998年12月美国贝宝（PayPal）创立。1995年美国网络购物亚马逊、1995年9月电子湾（ebay）成立，网络购物带动网络支付的需求，1998年12月，贝宝（PayPal）出现。

（2）2004年12月，中国支付宝成立。1999年，中国“公司对公司”（B2B）电子商务公司阿里巴巴成立，2003年进军“公司对消费者”（B2C）或称“消费性”电子商务，衍生出支付宝（Alipay）。

二、网络放款中介

网络放款中介的本质是“公司对公司”“公司对个人”电子商务延伸到放款，依次由下列三家带头。

（1）2005年，英国Zopa。

（2）2006年，美国Prosper。

（3）2007年，中国“拍拍贷”。

三、生物识别

生物识别中的人脸识别，最先在公安机关用了20年，直到2016年银行才导入。

（1）1995年起，首先应用于美国警务、海关，各国机场移民机构的证照查验。为了精确查验出“管制人士”（大都是逃犯、恐怖分子），查询人物（例如交通违规者身份），约在1995年起，逐步将人脸识别技术导入计算机。

（2）2016年起，全球的银行业开始试水。2016年，全球一些银行开始尝试自动柜员机“免卡提款”，但是人脸、手指静脉识别等生物特征识别，皆需由顾客先到银行的机器留下生物特征。以人脸识别来说，准确度98%，但这2%的高错误率，仍不足以让顾客放心地让银行“免卡”提款，因为掉的是自己的钱，一旦被双胞胎或是刻意整容整得像自己的人领走，那就“亏”大了。

生物识别（biometric）

以人来说，由上到下分为：

- 眼睛虹膜识别
- 人脸识别
- 语音识别
- 人手：指纹识别、静脉识别

表1-8-1 金融科技在一般行业、金融业的运用

<table>
<tr><th colspan="2">项目</th><th colspan="2">一般行业</th><th colspan="3">金融业</th></tr>
<tr><td colspan="2">一、金融科技</td><td colspan="2">商流</td><td colspan="3">金流</td></tr>
<tr><td rowspan="2">（一）支付科技</td><td>1. 美国</td><td>1995年
亚马逊成立</td><td>1995年9月
电子湾成立</td><td colspan="3">澳大利亚人布莱特·金写了相关著作；1998年贝宝（PayPal）成立</td></tr>
<tr><td>2. 中国</td><td>1999年
阿里巴巴
成立</td><td>2003年
淘宝网成立</td><td colspan="3">2004年支付宝成立</td></tr>
<tr><td colspan="2">（二）贷款网络中介</td><td colspan="2">—</td><td>2005年
2月英国
Zopa</td><td>2006年
美国
Prosper</td><td>2007年
中国“拍拍贷”</td></tr>
<tr><td colspan="2">二、生物识别：以人脸识别为例</td><td colspan="2">1995年起，美国警务海关，各国机场移民机构
2016年起，全球的银行业开始试水</td><td colspan="3">2015年6月25日中国
浙江网商银行</td></tr>
<tr><td colspan="2">三、聊天机器人（Chatbot）</td><td colspan="2">2011年美国苹果公司iPhone的语音助理Siri</td><td colspan="3">2017年4月，美国富国银行推出通过脸书Messenger可跟顾客沟通的聊天软件</td></tr>
</table>

金融科技“教父”布莱特·金（Brett King）

出生时间与地点：1968年4月24日，澳大利亚墨尔本市

现职：2011年跟Alex Sion成立Movenbank（简称Moven），公司股票在美国纽约州纽约市上市

学历：澳大利亚蒙纳士（Monash）大学

著作：*Bank2.0*（2010），*Bank3.0*（2012）

Unit 1-9 金融科技对大学生、上班族的含义

2010年起，台湾地区的大学转为买方市场，大学须协助学生就业。因此，大学设立的所系更贴近实务所需。课程的新设至少要提前一年时间报台湾地区教育事务管理部门审核，由表1-9-1可知，2015年起，大学蜂拥地跟银行合作，开授金融科技相关课程。

一、硕士班

许多银行都把“储备干部”（management associate,MA）当成高阶管理层的摇篮，储备干部的要求大都是硕士毕业一年内，起薪至少每月5万元。因此许多大学生想方设法进名校硕士班，这样才能有机会参与银行储备干部的面试机会。由表1-9-1可知，越来越多的硕士班开授“金融科技”“数字金融”课程，设立专班。

二、大学部

2006年起，约有76所大学设有财务金融系，几乎是普及率最高的系，比中文、英文、日文系的数量还多。可知金融业的就业机会多且薪水高，吸引大学“闻香创设”。财金①系超越法律系等院系，成为大学第二类组的第一志愿。许多大学皆强调与“最后一哩”就业学程实施计划②无缝接轨，“毕业即就业”。课程的内容快速跟得上时代，表1-9-1中大学部的金融科技课程是报纸新闻的取样。

三、银行职员的金融数字知识检定

越来越多银行要求行员须具备金融数字“常识”，金融研训推出检定，对于学生来说，早点检定及格，对就业面试等都有加分作用。

银行业是台湾地区高薪行业

时间：2017年8月8日

地点：中国台湾台北市

机构：台湾财政事务主管部门统计处

事件：发布《由财税大数据探讨台湾近年薪资样貌》报告

报告节选：以行业别来看，百万月薪者有七成集中在电子及金融产业，例如：半导体、计算机制造、银行、券商与保险等业。行业月均薪资中位数高低差异大，2015年以电力及燃气供应业最高，8.9万元，住宿及餐饮业、其他服务业等最低，落在2.5万元之下

① “财金”，指财务金融。

② “最后一哩”就业学程实施计划：台湾地区学生、政府、学校、企业四方联动，根据学生现有能力与就业能力开设对应学程，以达到“毕业即就业”目的。

表1-9-1 大学中的硕士班、大学部的金融科技与数字银行课程

班别	大学的做法举例
硕士班	1.2016年9月，台湾政治大学科技管理与智慧财产研究所与国泰金控研究所合作，本学期开设3学分“平台策略与创新”课程，招收80位学生，在18次课中，政大教授负责12次课，国泰金控负责6次课。学习成绩好的学生可到国泰金控实习，毕业后优先录用 2.2017年9月，配合亚洲硅谷计划，台科大管理学院EMBA在桃园设立“信息与财金EMBA桃园农工校区专班”，培养金融科技与大数据、创新与创业及科技管理人才 3.2017年9月，台湾交通大学EMBA班推出“金融科技硕士学分班”，强调把实务带进课堂
大学部	1.2015年9月起，台湾中兴大学与永丰银行合作“企业导师”，永丰银行由行内资深主管担任导师，针对金融科技等五主题采取实务讲座、互动座谈，以及分行参访等方式，让学生吸取产业第一手经验，提升就业能力 2.2016年9月起，台湾科技大学推出物联网金融学程，希望学生能具备数字金融的观念与基础能力。2016年11月，台湾科技大学与金融研训院签订产学合作备忘录，引进金融研训院，特聘老师协同教学，合作开设证照辅导班，引介银行实习，办理教师研习等 3.2016年11月起，台湾健行科技大学跟远东集团旗下的在线购物平台亚东电子商务（GoHappy）签约，进行建教合作，从专班学生的甄选、专业课程及教材编制、业师教学、企业实习及聘用专班结业优秀学生，到设立大数据分析研发中心、制订专题研究计划等方面展开合作

金融数字知识检定

时间：2016年7月，每年两次

地点：中国台湾台北市

机构：台湾金融研训院

事件：2015年金融研训院共培训1万人次数字金融相关的课程，移动支付、数据分析等专业课程4000人次，由于太多金融企业央请协助检定职员的数字能力，金融研训院推出“金融数字力知识检定”考题，涵盖六领域：“发展趋势”“移动支付”“数据分析”“社群营销”“云端运用”“风险管理”等，同年5月出版检定参考书

Unit 1-10 银行与大学研发合作——兼论台湾中国信托商业银行的区块链实验室

工业中制造业（例如：电子业）跟科技类大学研发合作，大都是为了利用大学中廉价的研发人员（教授与博硕士学生）、设备，着眼点还是为了降低研发费用。在金融科技风潮下，一些大学成立相关研究中心，想向金融业者拿到研究案，实现一箭三雕：增加营收，培养教授和学生的实务能力，提供研究中心学生就业机会。至于向台湾科技事务主管部门申请研究计划，上述效果皆打折扣。

一、有些重“金融”，有些重“科技”

“靠山吃山，靠水吃水”，这是策略管理课程中“资源依赖理论”的贴切描述，大学依其核心能力在数字金融研究的分工如下：

（1）社会学院偏重“金融”。如表1-10-1中，台湾政治大学、台湾东吴大学的金融科技中心可能都比较偏“金融”，虽然台政大研究中心号称有“八个实验室”，应有尽有，但是人员有限，必有所专。

（2）理工学院偏重“科技”。以台湾大学为例，以资讯工程学系为主，玉山银行与台湾大学金融科技暨区块链中心的区块链技术小组G-coin合作，共组区块链发展小组。

二、有些大学的“中心”虚有其表

大学纷纷成立金融科技研究中心，详见表1-10-1。

（1）金融控股公司人才济济。台湾有两大经济研究院（台湾中华经济研究院、台湾经济研究院），其中一位院长表示，金控公司财力大、人才济济，本院拿不到委外研究案，所以没钱养金融业的研究小组，顶多派出一位研究员负责支援其他研究所。

（2）“不能说的秘密”。许多大学向台湾科技事务主管部门申请经费成立“某某中心”，但大都是虚拟的组织，顶多聘一位硕士毕业生担任行政人员，计划主持人、研究人员都是教授兼任的，博士班、硕士班学生担任研究助理。

三、以台湾中国信托商业银行区块链实验室说明

以台湾中国信托商业银行2016年10月成立的“台湾中国信托区块链实验室”为例说明。

（1）内部人员约50人。中信金控旗下的银行、保险、证券公司，抽调研发（产品）、业务、法律和信息人员，组成矩阵式组织。

（2）外部合作机构。包括R3联盟台湾大学、台湾政治大学和台湾中华电信等。

表1-10-1 大学设立金融科技中心举例

大学	主持人	发展重点
台湾大学金融科技暨区块链中心（2016年3月成立）	召集人资讯工程学系教授 廖世伟	结合政府与法律、物联网、健康等领域，通过网络的串接，首波切入目标为“企业供应链支付”，跟50个产业工会沟通，以连成金融支付网络
台湾政治大学商学院金融科技研究中心（2016年11月成立）	主任 王俪玲	金融科技监理沙盘实验室等八项领域
台湾交通大学金融科技创新研究中心（主要是与元大证券合作）	主任 陈安斌 执行长 黄思皓	专精在人工智能深度学习、区块链、视觉实境。以区块链为例，中心汇整出租车及优步司机的行车资料，以实名制加密上传，让乘客、主管机关能掌握资料
台湾东吴大学富兰克林金融科技开发中心	执行长 蔡宗荣	大数据实务应用与机器人理财

台湾中国信托商业银行公司

成立时间：1966年3月，母公司台湾中国信托金融控股股份有限公司

地址：中国台湾台北市南港区经贸二路168号

资本额：1949.7亿元

董事长：童兆勤

总经理：陈佳文

营收：879.1亿元（2016）

净利：166亿元（2016）

主要成就：台湾第二大信用卡发卡银行（2017年6月，流通卡数616万张、有效卡数3896万张）。自动柜员机5200台（其中统一超商3000台），存款2.1兆元，居民营银行之首

分行数：中国台湾150家，台湾以外100家（主要是日本东京三菱银行）

主要客户：消费者

员工数：中信金控全球员工25000人

Chapter 2

台湾地区金融监管机构的网络金融政策

Unit 2–1 数字金融对经济政策目标的含义

台湾地区对经济有成长（效率）、分配平均（公平）两大政策目标，两者兼顾称为“包容式成长”。在发展数字金融方面，台湾地区将之放在数字经济政策中的六项，本单元着重于“分配平均”。

一、普惠金融

在网络金融、数字金融（金融业的数字化）两个行业的发展上，全球许多政府都认为有“普遍惠及”的效果，称为“普惠金融”（financial inclusion）。简单地说，就是可以让弱势居民（主要指乡镇居民或中低收入户）等，享受金融业的服务，不致成为“弃儿”或是“三等公民”（例如：付较高费用）。

金融 financial	+	普惠 inclusion （本意是包容）	=	普惠金融 financial inclusion

二、普惠金融的典范：孟加拉乡村银行

全球照顾最多穷人的银行，可说是孟加拉乡村银行（Grameen Bank），在71万个农村，设立2600个服务据点；50美元的微型贷款（microcredit），96%放款给农村的创业妇女（编手工篮子、养鸡），帮助很多人创业，通过社会企业（social enterprise）的方式，成立乡村电信公司、能源公司（屋顶太阳能）、纺织公司、物流公司，让许多乡村的穷人就业，进而脱离贫穷。乡村银行是普惠金融最经典的案例，这个例子指出普惠金融跟网络金融公司无关，而是跟银行的经营方式有关，即愿意以创意开拓乡镇居民、穷人的金融业务。中国台湾地区有许多偏远乡村没有任何一家银行（包括农渔会信用部），连邮局都打算撤分局，许多是在乡民反对下才不撤，因为乡民需要邮局自动柜员机来转账、领款。这些偏远乡村往往没有便利商店，就算有，也没设自动柜员机，因为银行认为补钞的保全公司费用太高，不划算。

三、政府的倡议

许多新兴国家的人民没有身份证，无法享受银行的放款服务，偏远地区更没有银行，人民要汇款等求助无门。

（1）2006年联合国。2006年，联合国发表《普惠金融体系蓝皮书》，主张各国皆应有一整套金融体系，让所有人都能“平等”地得到金融服务，约有70个国家参与。世界银行希望劳动年龄人口皆能获得金融机构在支付、储蓄和放款方面的服务。

（2）2008年普惠金融联盟。比尔及梅琳达·盖茨基金会（Bill&Melinda Gates Foundation）推出“普惠金融联盟”（The Alliance for Financial Inclusion），推动新兴国家加入。

（3）2016年2月欧盟的支付账户指令。欧盟支付账户指令（EU Payment

Accounts Directive），强调民众有银行开户权利，政府也提倡增加储蓄，在偏远地区增设提款机，并提出退休金计划，以解决上述问题。

四、普惠金融的后遗症

英国金融服务消费者小组（Financial Services Consumer Panel,FSCP）主席Sue Lewis女士表示，金融科技可以加速达到普惠金融，也因为服务获得太便利而造成消费者债务过高。英国年轻族群承担的金融风险越来越高，经调查，52%的青少年，在17岁时就有负债，甚至有的9岁起就使用父母的信用卡在网络购物。但这些青少年的金融知识却很缺乏，42%的青少年不了解“信用”和“透支”的差别。在2014年，英国政府把金融教育纳入国家教育课程，教育收支平衡的概念，还会强调“需要”与“想要”的差别。金融业应用大数据可能带来排他性风险，例如：有些族群经过大数据分析后，金融业者认为不值得投入。（《经济日报》，2016年12月23日，A19版，蔡淑恭）

孟加拉乡村银行（Grameen Bank）

成立时间：1983年10月

成立地点：孟加拉首都达卡市

董事长：P.K.Chhibber

服务据点：2600个

员工数：22700人（2011）

营收：1.21亿美元

净利：0.1076亿美元

口号：为穷人而设的银行（Bank for the Poor）

产品：微型贷款（microcredit）或微型融资（microfinance）

贡献：“乡村模式”影响全球60国，号称1.6亿人受惠

荣誉：2006年诺贝尔和平奖颁给乡村银行与总经理穆罕默德·尤努斯（Muhammad Yunus）

台湾地区金融监管机构落实普惠金融的措施

时间：2006年起

地点：中国台湾

机构：台湾地区金融监管机构

措施：2006年推动“金融知识普及工作”计划，针对不同族群及对象，运用不同方式进行倡导。2015年推动“金融服务业公平待客原则”，2016年洽请金融业者研订“金融友善服务准则”，加强对金融消费者的保护。成立“金融消费者保护督导会报”，适时研议各项保护措施。2017年推动监理沙盘，善用金融科技，落实普惠金融，使民众可获得更便利的金融服务

Unit 2-2 从“优步”非法营业来看金融科技公司监理

一、最简单的例子：无照路边摊

就近取譬，往往是人们“学习迁移”的运用，由生活中熟悉的例子去了解较复杂、较专业的情况。生活中的例子便是无营业执照“路边摊”（以大肠面线摊为例），政府发给摊贩执照，目的如下：

（1）交通：摊贩在定点（摊贩店）营业，有助于维持交通秩序，特别是针对救护车、消防车等通行，以保障人身、财产安全。

（2）合法商店权益：商店老板须缴营业税等，且租店须缴房租，成本负担较重。摊贩“有所得，就须缴税”，上班族如此，摊贩是自营作业者，也须如此。这样对商店、劳工才公平。

（3）消费者权益：各级政府卫生部门会检查饮食摊人员的健康检查证明、抽检食品安全等，有关部门会检查摊贩的卫生是否符合标准。这些都是为了确保顾客权益。

二、“优步”汽车=无照出租车

撇开一堆华丽文藻，优步（Uber）汽车的本质是“非法”出租车，没有出租车营业执照的“出租车”，在少数国家有一些车行或车主经营。“优步”只是通过手机（APP）叫车、信用卡刷卡的“大型”、非法出租车公司，所有车主都是“个人车行”。

三、最简单的分析方式：工业国家为何反对

优步是一种创新的共享经济经营模式，让一般私家汽车也可以在街上载客，但因为冲击传统车队营运，引发各国传统出租车车队的抗议，一般政府对于优步的管理都锁定缴税、合法经营以及确保消费者权益。韩国、德国、中国台湾地区都禁止优步。2017年4月6日起，有关部门大幅提高违规营业罚款，从最高15万元提高到2500万元，希望借此产生吓阻力，此被视为“Uber条款”。

台湾针对上述两种自营作业者的有关规范详见图2-2-1。

针对台湾两种自营作业者的有关规范

项目	摊贩	出租车
一、营业人士资格 （一）资格认证 （二）健康检查	食品业摊贩人员必须定期进行身体健康检查	出租车司机必须取得职业小客车执照，这比小客车执照多一些项目
二、对同业 （一）租税 （二）费用 	有营业执照的摊贩必须缴纳相关税费 对聘用员工，必须缴劳保费、健保费	必须缴纳 ·车行营业税、营利事业所得税 ·出租车个人车行也须缴税 5人以上，参加职业工会；5人以下，由车行投保
三、对消费者权益维护 （一）保险 （二）其他	产品、营业责任险	乘客投保意外险等
四、公司形态	夜市管理委员会	汽车运输业，例如：资本额2500万元

图 2-2-1　针对台湾两种自营作业者的有关规范

美国优步（Uber）公司小档案

成立时间：2009年3月，台湾公司称为宇博数字服务公司（属于资料处理服务业），2013年7月31日营运，2010年7月推出APP叫车服务
地址：美国加州旧金山市
创办人：特拉维斯·卡兰尼克（Travis Kalanick）
资本额：160亿美元
董事长：Garrett Camp
总裁：达拉·科斯罗萨西（Dara Khosrowshahi,2017年8月起）。
营收：65亿美元（2016）
净利：–28亿美元（2016）
主要产品：交通网络公司（transportation network company）
主要客户：全球536个都市
市值：股票未上市，但市值估计650亿美元

Unit 2-3 台湾地区的专营支付公司慢了10年以上

台湾地区不知道“行政效率”“政策效率”出了什么问题。从台北火车站到桃园中坜区的机场快线，2017年3月通车，59公里，一条普通的大运量地铁线路，耗时20年。上海市浦东机场的磁浮列车，全长30.5公里，时速300公里（最高时速431公里），工程耗时1.5年，2002年12月31日起营运，是全球首条且仍在营运的高速（时速250公里以上）磁浮列车。

本单元以狭义电子支付中的专营支付公司为例，说明“认知时差”（台湾地区金融监管机构）、“决策时差”（台湾地区立法机构）及“执行时差”，这三阶段时差使台湾公司被拖延了。在全球竞争中，台湾公司可说是“慢鱼”，其他公司是快鱼。竞争的法则往往是“快鱼吃慢鱼”。

一、台湾地区金融监管机构对金融科技的看法

（1）基本看法。2016年7月25日，台湾地区金融监管机构发新闻稿全面回答各界的问题。台湾地区金融监管机构支持金融创新，但金融科技创新必须建立在信息安全的基础上，且任何政策开放都要兼顾效率、公平、安全及消费者保护，仔细研议后，循序渐进开放，任何革命式的公共政策都可能付出极大的代价。

（2）聆听业者等意见。2016年8月，各金融业相关公会、周边机构（证交所、柜买中心、集保结算所）邀请相关金融业与科技业者召开了10场座谈会，以了解台湾发展金融科技还欠缺什么，并以此作为台湾地区金融监管机构厘定相关政策的依据。

二、台湾地区行政管理机构、金融监管机构成为“路上石头”

在网络金融业务中，支付公司是个很简单的商业行为，台湾地区的金融监管机构在2008至2013年6月，看不出有正当理由地阻挡了业者申请合法经营，到最后业者忍无可忍，设法向台湾当局领导人反映，台湾当局领导人替业者搬开“路上石头”。2015年2月，台湾地区立法机构立法通过。2014年3月起，台湾地区金融监管机构推动“金融进口替代政策”，主要是台湾的证券投资信托公司推出海外基金，自己人的钱自己赚。

三、比美国慢18年，比中国大陆慢12年

各国行政官员大都稳健保守，在中国台湾地区当官员相对容易。以第三方支付条例来说，并不是争议性法案（例如：废除死刑、同性结婚）。中国台湾第三方公司2016年10月才上市，比发达国家慢18年，甚至比中国大陆慢12年。

2016年，台湾地区金融监管机构拟定“电子”（含信用卡，2016年2.42兆元，占消费9.063兆元的26.7%）支付由2016年26.7%增加到2020年52%，到2025年66%，这中间的差距要由手机支付来抵。

表2-3-1 美国、中国大陆和中国台湾第三方支付情况说明

时间	中国台湾情况	美国/中国大陆情况
2001年	台湾地区立法机构通过所谓“电子签章法”	1998年12月，美国贝宝（PayPal）成立
2005年	台湾地区金融监管机构规范网络转账交易的单笔、日、月限额，使原本已进行的网络在线承保保险，必须辅以在线接单、线下签名等程序	2004年中国大陆蚂蚁金融服务集团旗下支付宝成立
2007年	台湾地区推出第一个纯网络银行（HSBC Direct），其中ACH代行认证功能，上线后被迫下线；2005—2007年网络代收代付业遭停业	—
2015年2月初	台湾地区立法机构通过所谓“电子支付机构管理条例”，开放第三方支付，设置资本额至少5亿元门槛限制、业务范围限制（如交易金额大小、交易对象等），以及其他特殊限制等	—
2016年5月3日	台湾地区立法机构所谓“第三方支付专法”生效	—

台湾地区行政管理机构推动行动支付

时间：2017年8月17日

地点：中国台湾台北市

人物：台湾地区行政管理机构负责人

事件：身兼“DIGI+方案”召集人的台湾地区行政管理机构负责人林全，召开第一次推动小组会议，紧盯各部门，要求交出一两年可看见的成果亮点项目，要使科技发展投入让人民有感。这项方案分成协调推动组、科技人才组、基础建设组、数字经济组等五组

詹宏志对网络金融政策的看法

时间：2016年4月14日，第三方支付座谈会

地点：中国台湾台北市台湾大学公共经济研究中心

人物：詹宏志，网络家庭公司董事长

看法：公司或各项业务的规定大都用许可制，任何一位年轻人想做新东西，都须经过主管机关同意。但正确做法是，在现有有关规定的状态下，让创新有空间发展。台湾应该勇敢冒险，像海洋一样广纳百川

Unit 2-4 中国台湾地区金融科技政策

由于金融业是特殊行业，须取得台湾地区行政管理机构和金融监管机构的核准，才可以取得营业执照。以银行业务为例，全球各地基于健全银行经营体系的考量，顶多开放周边业务（支付、汇兑）给网络金融公司，这是网络金融公司的“宿命”。

一、法令：金融稳定与健全银行经营体系是重中之重

银行在经济中的角色比较像人体的血液，它把养分、氧气带到各器官、组织。一旦银行全面性失灵，实体经济就会停滞，货币信用破产的津巴布韦是个典型例子。2008年9月到2009年初，美国金融海啸期间，大部分银行紧缩信用，甚至有些银行形同僵尸（俗称僵尸银行，zombie bank），美国政府予以纾困（bailout，类似输血、输氧），才恢复元气。

1975年以来，提高银行经营水平是工业国家的共识。经营银行必须先向各国金融机构（少数是财政部）取得营业执照，而且各项财务比率必须符合《巴赛尔协议》规定。《巴赛尔协议》已到第三版，每版皆因“不经一事，不长一智”，变得越来越严。

简单地说，全球各国政府把银行经营看得跟“国家安全”一样，不会让其他公司经营银行基本业务“同时吸收”存款与经营放款，顶多开放“支付”“汇兑”等周边业务。至于“小额信贷”，由财务顾问公司来做，小打小闹，不足以构成全面风险。

反恐、洗钱防治的要求：各国政府针对反恐、洗钱，针对存户开户、提款、汇款等，几乎都有洗钱防治法等的管制，因此纵使开放一般公司经营“支付”“汇兑”业务，一般皆只限“小额”（例如：一个人一年3万美元）。

二、台湾地区行政管理机构层级的政策

针对金融科技业的政策：2016年5月20日政党轮替，因而对2015年10月台湾地区行政管理机构会议通过的政策仍“萧规曹随”。

（1）台湾地区金融监管机构是政策执行部门：每次有新科技，政府相关部门都有因应政策，针对金融科技，则由台湾地区金融监管机构负责政策拟定，台湾地区行政管理机构核定。

（2）政策决策：2015年10月1日台湾地区行政管理机构通过金融科技创新方案，提出金融科技基金等四项措施全力推动。

三、台湾地区金融监管机构层级的措施

由图2-4-1可知，台湾地区金融监管机构负责执行台湾地区行政管理机构会议通过的金融科技政策，台湾地区“先天不足”，再加上可能“后天失调”，这跟台湾地区的信息服务业一样，在中文系统的开发都不如大陆注资企业的成本低（程序设计师人数是台湾60倍以上，薪水是台湾的三成），政策美意可能会大打折扣。

台湾地区金融监管机构的金融科技政策

项目	说　明
一、策略	金融科技发展策略小册子，包括应用、管理、资源、基础建设等四方面，会参酌其他地区的发展情况，通盘检讨推出相关法令以及配套措施，涉及法规松绑
二、组织设计	2015年9月成立金融科技办公室，同年10月选定20位咨询委员，2015年11月2日召开第一次会议，拟定“普及电子支付比率5年倍增计划”，由2015年20%增加到2020年52%
三、奖励机制	（一）2015年8月台湾地区金融监管机构开放金融业投资金融科技公司，玉山银行斥资2.24亿元持有资金财通商务科技58.3%的股权，是首个金融业转投资金融科技公司的实例 （二）台湾经济事务主管部门旗下资策会，旗下资鼎创投成立金融科技加速器公司，这是目标10亿元的金融科技创投基金 1. 育成中心。给予新创公司资源、辅助，每年招募三梯次，资源包括工作室、导师协助、金融课程。受训期后的Demo Day，安排台湾金融业及创投业参与，让新创公司有机会找到融资或投资资金 2. 创投基金。成立一只10亿元的创投基金，投资金融大数据、交易支付、生物识别、财富管理与网络贷款中介等金融科技领域

图2-4-1　台湾地区金融监管机构的金融科技政策

资料来源：《经济日报》，2016年1月16日，A6版，蔡静纹。

Unit 2-5 新加坡金融科技政策

2017年5月4日，台湾地区行政管理机构会议通过金融科技监理沙盘。

跟对手比较，才会发现自己跑得快不快。这“对手”指的是人口、领土面积旗鼓相当者，中国台湾在贸易方面的对手是韩国，在金融方面的对手多指新加坡、瑞士。

一、新加坡政府目标：亚洲金融科技中心

2016年8月19日金融科技论坛上，新加坡金融管理局局长孟文能表示，新加坡政府的目标是成为亚洲金融科技中心，希望借此振兴经济，创造就业机会并巩固东南亚金融中心的地位。（《经济日报》，2016年8月20日，A9版，林筠）

二、策略

（1）2011年：新加坡开始推展创新创业政策，把产官学集结在方圆五公里内，创业中心由新加坡创新机构（SG-Innovate）管理，为新创公司提供各种人才、资金、技术、资源等支持，英国《经济学人》周刊称其为“全球最紧密的创业生态创新组织（Fintech&Innovation Group,FTIG）系统”。2015年8月新加坡金管局（MAS，中央银行）设立金融科技办公室（Fintech Office），负责审查、对应政府机构的金融科技相关补助计划，以及培养人才，推动相关活动。

（2）以狭义电子支付为例：新加坡民众用现金支付日常支出的比率很高，企业的支票使用量很大。现金流通量等于国内生产毛额的8.8%，瑞典的该比例为2%。2014年，新加坡每人平均开出12.7张支票，而瑞典几乎没有。新加坡每年约花费20亿新加坡元（15亿美元）在储存与处理这些现金和支票上，数目不小。新加坡金管局鼓励银行改用数字支付，仿效瑞典，朝无现金社会迈进。局长孟文能表示，金管局要求银行把这些大量靠纸本往来服务的成本，例如：支票处理费，完全转嫁到客户身上，借此鼓励客户改用数字支付。2017年新加坡金管局的目标是看到银行的顾客用手机、身份证号完成大部分交易。

三、比排名，不如比产出

台湾地区行政管理机构的幕僚机关喜欢引用下列两个例行调查，来证明台湾“投资环境”很棒。

（1）2016全球竞争力报告：新加坡排名第二，中国台湾地区排名第十五。

（2）2016全球经商环境报告：新加坡排名第一，中国台湾地区排名第十一。

以2016年外资投资金额20亿美元为例，比越南还少。排名跟投资等不成比例，背后反映出“投资条件”许多弱点。

2016年全球创新力评比

时间：2016年8月1日

地点：德国

机构：德国弗朗霍夫学会系统与创新研究所（Fraunhofer ISI）

事件：2016年创新力评比，新加坡蝉联亚洲第一，连续第4年仅次于第26度称冠的瑞士。中国台湾位列第16名，跟2014年、2015年相同

新加坡自动驾驶出租车

时间：2016年8月25日

地点：新加坡

机构：美国nuTonomy公司

事件：2014年11月，为因应人口老化及人口密度日渐攀高的挑战，新加坡总理李显龙宣布“智慧国”（Smart Nation）计划，希望通过提升数字基础设施的建设来提高国家竞争优势，预计在2019年，建立1亿个彼此互联的智能感应系统。新加坡政府对数字建设的高度重视，为许多科技新创公司提供了绝佳的试验平台，自动驾驶出租车是其中一例

英国新兴公司启动公司（Startup boot camp）

成立时间：2010年

地址：英国伦敦市

主要管理者：Alex Farcet等

主要业务：作为“育成中心”（或译为加速器，accelerator），号称全球金融科技中最大

起步计划：从每年500个参赛队中挑10个。以2016年2月来说，在新加坡举办亚洲巡回创业竞赛，16个城市350个队参加，选出前十名

导师计划：该公司提供四个月的免费共同工作空间，以及200位天使投资人的辅导。经过该公司的四个月培训，通常有七成新创团队能够得到种子轮65万欧元的投资

Unit 2-6 中国台湾地区与新加坡金融科技政策比较——生产因素市场面

胡适先生曾在一个匾额上写着“要怎么收获，先那么栽”。“收获”是商品市场中的“商品”，是“产出”；“那么栽”则是生产因素市场的五种生产因素，是“投入”，详见表2-6-1。本单元比较中国台湾地区与新加坡在金融科技领域的努力，电视新闻曾有深入报导。

金融科技发展基金

成立时间：2016年4月14日，金融科技创新基地成立，以建构金融科技创新生态圈

地点：中国台湾台北市

机构：台湾金融服务业联合总会

事件：在台湾地区金融监管机构指示下，设立“金融科技发展基金”，预计募集10亿元，首梯资金为2亿元，该基金是由银行、证券、寿险与产险公会、证交所、柜买中心、期交所、集保公司、财金公司、联征中心、联卡中心共同捐助成立的。预计2018年后育成60家金融科技公司，每家公司补助200万元。2016年10月20日公布第一波5家公司。资策会执行“台湾金融服务业联合总会委托办理金融科技创新创业及人才培育计划”，投入6000万元培育2000名学生（注：由大学申请）、4000名相关产业人才

表2-6-1 中国台湾地区与新加坡金融科技在生产因素市场方面的比较

项目		中国台湾	新加坡
一、自然资源以土地为例		台湾当局各相关部门喜欢把一些老旧厂房、办公大厦美其名曰“某某”园区、“新创”基地，甚至为了政绩，做“面子工程”，推出“亚洲硅谷”等园区	·政府提供三个物业管理公司 ·旧大楼，称为BLK71,73,79大楼，可容纳700个新创团队、46个育成中心和创投 ·2017年政府旧大楼3楼容纳250个团队 ·委托裕廊集团（JTC）管理 ·新加坡最大创业空间BASH、提供新创团队工作空间的JTC LaunchPad
二、劳力	1.本土人才	大学理工毕业生人数不足，而且因薪水低，大量外流	为了培养创业家思维，新加坡国立大学每年资助120~130名学生，到美国加州硅谷或其他创业生态系统，进行一年实习，其中许多人成立公司

（续表）

项目		中国台湾	新加坡
	2.吸引人才指标	全球第1名 ·有企业经营经验／大学学历具创业潜力 ·投资自家公司36万元台币 ·符合下列条件之一：获创投投资、进驻育成中心、拥有专利、大学有研究合作 ·家眷可在此生活、教育	全球第56名，以企业家签证来说，资格为高中学历，并符合下列条件之一： ·设立具创新能力的新创，并获投资100万新加坡元 ·获得投资200万新加坡元 ·进驻创业园区 ·取得国内外专利权 ·创业竞赛获奖 
三、资本	1.财务顾问	—	新加坡标准、生产力与创新局（SPRING Singapore，俗称标新局）负责提供财务顾问服务，旗下为新加坡创业行动社群（ACE），新加坡有许多创投公司，吸引美日等创投公司闻香投资
	2.创投公司	LIVEhouse.in创办人程世嘉认为，台湾新创公司最欠缺的是早期投资。包括种子阶段、A轮融资	新加坡政府愿意以5：1（如创投1新加坡元，政府投5新加坡元）的出资方式和国际创投合作投资新创公司，最多投50万新加坡元，吸引大批国际知名创投和加速器进驻新加坡，大举吸纳亚太区域的创业人才，新创公司因此获得国际知名创投投资的机会也高。脸书共同创办人之一爱德华多·萨维林（Eduardo Saverin）从硅谷迁居新加坡后，成立创投基金，寻找下一只独角兽。《亚洲创业投资期刊》指出，亚洲创投资金有19%落在新加坡，领先日本、韩国、中国香港
	3.新创融资金额	150.3亿元	371.2亿新加坡元
四、技术产学合作		本书评论：简单地说，大学成立金融科技“中心”，大都是纸上单位，为申请科技部研究经费成立	全球顶尖的新加坡国立大学、南洋理工大学，法国英士国际商学院（INSEAD，台湾称欧洲工商管理学院）新加坡分院，纬壹科技城（OneNorth）、新加坡科学园等研发机构，车程10~15分钟
五、企业家精神	1.对种子阶段的新创团队的鼓励	“金融科技基地”新创辅导分为两种： ·补助型培育：每家上限200万元，股权反馈以5%为上限 ·一般型培育	46个育成中心（加速器）如英国新兴公司启动公司、JFDI等，有730个新创团队，如二手物品交易网站Carousell、租房网99.co等。新加坡创业行动社群提供会计、法律、金融等咨询，特点是一站式服务，一至两天完成公司设立
	2.创业协助	可享受国际辅导协助，例如：英国新兴公司启动公司（简称SBC）	新加坡政府由总理李显龙带头，向美国硅谷大企业招手，到新加坡成立研发中心等，为新加坡年轻创业者提供到国际企业工作历练的机会
	3.2014年新创事业密度	每千人2.1家	平均每千人有9.5家

资料来源：《今周刊》，2016年7月11日，第67~93页。

Unit 2-7 中国台湾地区与新加坡金融科技创业生态系统比较

美国硅谷的科技业创业生态系统（从生产因素市场到商品市场的密切结合），是全球创业生态系统（startup eco-system）的典范。许多政府都想以人为力量，想要复制，例如：中国台湾地区的新竹科学园区、中国北京市中关村。在金融科技方面，全球较著名的有英国伦敦、新加坡等，本单元延续Unit2-6，以中国台湾地区和新加坡的金融科技创业生态系统为例，更具体地看出两个地方在这方面措施的优势与劣势。

一、新加坡的金融科技生态系

新加坡、中国香港和迪拜是亚洲各区域的金融中心。

（1）政府2015年便推出金融科技政策：由表2-7-1第三栏可知，新加坡政府在金融科技创业生态系统的措施。

（2）2016年3月安永会计师事务所的调查：英国政府委托安永会计师事务所进行调查，在全球金融科技中心中新加坡排名第四，中国香港排名第七。新加坡是进入亚洲的“首选门户”，监理制度日益进步。（《经济日报》，2016年12月9日，A7版，林筠）

二、台湾的金融科技创新基地

台湾在金融科技创新基地（Fintech Base）的措施，详见表2-7-1第二栏。

（1）时间：2016年4月14日。

（2）执行单位：由台湾地区金融监管机构指示金融总会，委托资策会大数据所推动金融科技创新基地，通过完整孵化能量，建设金融科技创新创业的完整生态圈。

（3）结果：在2016年10月，公布首波补助名单，以金融科技在育成中心的数量进行对比，中国台湾地区和新加坡约1∶10，其他比较缺乏明确数字。

三、民间版的新创公司生态系

曾任创梦市集股权群募证券公司业务部经理的刘正仁表示，金融科技业正当红，通过群众募资平台很容易募集到资金，而且可以接触策略投资人（银行、金控旗下创投公司）。

创业生态系统（startup eco-system）

- 公司孵化过程：大学创新育成中心（俗称公司孵化器incubator，公司种子阶段）→加速器（accelerator）→公司成立第3年
- 资金来源：天使投资人（angel investors）、私下募集基金（privateplacement fund）、私募股权基金（private equity fund）、证券公司公开发行

表2-7-1 中国台湾与新加坡在金融科技公司创业育成方面的比较

项目		中国台湾地区	新加坡
一、生产因素市场	自然资源：土地	金融科技基地（Fintech Base）分成两种培育： ·补助型培育 ·一般型培育	负责执行的是裕廊集团（JTC） 另负责新创补助计划的官方单位为新加坡创业行动社群（ACE）
		相关辅导，包括工作坊实地操作、企业经营管理、科技辅导、会计等免费课程，全力协助这些金融科技新创公司能创业成功	新加坡新创基地，共有3栋楼，例如： ·BLK71创新创业园区、Lattice80（2016年11月） ·房租比市区便宜一半 ·免费会议室、公共空间
	·劳力（education）	·有6000万元作为人才培育 2016—2019年要培育出6000名金融科技人才 ·跟数十家大学合作	许多大学开设专班，设立实验室等以跟新创公司、银行合作
	·资本（subsidy）	·2016年4月，金融科技发展基金首波2亿元启动，2016—2019年试行，基金设在金融总会下，由其协助营运，预计补助60家新创公司，每家上限200万元，条件是要让出5%股权给金融总会 ·很多金融科技公司都不缺钱，因为台湾地区有许多管道可取得资金，包括群募平台及创投公司等	新加坡政府为新创公司提供会计及法律专家咨询、媒合创投公司跟新创公司的服务 1.金融管理局（MAS）针对每个监理沙盘的2期提供补助款50%，最高20万新加坡元 2.三家银行（星展、大华、华侨）、保险公司（NTUC Income）推出创业加速计划
	·技术（accelerator）	许多创业者是希望取得技术辅导	由合作的大学提供
	·企业家精神（business innovation）：国际市场连接	尝试跟英国的新兴公司启动公司合作。其中已跟新兴公司启动公司签署合作协议，该公司2016年12月派人来中国台湾一周，对新兴公司辅导，从中挑2家到新加坡“启动”公司辅导	跟英国新兴公司启动公司（Startup-bootcamp）合作，新加坡标新局（SPRING Singapore）提供一站式服务，从外国人申请创业家签证到补助资源等，一天就能完成公司成立程序
二、商品市场	1.市场进入（go to market）	策略分析、经营方式建立、业务洽谈切入点等经营辅导主题，针对技术咨询、财务辅导、专利法规研讨等主题设计相关工作坊课程	国际投资公司Marvelstone总裁Joe Seunghyun Cho说，新加坡有税务优惠、政府协助，加上容易进入区域市场等优势，因此选择新加坡作为6家金融科技公司注册地。该公司以开发手机支付平台为主，并投资其他金融科技公司
	2.产业媒合	办理银行、证券、保险等三行业合作的“金融科技产创媒合会”，建立金融业者、金融科技公司新创交流的舞台，能加速金融业创新应用发展	有机会跟东南亚的各国银行洽谈，例如： ·新加坡星展银行、野村控股 ·马来西亚联昌银行（CIMB） 2016年6月，在新加坡世贸中心举办Echelon亚洲新创高峰会，有国家馆、新创公司个别摊位、创投媒合区，最受瞩目的是在会场中央舞台举行的创业成果发表。形同募资大会，让各国创业团队使出浑身解数，博得青睐

Unit 2-8 对金融科技的监理沙盘

金融科技的发展可能会违反相关（金融、电信等）法令，为了了解新种金融业务的效益、成本、风险，英国率先推出限时、限地、限人数、限金额的试验，俗称“监理沙盘”（Regulatory Sandbox），这跟新药的“人体临床试验”道理很像。

一、英国打前锋，新加坡紧跟

英国为了维持全球最大金融中心的地位，创新、宽松法令，让金融业通过创新金融业务，来跟其他国家同业竞争。新加坡也想维持亚洲最大金融中心的地位，在金融监理方面跟着英国。由图2-8-1可知，两国金融监理沙盘的进程。

二、英国的监理沙盘做法

由表2-8-1可知英国金融行为监管局对公司申请试验的规定。

知识点补充

监理沙盘（Regulatory Sandbox）

- Sandbox原意：春秋战国军人在“沙盘推演”时，是在一个大盒子中装沙，显现地形（高低、山谷等）与敌军所在
- 延伸：政府对金融业的监理，是指在一个风险规模已辨识且可控制的模拟环境（即安全空间，safe space）不受法令限制下，让公司测试创新的产品、服务乃至于经营方式，并跟银行高度互动、密切协作，共同解决在测试过程中所发现的监理与法制面问题
- 运用：2016年11月起，英国、新加坡采用

美国的金融监理沙盘

时间：2016年9月22日

地点：美国华盛顿特区

人物：P.McHenry，众议员

事件：仿照英国监理沙盘要求联邦政府机构（包括联准会、财政部）成立“金融服务创新办公室”（Financial Services Innovation Office, FSIO），让新创公司在测试产品时得以受到援助，并要求成立由FSIO主管组成的FSIO联系委员会，以整合金融科技监理。虽说很多美国联邦机构（例如：美国金融消费者保护局，CFPB）内部已成立创新团队任务小组，但该项法案要求将此程序正式化，使得各机构皆须分享资料及报告给国会。如此一来，可让监理者更能理解市场走向

英国与新加坡的金融监理沙盘的进程

时间	活　动
2014年	英国设立“创新枢纽”（Innovation Hub）
2015年3月	英国政府科学办公室（Government Office for Science）在一篇《金融科技未来：英国如何成为世界金融科技的领头》的政策报告中，首度提到沙盘（sandbox）一词，并且提到沙盘是金融监理单位、金融机构、金融科技公司与学界协同合作的一种方式
2015年11月	英国金融行为监管局（FCA）因应上述政策报告，公布监管沙盘指导文件，说明监管沙盘的目的、执行流程、对参与各方的诱因、风险及限制
2016年3月	新加坡金融管理局（MAS）制定监理沙盘咨询文件
2016年6月	新加坡金融管理局公布监理沙盘的建议指引，鼓励金融机构申请试验，前提是需要事前自我详细市调，确定相关做法属于创新
2016年7月	新加坡保险科技（InsurTech）新创公司PolicyPal，向新加坡金融管理局提案适用监理沙盘
2017年5月	新加坡设立网络金融科技办公室，提供一站式服务平台，协助所有相关事务，借此吸引全球金融科技新创公司在新加坡设立据点
2017年7月	新加坡金融管理局松绑对创投产业的监管，大幅简化并缩短新创投经理的批准流程，以进一步提振金融科技公司

图 2-8-1　英国与新加坡的金融监理沙盘的进程

表2-8-1　英国金融行为监管局对监理沙盘的做法

阶段	英国	说明
一、向金管局申请试验	依资格条件筛选合格的少数公司参与	在一个风险可控制的环境下，允许公司不受法规约束，尝试创新金融业务
二、试验中阶段	每周汇报是否规划时程达成目标、重要发现、风险管理情形等	在试验期间，公司必须向金融行为监管局报告最新进度，以共同解决测试过程发现或产生的监理、法规面问题
三、试验完成阶段	完成试验后，公司应于四周内提出最终报告，英国金融行为监管局针对报告提出意见	试验结束后，解除法规豁免权，金融行为监管局依据试验结果，评估是否要开放业务

Chapter 3

金融科技行业
——金融科技、网络金融公司

Unit 3-1 金融科技公司

金融科技公司存在的价值在于提供金融技术给网络金融公司、金融业（本书主指银行），由银行业务来看金融科技公司详见表3-1-1。本单元说明金融科技公司的范围。

一、“金融科技”的技术水平

新加坡国立大学商学院教授把金融科技（按投资金额等）分成低高层级。（《经济日报》，2017年8月15日，A4版）

本书延伸其观念，把金融科技程度分成低中高三级，详见图3-1-1。

（一）低金融科技

主要效益：促进交易效率提高。银行常处理的“交易”包括收款（例如：收受存款）、支付（例如：电汇、ATM转账、票据交换）等，网络金融公司靠“低成本”取得立足之地。由于技术程度低，进入门槛低，所以百家争鸣，最后大都会在成立5年后，走上泡沫化，例如：中国的支付公司业，270家发起后，2016年后进入大淘汰期，到最后剩下支付宝、财付通双强，其特色是“支付”只是母集团电子商务、网络金融业务中的“金流”部分，靠范围经济（业务范围）取胜。

（二）中高金融科技

主要效益：商业分析协助银行人员，更智慧，更有效率。

二、金融科技公司的定义

常见金融科技公司的定义有二：

（1）中国台湾地区金融监管机构的定义：为了定义银行可以转投资的“信息业和金融科技业”，2015年9月起，台湾地区金融监管机构推出相关规定，并适时扩大涵盖的范围。

（2）美国金融服务机构BEST。

三、信息公司

有许多信息公司专攻金融业的各子系统。

四、金融科技公司

2010年起，美国、以色列、瑞典等有很多新兴公司专攻金融科技领域，例如：瑞典的“指纹卡片公司”，以信用卡上有“指纹识别”芯片为例，号称信用卡卡友，以右手或左手拇指按着信用卡的芯片处，插入商店的信用卡读卡机，就可完成信用卡付款程序。

表3-1-1 由银行业务来看金融科技公司

银行业务	信息服务业	金融科技与网络金融业
一、营销研究 · 大数据分析 · 云端科技	从事金融机构信息处理作业的电子资料处理 涉及金融机构账务的电子商务交易信息处理	利用信息或网络科技，从事辅助金融机构业务发展或资料搜集、处理、分析或供应。例如： · 大数据 · 云端科技 · 人工智能
二、支付 · 生物识别 · 区块链技术 · 移动支付 · 洗钱防治 · 交易安全 · 消费者权益保护	研发设计支援金融机构业务发展的金融信息系统者	利用信息或网络科技，以提升金融服务或作业流程效率或安全性其他 · 生物识别 · 区块链技术 · 移动支付 · 信息安全 · 风险管理
三、贷款 · 信用评分 信用卡 · 分期付款	—	网络放款中介（P2P）
四、财富管理	—	自动化投资理财顾问

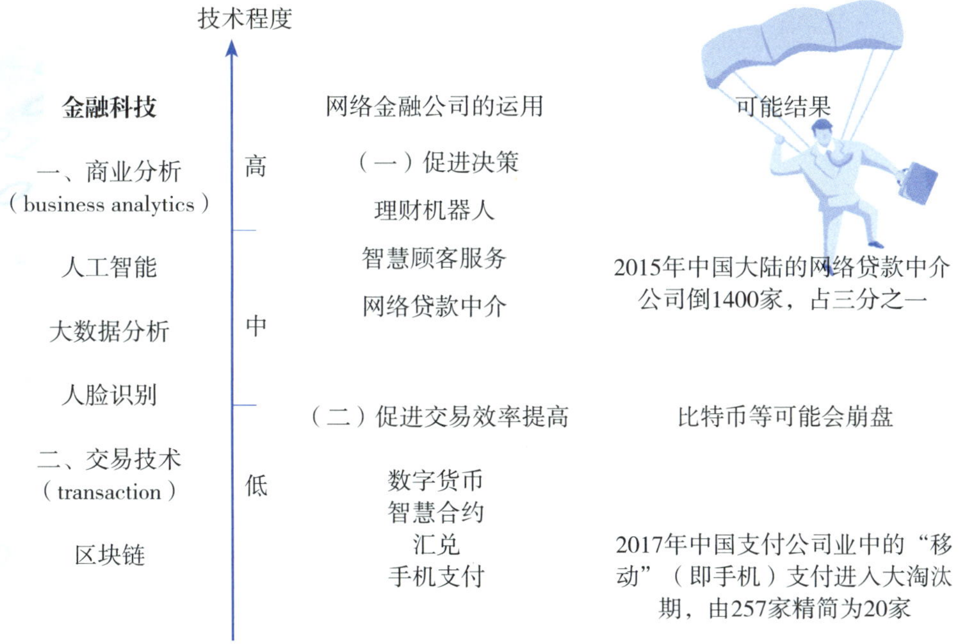

图 3-1-1 按技术程度划分金融科技业务

Unit 3-2 美国的金融科技公司——卡玛信用公司

每家银行在审核顾客的信用卡申请、消费者贷款时，都有个简单的评分表，依信用卡等级、贷款金额，分由银行总行信用卡作业承办人（例如：信用卡普通卡）、科长（例如：信用卡白金卡）、经理（例如：信用卡无限卡）处理。在美国，至少有三家金融科技公司专攻顾客的信用评分，详见图3-2-1。本单元在此综合说明，并以市占率一半以上的卡玛信用（Credit Karma）为举例对象。

一、公司成立：市场定位

2007年林肯尼（Kenneth Lin,1975年出生于中国广东省广州市）注意到美国一些民众申请信用卡时面临信用世界的两难——部分族群因为不曾持有信用卡或未曾申请学贷而没有信用历史，难以申请信用卡或贷款。拥有信用卡的，如果想向信用机构查询信用分数，需要额外付费且流程冗长。2007年6月，为了解决前述“痛点”，林肯尼成立公司，锁定“无债务者”“千禧世代”（Y世代）及“新美国移民”三个族群推展信用卡或贷款等金融方案。Y世代有40.5%信用分数低于最低级分。

二、投入端：资料来源

（1）信用资料来源：美国至少有三家公司（Equifax、Experian、TransUnion）有联合征信中心的功能，拥有顾客银行贷款和信用卡余额、支付记录资料。

（2）顾客授权卡玛公司取得顾客银行信用资料：顾客授权给卡玛公司，由卡玛公司付费给信用资料公司取得顾客信用资料。

三、转换端

借由“VantageScore3.0模型”，对信用资料机构跨账户搜集信用资料，每周更新顾客信用报告与分数。

四、产出端

（1）让顾客“知己”：卡玛公司把信用报告简化成图示化的APP，让顾客实时查询信用报告及影响因素，并作为改善依据。信用报告是指顾客所有信用卡、贷款还本息与余额等。卡玛公司会提供还款、分期付款、home affordability（住房可负担能力评级）和简单贷款服务。

（2）让顾客知道：卡玛公司提供“信用评分与金融方案推荐”平台，主要涵盖“CreditKarma.com”网站、“Credit Karma”APP、“Credit Karma”社群平台及其他金融工具与教育服务等。获得推荐方案的顾客，便能向银行申请信用卡、贷款或融资保险等。金融业者需付推荐（广告）费用给卡玛公司，这是其主要营收来源。

图 3-2-1 金融科技公司专攻顾客的信用评分

美国卡玛信用公司（Credit Karma Inc.）

成立：2007年6月，募资3.685亿美元；2015年5月福布斯估计价值35亿美元

地址：美国加州旧金山市

资本额：3.685亿美元（未揭露）

总裁：Kenneth Lin，创办人之一

营收（2016年）：（2014年度损益两平），营收主要来自银行产生与介绍个金

净利（2016年）：未揭露

主要产品：个人、公司信用评分

主要客户：100家银行等，顾客人数7500万人（占美国人口27.4%）

员工数（2016年）：700人

Unit 3-3 网络金融公司市场定位

站在中国台湾地区来看，会觉得有三种店最多：便利商店、手机店和银行。有许多外国人喜欢住在这里，因为便利商店到处都是，而且商品多、服务多。同样地，台湾地区银行分行有3400家（平均6900人有1家）、自动柜员机2.73万台（平均1台服务864人）、信用卡有效卡数2700万张（平均一位成人1.4张）。银行竞争激烈，银行放款利率低（平均2%）、服务费率低（自动柜员机跨行转账15元、跨行提款每笔5元）。由这角度来看，会很惊讶为什么新兴国家的网络金融公司业务发达，本单元从市场定位角度切入。

一、银行服务方便性

银行服务“方便性”包括三种：

（1）分行方便性涵盖性。分行须有足够的顾客交易量才能经营，乡镇往往没（或很少）银行。

（2）自动柜员机普及。自动柜员机也须有维护成本（主要是补钞），银行基于成本考量，不愿在偏远乡镇设自动柜员机。

（3）信用卡发卡。信用卡是个人第二支付工具，刷卡金额比现金、自动柜员机（转账）少，远多于电子票证。中国台湾地区信用卡正卡持卡人必须年满20岁（在中国大陆需年满18岁）且有工作（有收入付卡债）。

二、价位

网络金融公司的服务费率比银行高很多，因为这是其收入主要来源。

（1）以支付服务为例。以中国台湾台北市宁夏夜市的摊商为例，向客人推出支付宝等手机付款方式，每笔交易须付出交易额1.5%的服务费，这是为了配合客人的付款习惯。如果有选择，商店比较喜欢收现金，以免让手机支付服务公司“赚一手”。

（2）以贷款利率为例。个人对个人贷款中介网站的每笔服务费率为1%~4%。

三、网络金融重点区域分析

工业国家银行服务广且价位低，所以数字金融公司更多位于新兴国家，主要是亚洲的南亚、非洲和美洲的中南美洲。

（1）亚洲、非洲为主：根据世界银行统计，全球74亿人中没有银行账户的人口20亿，再加上收入不高的45亿人无法获得银行的信贷服务。这些人口主要集中在非洲和亚洲的南亚，主要问题是没有户籍制度，以印度来说，号称13亿人，这是推估值，没有身份证就无法在银行开户，也无法向银行申请信用卡、贷款。

（2）工业国家：以欧美来说，移民、外国长期移住劳工等较难取得银行贷款，有些会投向网络金融公司。

（3）中国：数字金融公司在中国蓬勃发展，以两个业务来说，原因如下。

①专营支付公司。银行业的市场结构属于卖方市场，对个人、微小企业的服务较不重视。简单地说，对个人申请信用卡审核较严格。这给了支付公司（主要是支付宝、财付通）很大发展空间。

②网络放款中介。大学生、少数上班族无法向银行申请信用卡、其他消费者贷款，放款中介网站应运而生，申请贷款，平均贷款利率11%左右。

Unit 3–4 网络金融公司

电子商务的对手是实体零售商店，例如：网络商店的东京着衣、OB严选，营收20亿元，造成很多服饰店经营困难。同样地，网络金融公司的对手是金融业，最常见的是手机支付公司、网络银行与网络放款中介公司，蚕食银行业务。

一、金融业商机

全球金融业年营收达8兆美元，其中市占率如下：

（1）保险业50%。

（2）银行业25%。

（3）证券暨期货、创投25%。

二、全球百大金融科技公司

由表3–4–1可知，2016年全球百大金融科技公司，前十大中有五家是中国公司，2016年中国企业筹资100亿美元，其中蚂蚁金服2016年4月达到45亿美元，创下全球网络金融公司单次私募融资规模的最高纪录，该公司市值600亿美元，约为美国同业的两倍。

三、银行类网络金融公司业务

由表3–4–2可知，银行类网络金融公司以两项业务为主：

（1）支付（包括汇出）。银行旗下对个人的四种支付业务，包括账户扣款缴水电费、自动柜员机转账、信用卡、临柜电汇等，银行由此赚取小额服务费。支付公司提供手机付款等方式，抢夺银行支付业务。

（2）贷款。由于网络放款中介公司不能吸收存款，所以只能冲刺个人、小公司的“小额”贷款。以个人为例，主要授信项目有三：信用卡余额清偿、其他消费者贷款（俗称信贷）和汽车贷款。

至于网络银行的例子，详见以下小档案。

英国Atom Bank（原子银行）

成立：2014年3月

地点：英国杜伦（Durham）

资本额：2.68亿美元

董事长：汤姆生（AnthonyThomson）

总裁：Mark Mullen

主要产品：强调“网络银行”只能通过手机的APP跟银行连线，包括30位客服人员，号称英国第一家网络银行，一年期存款利率2%，两年期2.2%

表3-4-1 2016年全球百大金融科技公司前10名

名次	公司名称	国别
1	蚂蚁金服	中国
2	趣店	中国
3	奥斯卡（Oscar）	美国
4	陆金所	中国
5	众安保险	中国
6	Atom Bank	英国
7	Kreditech	德国
8	爱帆（Avant）	美国
9	社会融资公司	美国
10	京东金融	中国

资料来源：KPMG安侯企业管理公司，2016年11月25日。

全球百大网络金融公司报告

时间：2016年11月15日

地点：美国

机构：美国KPMG（毕马威）、澳大利亚H2Ventures（H2 风险投资）成立“金融科技创造”机构（Fintech Innovators）

事件：两家公司每年进行“全球百大金融科技业者调查报告”。调查对象包括美洲35家、亚太区28家、EMEA（欧洲、中东、非洲的全称）区域28家公司、英国13家

表3-4-2 2017年台湾地区银行与网络金融公司经营比较

类别	主要经营业务	
	贷款	支付
银行	· 抵押 · 信用	· 自动柜员机 · 信用卡 · 现金支付
网络金融公司	· 网络放款中介	· 手机支付

Unit 3-5 网络金融公司的典范——中国企业蚂蚁金融服务集团

“一事不烦二主”“毕其功于一役”，这些俚语贴切地形容了网络金融公司，以一家代表性公司（或集团）来举例。

一、蚂蚁金融服务集团

蚂蚁金服是阿里巴巴集团在电子商务的支付、金融服务多个“产品”“品牌”上市后，觉得有必要成立营运控股公司才成立的。蚂蚁金服的商业发展部的工作是不断去想“场景”：如何让顾客购买货币市场基金或支付更方便。该公司有4.5亿个实名用户、2亿个理财用户，每天平均支付1.2亿笔，跟万事达卡相当，且用户八成以上都是手机用户。蚂蚁金服的相关产品，详见表3-5-1。

二、支付宝

支付宝的年支付总额10兆元人民币。

三、“花呗”信用支付

蚂蚁金服推出“花呗”的网络信用服务，可在淘宝网、天猫商城等网站使用。蚂蚁金服根据网购交易记录、支付现金流，结合风险资料等，通过大数据平台分析，确认用户的授信资格和额度，最高授信额度为3万元人民币。最迟免息还款日为确认收货后的下个月10日，最长账期可达41天。招商银行和中国联合网络通信集团公司设立的招联消费金融公司，利用蚂蚁金服的“花呗”为顾客提供信用贷款。

四、余额宝

蚂蚁金服的支付宝有4.5亿个用户，代表全中国每三个人就有一人有支付宝账户。蚂蚁金服从用户的消费行为、交易方式与收入方面分析后发现，他们的用户多数不懂投资，能拿来投资的金额也少，但也想赚些利息钱。蚂蚁金服联合天弘基金设计出余额宝，让顾客通过手机就能赚钱，并且1元人民币即可存基金，10元人民币可买基金，这只货币市场型基金，上架三年，累计6000亿元人民币，成为中国规模最大、全球规模第四大的货币基金。

五、保险

在蚂蚁金服上购买消费险（例如：汽车保险）的用户已经超过3亿人，一个缝隙产品就在2016年“双十一”（11月11日）滚进1亿元人民币的保费。而且“理赔”速度很快，例如：2016年起利用生物识别技术、人工智能技术，对支付宝账户“安全险”和银行卡安全险做自助理赔。最快理赔速度3秒，最长是24小时内。

表3-5-1 蚂蚁金服的相关产品

金融服务	对网络商店	对消费者
一、支付	 —	1.支付宝（Alipay） ·手机付款 ·第三方支付 ·对接200家银行 ·合作70万家商店
二、贷款	1.蚂蚁小贷（以前称为阿里小贷） 2.浙江网商银行。260万家小企业贷款，最高额度人民币10万元	1.芝麻信用：从用户缴货款、卡费的数据与时间等判断其信用，给予征信分数跟饭店合作，信用分数高，可免押金订房 2.蚂蚁“花呗支付”（2014年12月28日起）购物垫款，2016年交易32亿笔，成长率344% 3.网上借款功能“借呗”累计用户超过1200万人，累计金额超过3000亿元人民币
三、其他	资讯基础设备： 1.蚂蚁金融云 2.保险平台对个人 ·车险、人寿、医疗险 ·“消费保险”例如：针对“双十一”购物节推出物流破损险、鞋子脱胶险、衣服褪色险，九成靠技术识别判定，一成由人工处理	1.余额宝：天弘货币市场基金，号称年利率6%，用户数1亿人，基金规模6000亿元人民币 2.招财宝 3.蚂蚁聚宝：主要是各种集点兑换 4.蚂蚁达客：网络众筹等

中国浙江蚂蚁小微金融服务集团公司（Ant Group）

成立时间：2014年10月16日
两大股东：杭州君瀚（42%）、君澳（34%）
地址：中国浙江省杭州市
资本额：12.39亿元人民币
董事长：彭蕾
总裁：井贤栋
执行长：彭蕾
营收（2017年）：未公布
净利（2017年）：55.6亿元人民币（税前）
主要产品：全银行
主要顾客：5亿人
员工数：略
市值：2017年6月750亿美元，美国的优步（Uber）同期市值为700亿美元

Unit 3-6 银行业引进金融科技：全球、美国角度——数字银行（Bank3.0）经营方式

既然网络金融公司对银行不构成威胁，那么银行为何还必须花钱引进金融科技设备呢？主因在于顾客结构的改变，先知先觉的银行“先下手为强”，在同业竞争压力下，逐渐加入战局。

一、2015年美国人口世代的黄金交叉

美国商务部人口普查局资料显示，Y世代（其中1981—1997年又称为千禧世代）7540万人，以些微差距超越婴儿潮的7490万人。主因在于许多年轻人移民美国。

二、来自顾客的“拉”策略

1980年以后出生的顾客从小习惯使用3C产品，例如：上网“买”（下载）歌曲、“买”东西等，俗称“数字（产品）世代”（digital era）、“数字原住民”（digital native）。2007年6月起，苹果公司推出iPhone手机，再加上2010年4G电信全面普及。手机的使用“革命性”地改变了人们的生活习惯。

（1）最喜欢三大类的应用软件（APP），包括社群媒体、音乐及省钱。

（2）Y世代人喜欢用手机搞定一切，包括订餐、社群媒体（例如：脸书、Instagram）、音乐、约会等，因此用手机理财成为理所当然的事。

三、美国花旗银行的预估

如同纯电动汽车逐渐渗透市场，来看数字银行发展。

（1）渗透率。由图3-6-1可知，这是美国花旗银行估计的美国消费金融中的数字银行渗透率，不算快。

（2）最奇特的形容法。美国加州洛杉矶市证券公司旗下子公司Wedbush产业分析师卢瑞亚（Gil Luria）表示，“总有一天，你家的冰箱会自己上网订牛奶，还会自动线上付款完成交易”。（《工商时报》，2016年6月8日，A12版，陈颖芃）

知识点补充

最普及的金融科技：证券公司电子下单

网络运用于金融交易最早、最普及的是证券公司的投资人电子式交易（含网际网络、语音及DMA），以2017年为例，集中市场成交值市占率约51%，前五大证券机构是元大、凯基、富邦、永丰金、元富

美国银行的消费金融中数字银行渗透率

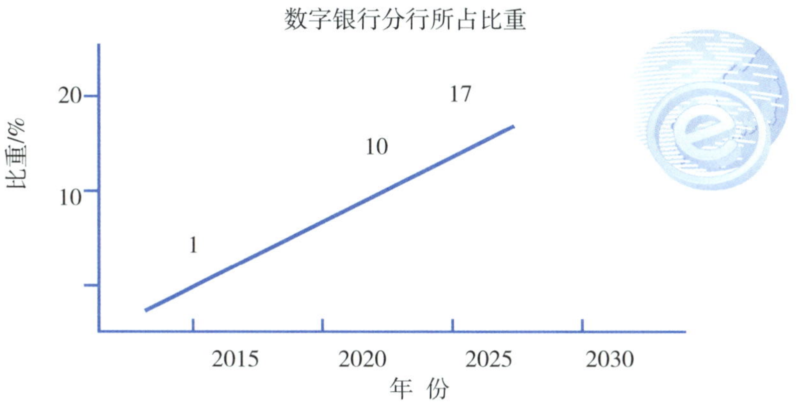

图3-6-1 美国银行的消费金融中数字银行渗透率

资料来源：美国花旗银行，2016年3月。

金融发展指数（Financial Development Index）

时间：2008年起

地点：瑞士

机构：世界经济论坛（WEF）

事件：每年在金融业、金融科技至少有三个产出。一是每年10月29日发表当年度“金融发展报告”（The Financial Development Report）。二是每年6月12日更新206个国家/地区的数据形成全球金融发展数据库（GFDD）。三是每年1月18日发表上一年全球金融科技发展指数报告

Unit 3-7 金融业对网络金融的反击——以中国企业平安集团旗下陆金所为例

在零售业，实体零售公司常“以其人之道还治其人之身”，即推出网络商场，俗称“虚实整合”，专有名词称“全渠道”（omni-channel或multi-channel）。在这方面，媒体最喜欢报导的是全球营收最大零售公司美国沃尔玛（Walmart，2016年度营收4813亿美元、净利143亿美元），2009年8月成立网络商城公司（Walmart Marketplace，年营收约100亿美元），以跟全球最大网络销售公司美国亚马逊公司（2016年度营收1360亿美元、净利237亿美元）竞争。

由沃尔玛立场来看中国平安集团股份有限公司（简称中国平安）为何会成立上海陆家嘴国际金融资产交易市场股份有限公司（简称陆金所），由这一角度来看，陆金所可说是中国平安的“网络金融公司”。

一、中国平安保险集团简介

中国台湾地区较少开放大陆的金融业来台营业，一般在报刊上对它也是浮光掠影地报导。中国平安集团号称是中国第一家“股份制”保险公司，横跨金融业三大行业，即保险起家，进军银行，在证券暨期货业开花结果。

二、陆金所第一阶段业务：网络放款中介

陆金所以网络放款中介业务起家，2015年精准预知网贷泡沫，借债权转让交易，带领2600万用户避灾。从个人贷款中介转向“企业对企业”贷款中介，号称全球第一大网络放款中介。

三、陆金所公司

（1）资产管理商机。据有关部门统计，剔除通路业务互相嵌套、交叉持有的重复计算因素，至2016年6月，全国资产管理规模约60兆元人民币，接近2015年总产值以及货币的四成，已经具备了影响金融市场稳健的力量。

（2）成长。一站式理财网站。由图3-7-1第二栏可知，陆金所还有“财富管理”网站。本质上还是“肥水不流外人田”，主要是成为关系企业的网络营销公司，例如：

①保单：全中国2015年网络保险保单保费收入2223亿元人民币。

②基金：限于法令，主要是货币市场基金。

③信托业务：网络信托业务成长较为缓慢，还没有成熟的经营方式。

（3）2016年起业务范围为“三所一惠”。

①由图3-7-1可知，陆金所有四个“事业部”，公司称为“三所一惠”（惠指普惠金融），2015年8月陆金所控股公司以19.5亿美元收购普惠金融事业部。

②2017年陆金所在香港交易所上市，公开募资50亿美元，公司市值250亿美元。

陆金所四项主要业务

资金供给端	陆金所四项主要业务	资金需求端
投资人 · 租赁公司 · 小额贷款公司 · 担保公司	（一）普惠金融 2012年3月投资融资网站（www.lufax.com） · 稳盈–安e · 2016年贷款余额1466亿元人民币（+250.7%）	借款人 · 公司 · 个人
	金融资产交易服务网站（www.lfex.com） （二）陆金所 （三）重交所 （四）前交所 企业交易4.2兆元人民币 个人交易1.35兆元人民币	1.保险 平安养老保险公司 富盈人生保险 （注：退休金保险） · 团体 · 个人 2.平安大华投信公司 日增利货币市场基金 3.股票、信托

图 3–7–1　陆金所四项主要业务

中国平安

成立时间：1988年，2007年3月上海证券交易所上市，港交所股票代码2318
地址：中国广东省深圳市
董事长：马明哲
业务：保险类、银行、证券
顾客：1.31亿人
地位：美国《财富》杂志全球领先企业500强中第十一名，2016年营收0.71兆元人民币，净利724亿元人民币

中国陆金所

（全称上海陆家嘴国际金融资产交易市场股份有限公司，Lu.com）
成立时间：2011年9月（或2012年），2017年股票上市，属中国平安旗下，2016年1月完成一轮12.16亿美元的融资，市值提高至185亿美元
地址：中国上海市陆家嘴
资本额：8.73亿元人民币
董事长：李仁杰（2016年3月起）
营收（2016年）：211亿元人民币
净利（2016年）：94.97亿元人民币
主要产品：“三所一惠”，详见图3–7–1
顾客：2838万人（+55%）

Unit 3-8 网络金融公司对美国，对中国大陆与中国台湾银行业的威胁“微不足道”

网络金融公司对金融业（以银行业为例）营收的威胁在0.4%以下。以2017年银行推估营收10300亿元来说，最多47亿元。

一、美丽的错误

针对网络金融公司的前景，少数人“就近引譬”，以“公司对消费者”（B2C）电子商务，在美国约占零售业20%为例，来说明网络金融公司拥有两大优势，会打得银行“不死也半条命”。以美国网络放款公司卡贝驰Kabbage跟消费金融霸主富国银行比。

（1）贷款利率高。网络放款中介公司的投资人大都担心借款人不还，因此最低贷款利率9%，网络放款公司向借款人收3%的中介费率，借款人一年借款成本11%以上。

（2）速度快。有人说，网络放款中介公司，当贷款申请人资料备齐，最快6分钟便可核贷。但这不是重点，贷款申请人重视的首先是贷款利率，其次是贷款金额。银行贷款核贷时间最快15分钟。

二、网络放款利率比银行放款高很多

全球各国政府为了稳定金融，银行皆是特许经营（以中国台湾地区来说，最低资本额100亿元），银行有特权“吸收存款，从事放款”，只做其中一项便不能算银行，例如：台湾中华邮政公司吸收6兆元存款，但不能从事放款，所以不算银行。以台湾“现金与约当现金很多”的台积电为例，2017年存款5500亿元，银行吸收此存款，供55万位借款人，每人借10万元。最厉害的网络放款中介公司可能会“吸引到”一家高风险的投资公司提供6亿元资金，但必要报酬率7%，这是投机级债券殖利率的起点。

由表3-8-1可知，美国、中国大陆和中国台湾的网络放款中介公司的贷款余额跟银行对家庭放款的比例皆在0.02%以下（其中中国大陆高点在2016年5.2%）。

三、从银行损益表切入

2016年40家银行营收10185亿元，由其营收结构来分析，详见图3-8-1。图3-8-1网络金融公司几项业务对银行的冲击在0.1%以下。

（1）营收结构“80：20”原则。银行的基本业务是“资金买卖业”，占营收70.7%，也就是赚“放款与存款的利率差”。至于金融服务费收入占29.3%，但其中80%以上是卖保单（占50%）、基金（占24%）的佣金收入。

（2）70.7%营收部分，影响不到0.9%。网络金融公司的“网络放款中介业务”（P2P），收取1%的“中介费用”，再加上利率，贷款人“总成本率8%”以上。此项业务是冲着银行“消费金融业务”中的信用卡循环信用余额来的，2017年1100亿元（占放款24兆元的0.46%）。纵使全部被网络金融公司抢走，金额、比率不大。

（3）29.3%营收部分，影响不到0.01%。网络金融公司抢攻支付、汇兑（中国台湾有外汇管理规定卡着），以你去自动柜员机跨行转账15元、跨行提款5元来说，站在银行角度，这“服务”性质大于“获利”。纵使全被专营支付公司抢走生意，对银行电汇收入、自动提款机服务收入的影响微不足道。

全体银行的营收结构

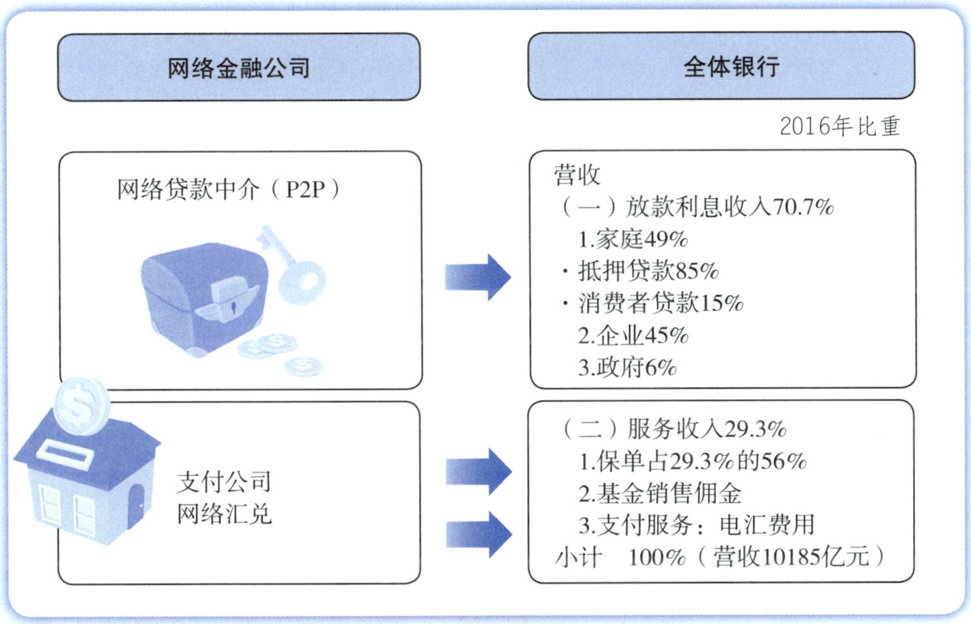

图3-8-1　全体银行的营收结构

表3-8-1　美国、中国大陆和中国台湾网络放款中介余额跟银行家庭贷款比重

项目	中国台湾	中国大陆	美国
（1）网络放款中介余额	30亿元（假设）	1.3兆元人民币	150亿美元
（2）银行对家庭放款	11.76兆元	25.03兆元人民币	12.58兆美元
（3）=（1）/（2）	0.02%	5.2%	0.012%
网络放款占银行放款比例	（2017年）	（2016年）	（2016年）

注：中国大陆2016年人民币放款余额106.6兆元人民币，其中消费者贷款25.03兆元人民币。

Unit 3-9 台湾地区的数字环境与数字银行渗透率

2017年1月5日，TVBS（无线卫星电视台）电视新闻做了一个报导：

（1）中国台湾人平均每天吃214克的肉（注：2015年一年吃78.1千克肉）。

（2）美国人平均每天吃332克的肉。由此比较来推论，中国台湾人平均吃肉"比美国人少"，台湾肉食市场仍有成长空间。正确答案是在均衡饮食情况下，一位成人一天吃肉70克便够了，而且吃太多肉（尤其是牛羊猪等肉）会吸收太多"低密度"（即坏的）胆固醇，这会使血管壁增厚，以致造成心血管疾病（高血压甚至中风）。此外，得大肠癌概率也会增加。正确比较是还要考虑人口年龄结构，2017年日本老人占25%、中国台湾14%，老人吃肉少，所以日本人平均每天吃肉比中国台湾人少。由"平均每人每天吃肉"破题，来预估中国台湾的银行"数字银行"的渗透率，重点在于"不能以美国情况来推估中国台湾"，因为有情况差异。

一、全球手机普及程度

一些市调机构（毕马威、刺柏研究Juniper）每年皆会公布"行动装置"（主要是手机，其次是笔记本电脑）的使用人数，进而推估数字银行的使用人数。

（1）2014年8亿人。

（2）2019年18亿人。

二、中国台湾的数字环境

如今，中国台湾大人已是"人手一机"，但上网普及率0.87，因为还有极少数老人没有手机，2G手机在2017年8月起停止使用，2G手机全转4G手机，上网普及率会稍增。

（1）手机普及率。由表3-9-1可知，中国台湾每百人有127.3部手机，本书以一人为单位，每人平均有1.273部手机。另有人称手机普及率0.73，那是以总人口2360万人来算。

（2）2014年手机上网人数超过计算机上网人数。此即手机的"黄金交叉"或称计算机的"死亡交叉"。

（3）港商明略行（Millward Brown）公司公布的统计暗淡显示，2014年中国台湾人每日使用手机上网时间197分钟。2015年"看"手机（屏幕）超过看电视节目。

三、2016年数字银行业务启动

由于许多银行业务的开办需要台湾地区金融事务主管部门核准，以自动柜员机免卡提款来说，2016年3月核准。由此可说，2016年是数字银行的启动年。

四、数字银行渗透率

Unit3-6中图3-6-1说明了美国银行的"数字银行"业务渗透率，中国台湾地区的渗透率则要七折八扣，主要原因是美国地大，所以银行分行、自动柜员机的服务人数比中国台湾多，详见表3-9-2。以2016年推出的“第三方支付”来说，中国台湾的专营第三方支付公司苦于生意难做。主因如下：

（1）无条件的七天鉴赏期，这对买方极有利，“无条件”包括退换货不需付运费。

（2）其他第三方支付兴盛：这包括便利商店取货付款、宅配公司（包括台湾中华邮政公司、大里嘉荣等）货到付款。

智能型手机普及率

时间：2017年1月2日

地点：美国

机构：美国研调机构策略分析公司（Strategy Analytics）

事件：2017年全球使用中的智能型手机32.3亿部，平均每户使用1.7部，到2022年普及率将从44%升至59%

表3-9-1　全球2016年智能型手机普及率

大（中位数）分类	国家/地区	
一、工业国家/地区68%	韩国89%	美国72%
	中国台湾86.8%	日本39%
	新加坡86%	
二、新兴国家37%	中国58%	印度17%
	印尼20%	
三、全球43%（埃森哲2017年1月5日预估2020年全球59%）	—	—

资料来源：皮尤（Pew）研究中心。

表3-9-2　美国和中国台湾的实体银行服务人数比较

国家/地区	中国台湾	美国
一、分行服务人数		
（1）人口数	2360万人	3.2亿人
（2）分行数	3400家	9.2万家
（3）=（1）/（2）	6940人／家	3.48万人／家
二、自动柜员机服务人数		
（1）自动柜员机数	2.73万台	42.5万台
（2）=（1）/（4）	864人／台	753人／台

Unit 3-10 银行采用金融科技省成本，增加收入

从损益表的架构来思考一家公司的任何计划，就很容易抓住其着眼点，一般采用两种方法：降低成本（costreduction），提高营收（revenueraising）。台湾地区经济停滞、人口到顶（预计2025年人口到顶2380万，之后衰退），对大部分内需导向的行业内的公司，要增加净利，一是营收面捞过界，抢别人行业中的肥肉，二是“省一元、赚一元”地降低成本。

一、降低成本导向

2008年起，银行面临低利率环境，放存款利率差在1.4%以下（2017年为1.34%）、放存款比例2016年73.5%；简单地说，银行产能利用率低。银行想方设法降低成本，最常见的机器设备能用则用（纵使过了报废期），甚至“以次充好”，这些都是为了降低营业成本中的制造费用中的房地产、设备折旧费用。银行为了推动“数字银行”，以智慧机器取代行员。例如：以Pepper（一款人形机器人，可与人类进行交流）取代分行的迎宾人员，着眼点在于“省钱”。

二、提高营收导向

由图3-10-1可知，银行的财富管理业务，以一般顾客为例，一位理财专员需负责350~400位顾客，才够经济规模。但理财专员大约只能承担顾客群中的一成，因此会挑净资产较高、年龄较轻（比较会买保单和基金）的顾客。有些银行估计过“有九成的一般顾客成为弃婴”。由图可知，通过智慧客服、机器人理财专员的协助，一般理财专员可以服务更多的“小器财神”。站在政府角度，这便是“普惠金融”，金融服务普遍惠及大众。而顾客对银行的营收贡献程度关系详见图3-10-2。

资产管理规模

Asset Under Management（AUM）
中文：银行等的资产管理规模
推论：某一位顾客在银行买基金等规模

2006年起，中信信托资产管理规模位居第一

时间：2017年4月27日
地址：中国上海市
机构：中信信托
事件：2016年年报，中信信托“全口径”资产管理规模（AUM）1.76兆元人民币（成长率27%），2006年以来，皆位居中国信托业第一。其中三大事业部的信托本部资产管理规模1.42兆元人民币

数字银行的贡献

业　务	网络银行业务（Bank2.0）	1.网络金融公司 2.数字银行（Bank3.0）
一、降低成本 **·支付** **·汇款（含转账）**	—	美国贝宝公司总裁丹·舒尔曼认为：通过信息通信技术、机器人理财的协助，可接触到责任区大部分顾客
二、增加营收 **·财富管理** **·以一般顾客为例，一位理财专员负责350~400位顾客**	一位理财专员因精力有限，只能处理10%（35~40位）顾客。行有余力才照顾资产规模小的客户	

图 3-10-1　数字银行的贡献

顾客投入与对银行的营收贡献程度

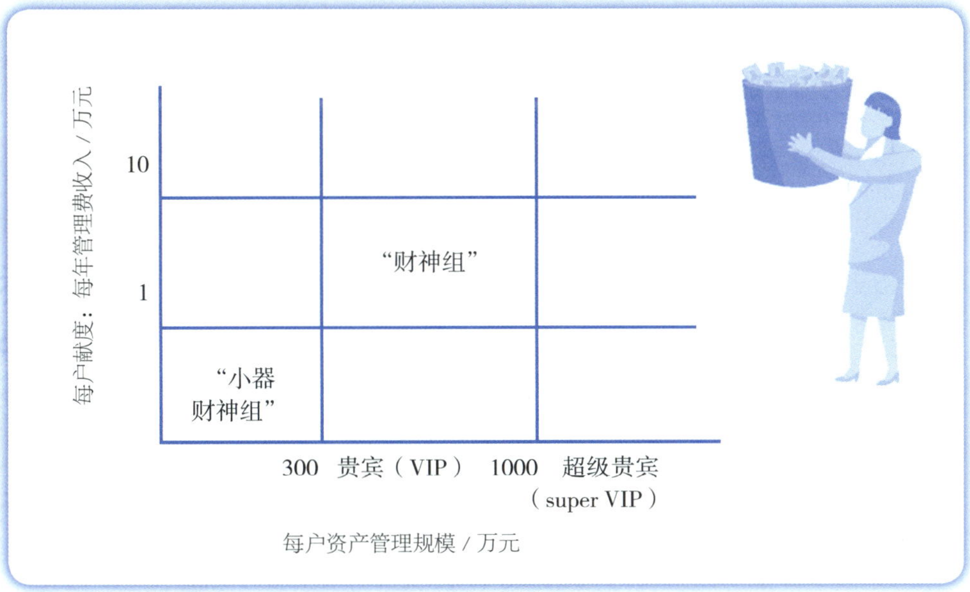

图3-10-2　顾客投入与对银行的营收贡献程度

中国网络保险公司崛起

一、商机

依据中国银行保险监督管理委员会（简称银保监会）公布的保险发展政策目标，到2020年，要让保险成为政府、企业与民众的风险管理和财务管理的基本手段，保险深度（insurance depth），即保费收入除以总产值要达到5%，保险密度（insurance density）目标是达到每人3500元人民币，保险契约总收入5兆元人民币（2015年2.4275兆元）。

二、保单销售渠道的演进

由表3-10-1可知保单销售渠道的演进。

表3-10-1　保单销售渠道的演进

年份	1999年以前	2000—2006年	2011年起	2013年起
公司	保险公司直接销售	银行代销，最高时市占率33%	（1）2009年受到金融海啸影响，2010年政府限制银行合作的保险公司数 （2）2011年保监会引导“经代公司”往大型化发展，这都使得银行保险业务通路的重要性较为淡化，“经代公司”业务通路也开始占得一席之地	（1）2013年网络时代来临，众安在线产险公司启动网络保险的发展,2014年保险电商化触发，阿里巴巴、京东等电子商务平台公司纷纷加入，保险商品从产险扩及寿险 （2）各大寿险公司推出网络保险业务加入战局，2015年保监会开放保险公司自主管理保险业务员的考照与实行管理制度后，保险业务员的人数激增至近700万人，2015年保单代销占保单销售金额81.4%；2016年产险、寿险各14家推出网络投保23万件，2.8亿元人民币

三、第一家网络保险公司

众安保险公司

成立时间：2013年

地址：中国上海市

资本额：12.406亿元人民币，2015年6月，美国摩根士丹利证券等A轮融资9.34亿美元

执行长：陈劲

大股东：蚂蚁金服（持股16%）、腾讯（持股12.09%）、中国平安（持股12.09%）等

产品：产险（车险、旅行保险）、寿险（意外险、健康险、团体保险）

股票上市：2017下半年在香港股市上市，集资金额10亿美元，2016年净利937.2万元人民币，衰退78.8%。众安保险通过股东及其关联平台售出的保险产品占保费近九成

Chapter 4

公司与支付方式——总体篇

Unit 4-1 公司、家庭与政府支付动机

网络金融公司两大银行业务：支付汇兑与网络放款中介。支付公司只能经营个人现金与小部分信用卡支付市场。简单地说，以2016年10月在台湾地区投入营运的5家支付公司（欧付宝等）为例，年支付金额须1000亿元以上，付款手续费的收入才能损益两平，以2017年信用卡刷卡2.62兆元来说，占3.8%。

一、收支的主体

按照经济学把个体分成三类：

（1）家庭870万户2360万人。中国台湾人口在2025年预估达到2380万，到顶之后就人口衰退。

（2）公司138万家。其中包括公司、公益团体（包括财团法人、社团法人，俗称非营利组织、非政府组织），财团法人中最大的是医院，52家年营收约占全民健保5000亿元的一半。

（3）台湾当局。

二、收入与支出三类动机

提到个体的现金收支，会计学、经济学的分类方式大同小异。

（1）会计报表上的“现金流量表”。由表4-1-1可知，公司四大财务报表中的现金流量表，把“流入流出”分成三类活动——“营业”“投资”“理财”。

（2）经济学的分类。经济学把经济活动分成以下两大类：

①实体经济面（俗称商业基础）。公司现金流量表上的“营业”活动现金流量（流出、流入）。

②金融面（投资、融资）。公司现金流量表上的“投资”“理财”活动现金流量。

三、实体经济

实体经济有两个角度可切入：

（1）从需求结构切入，2017年总产值17.61兆元。读过大一经济学的人可能会记得表4-1-2的等式关系。表中，总产值的需求结构长久稳定，可以“背”一下。

①家庭消费（即2360万个个人）占总产值53%。家庭消费常见的说法是“食衣住行育乐”，其中“食”常用的说法是“开门七件事，柴米油盐酱醋茶，每样都得花钱”。

②公司投资占总产值21%。实体投资包括两中类：“固定资本形成”（占99.2%）与“存货变动”（占0.8%）。简单地说，买地盖厂房（占38.6%）、买机器（占32.6%），二者合计71.2%。

③政府支出占总产值14%。台湾当局支出约2兆元、县市政府支出约0.465兆元，由表4-1-2可知，合计2.465兆元。

④出超占总产值12%。出口减掉进口的“出超”，出口公司赚外币，进口公司付外币；岛外买方付款，台湾的出口公司收款。

（2）从生产流程切入。总产值聚焦在“最终”商品和服务，但是若以汽车公司每卖一辆车，须往前（上游的汽车玻璃、座椅、塑件）等公司买料。从“产业关联表”，大抵可说乘上总产值一倍。

表4-1-1　家庭、公司与政府的现金流量表

活动	家庭（个人）	公　司	政　府
一、营业活动			
·流入	年薪	营收 财务收入	税费收入 其他收入
·流出	生活支出 9兆元	营业成本费用 财务成本	政府支出2.465兆元
二、投资活动			
·流入	·股票 ·共同基金	·债券 ·基金 ·股票	—
·流出	卖股票 买股票	卖债券 买债券	
三、理财活动			
·流入	借房屋 贷款	借抵押、信用贷款	发行公债
·流出	还贷款本息	发行股票 还贷款本息	付公债利息和还本

注：2017年银行存款金额32兆元，贷款余额24兆元。

表4-1-2　2017年台湾地区总产值：需求结构

单位：兆元

总产值	（家庭）消费	投资	政府支出	净出口额
GDP =	私人消费 C	+投资 I	+政府消息支出 G	+（出口额 X － 进口额 M）
100% =	53%	+21%	+14%	+12%
上述是2016年数字公式右四项取整数				
17.61=	9.333	3.7	2.465	2.112

注：2017年 GDP 为17.1兆元 ×（1+3%）=17.61兆元。

Unit 4-2 营业活动的支付方式Ⅰ——家庭（个人）

你（或你家）一个月“支出”多少钱？怎么付款的？一般在区分支付方式时，比较喜欢一刀切，本单元以2017年“家庭（个人）”来说明，关于2017年台湾地区家庭消费支出结构见表4-2-1。

一、现金以外支付，以大额支付为主

以一位上班族来说，大部分的支付方式都是以现金以外方式支付，主要有三种：

（1）银行转账（加提款9.2兆元）。这包括两项：

①银行自动转账。主要是缴费（水电费等）、缴税（房地产税、汽机车牌照税和燃料税）；另外，还有个人的每月定期定额的基金、房屋贷款扣款。

②个人转账。这主要分成“已约定”“未约定”账户两种。包括房屋贷款还本还息（例如：每月2万元）、定期定额基金0.3万元，甚至买股票后的付款。

（2）信用卡（2700万张，2.62兆元，2016年2.42兆元加计8%成长率）。信用卡是成人大额支出的主要方式。到超市买菜、汽车加油，都可以用信用卡付款，届时约定银行账户扣款，或自动柜员机转账。

（3）电子票证（8700万张，6000亿元）。常见电子票证有交通票证（悠游卡、一卡通、ETC卡）、便利商店卡（例如：统一超商旗下爱金卡公司发行爱金卡icash）。主要是个人零钱支出，金额6000亿元。搭公共交通用交通卡（悠游卡、一卡通），到统一超商的关系企业（例如：康是美）用爱金卡。

二、现金支付，以小额支付为主

（1）现金支付。只有自助餐店、路边摊等小金额交易，才会用到现金。

（2）台湾地区货币政策主管机关每日公布通货发行额2.058兆元。以台湾地区货币政策主管机关的资产负债表来说，“现金”指的是“通货发行额”，2017年约2.058兆元，随总产值、人口数增加，从2008年起，每年约增加1000亿元。

三、电子支付情况

详见表4-2-2。

表4-2-1 2017年台湾地区家庭消费支出结构

生活项目	百分率（%）	付款方式
一、食 食品烟酒及饮料	15.9	（1）超市刷信用卡 （2）现金
二、衣 衣着鞋袜服饰用品	3.1	（1）超市刷信用卡 （2）现金
三、住 1. 住宅服务、水电瓦斯及其他燃料 2. 家具设备及家务维护	25.6 2.5	（1）房贷还款 （2）银行自动扣款
四、行 交通及通信	12.8	（1）电话费付现或银行扣款 （2）搭地铁和公交车刷悠游卡
五、育 医疗保健	15.6	看病花费付现、刷卡
六、乐 休闲、文化、教育及其他	12.2	到银行缴学费
七、餐厅与旅馆	12.3	刷卡

资料来源：台湾地区行政管理机构主计总处“家庭收支调查报告”。

注：1.家庭消费支出按消费形态划分。

2.一年每户平均76万元，每人24.5万

3.每年10月公布去年数字。

表4-2-2 台湾地区的电子支付分类情况

单位：兆元

大分类	中分类	2017年
电子货币	（1）信用卡	2.62
	（2）电子票证（俗称电子钱包）	0.6
移动支付	（1）手机支付	0.0176
	（2）其他移动装置	—

Unit 4-3 营业活动的支付方式Ⅱ——政府、公司与家庭

公司和政府的支出方式有两个特色：

（1）金额较大，常以万元起跳，一笔动辄亿元或数十亿元。

（2）有专人担任财政事务主管部门出纳工作，而且基于内部控制考量，以财金公司转账为例，出纳人员制表、财务主管复核、董事长核章。简单地说，要有三级三审，“支票”情况称为“三级章”。

一、公司的支付方式

你知道公司一个月“支出”多少钱吗？怎么付的（至少财务总监、董事长知道）？

（1）金额。由于有产业中下游，所以支付金额很大，主要是货款、员工薪资转账。为了配合董事长的时间，许多公司的支付时间常固定：频率高的周一、周三、周五；频率低的一旬一次（例如：每月的10、20、30日）。

（2）支付方式。公司基于内部控制考量，大都是通过财金公司转账（例如：薪资转账）、开支票。公司付款大都通过跨行转账方式，以员工的“薪资转账”来说，员工大都在公司附近的银行开户，到了发薪日，薪水入账。由于财金资公司的资金转账，既快（3分钟内）又便宜，公司越来越少开支票，而且卖方公司很担心收到不能兑现的支票，也不喜欢收到支票。

（3）小额支出的支付方式。至于开会吃便当、员工外出搭出租车，可以向出纳人员凭发票或收据等申请付款，由小金库中的零用金支出。但金额极小，跟家庭无法比。

关于家庭与公司的支付方式详见图4-3-1。

二、政府的支付方式

政府一年“支出”多少钱？怎么付的？货币政策主管机关的官员知道。

（1）大额支出：以中央政府的收支来说，由货币政策主管机关负责，主要是通过银行转账完成，其次是支票。

（2）支出方式：各级政府的支出主要是资金转账、支票。

家庭和公司的支付方式

	支付方式	家庭	公司
网络银行占78%	1. 银行账户扣款	全国性缴税费、On-Batch Payment	—
	2. 财金公司跨行支付	自动柜员机转账即金融签账卡（Debit Card）	金融电子资料交换（Financial Electronic Data Exchange）
	3. 狭义网络银行	网际网络银行业务（Internet Electronic Banking）	—
	4. 手机付款	行动电话银行业务（Mobile Banking）	—
	5. 电子票证	消费扣款（Electronic ticket）	—
临柜交易占22%	1. 存款	—	—
	2. 提款	转账付学费	—
	3. 电汇	单笔买基金	—

图 4-3-1　家庭和公司的支付方式

Unit 4-4 经济体系金融面的支付

许多美国电影描述男主角打个电话就能买进一只股票（例如：苹果公司），花了10亿美元，而且连眼睛都不眨一下。这种经济体系可套用“冰山上的一角”来比喻：

（1）海面上的冰山“一角”：实体经济的交易“支付”。

（2）海面下的冰山“主体”：经济中的金融面。

一、个体间

经济学的个人有三类：个人（或家庭）、企业、政府，其支付方式详见表4-4-1，分成两大类。

二、银行间

银行间的金融交易依币别分成两种类。银行间新台币交易主要指“同业拆放款”等。

三、台湾地区货币政策主管机关与金融机构间

（1）业务部门的公开市场操作：以发行“货币政策主管机关可转让定期存单”为例，约7兆元。

（2）金库业务部门代理财政事务主管部门的收与支：以公债“未偿还余额”为例，约5.5兆元。

台湾地区经济金融面的支付金额详见表4-4-2.

表4-4-1　支付服务业的分类

大分类	中分类	小分类
一、银行	40家银行中有20家兼营手机支付	—
二、支付公司	（一）支付公司 另第三方支付，是指网络购物情况下，宅配公司、商店代收货款	1.手机支付（俗称移动支付） 2.网络支付
	（二）电子票证公司	1.交通卡：悠游卡、一卡通、汽车用ETC 2.商店卡：爱金卡（icash） 3.其他

表4-4-2　经济金融面的交易金额——以台湾地区为例

个体	组织	支付金额
政府跟银行间	（一）业务局Ⅰ	台湾地区金融监管机构的“公开市场操作”主要是发行“可转让定期存单”，余额约7兆元
	（二）业务局Ⅱ	“同业资金调拨系统”扮演银行间的跨行清算角色，一年约523兆元。另“票据交换结算系统”19兆元
	（三）金库业务部门	公债余额5.5兆元
金融机构间	（一）外汇市场	
	1. 外汇交易中心、元大金控	10亿美元×30元×244天 =7.32兆元
	2. 财金公司	外币结算平台，采取实时总额清算（real-time gross settlement）
	（二）同业拆放款	
个体间的金融交易	（一）金融市场	
	1. 债券市场（含票券市场）	5.42兆元／月×12个月 =65.04兆元
	2. 股票市场	
	·集中市场	1000亿元／日×244天 =24.4兆元
	·店头市场	360亿元／日×244天≈8.78兆元
	（二）房地产市场	
	·住宅	2016年成交26万户，约2.4兆元

Unit 4-5 台湾地区货币政策主管机关扮演银行间的账务清算角色

一般人在讨论支付时，会把银行体系的清算金额剔除。其一，这属于货币银行学范畴；其二，纵使在货币银行的书中也大都不谈，因为在银行部门，只有在总行的“票据作业中心”的员工才会接触清算金额，太冷门了。在本书中，我们特别讨论的原因在于，在区块链的运用上，中国台湾地区的货币政策主管机关可推出加密的“数字货币”，专供台湾地区的货币政策主管机关与银行间清算使用，关于台湾地区银行间资金移转情况详见图4-5-1。

一、“台湾地区的货币政策主管机关同资系统”年成交值530兆元

外国银行的汇入、中国台湾地区的银行汇入，再加上台湾地区银行间的外币跟新台币交易（平均每月10亿美元），大部分的金融交易（银行间拆账等），都用台湾地区的货币政策主管机关的“同资系统”，扮演清算角色。

二、票据交换结算系统，年成交值19兆元

台湾地区银行间的支票“交换”由台湾地区货币政策主管机关业务部门旗下的16个票据交换所负责，由于资金转账等快速（5分钟入账）、便宜，票据交换金额在2011年达19兆元，创历史高峰后，便逐年衰退。

三、台湾地区的货币政策主管机关对银行的服务功能

在支付方面，台湾地区的货币政策主管机关对各银行的功能便是扮演“结算”角色，包括数项，详见表4-5-1。

台湾地区的货币政策主管机关同资系统

成立时间：1995年5月

有关规定：台湾地区的货币政策主管机关同业资金调拨清算作业系统（简称同资系统）

机构：台湾地区货币政策主管机关各部门

事务：负责金融业间的资金拨转，同业拆款交割，外汇买卖新台币交割、债票券交易款项交割、票据交换所、财金公司与台湾集中保管结算所等跨行清算业务

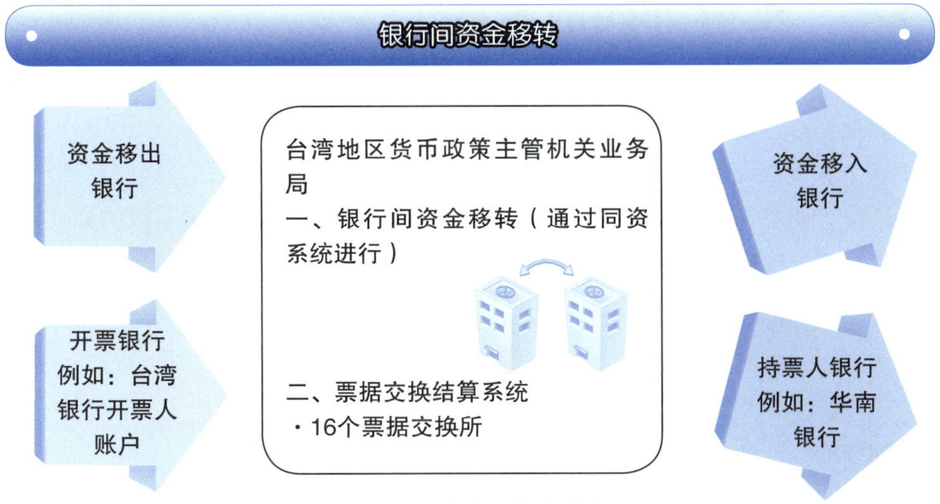

图4-5-1　银行间资金移转

表4-5-1　2016年台湾地区的支付系统金额

单元：兆元

交易动机	银行间	银行	个体		
			政府	公司	个人
一、金额交易					
（一）外汇市场	台湾地区货币政策主管机关同业资金系统447	6			
（二）债券市场	票据交换所16	70		跨行汇款118	
（三）股票市场		17			
（四）其他					
二、商品／服务交易					
（一）政府 （二）公司生产 （三）消费家庭			B2C消费支出约9 其他9①	·信用卡 2.42 ·电子票证等 0.12 自动柜员机转账 7.69②	

资料来源：《金融统计月报》。
注：银行外汇汇出金额3382亿美元，汇入2690亿美元。
①②标示的金额皆通过财金公司。

Unit 4-6 支付方式的进程

20世纪60年代，随着银行逐渐计算机化，大额支付方式渐转变为支票、电汇（类似电报性质），1988年随着网际网络的逐渐普及，使用信用卡刷卡、自动柜员机转账，逐渐成为家庭的个人支付主要方式。本单元说明三个阶段的演变，主要着眼在第三阶段金融科技所带来的支付方式改变。

一、个体间

表4-6-1中讨论了政府跟公司（例如：缴营利事业所得税、营业税）、公司对公司和员工、个人间收支的支付方式。

78%的银行业务都在网络银行上进行。

2016年起，许多银行董事长发言，以自己银行为例，说明78%的客户通过网络银行办理银行业务，到实体银行临柜（存款提款与汇款）办理业务的占22%。你或许会觉得奇怪，任何银行你都没有办网络银行密码，那网络银行业务占银行业务78%是怎么来的？最简单的说法有两项，详见Unit4-3。

（1）银行账户自动扣款。

（2）自动柜员机转账。

二、顾客跟银行间

顾客跟银行间的交易，以公司来说，常见的是“媒体转账”，这是网络银行业务。个人还是常跑银行，例如：存款等。

三、银行间的清算

银行间的清算属于货币银行学范围，依地理范围至少分成两个层级。

（1）国际：例如位于瑞士巴塞尔市的国际清算银行。

（2）中国台湾地区：在中国台湾地区，货币政策主管机关扮演“银行中的银行”角色。简单地说，货币政策主管机关扮演“银行”，各银行如同公司般。货币政策主管机关的业务部门，旗下“同业资金调拨清算作业系统”（简称同资系统），一年交易额523兆元。

在金融科技情况下，款项移转可能由“加密电子货币”来处理。

财金信息公司（FISC）

成立时间：1998年，前身为1988年成立的金融信息服务中心

地点：台湾台北市内湖区康宁路三段81号

机构：主要是由台湾财政事务主管部门与各金融机构出资

事务：主要是金融机构间跨行业务之账务清算，例如自动柜员机的跨行领款、转账等

表4-6-1 Bank1.0~3.0三个个体的支付方式转变（2017年）

对象	Bank1.0	Bank2.0	Bank3.0
一、银行间	货币政策主管机关	货币政策主管机关	货币政策主管机关
清算	16个票据交换所，人工作业，通过电汇方式清算	同资系统	加密电子货币
二、银行跟客户间			
（一）大金额	支票／电汇	财金公司	财金公司
（二）小金额	自动柜员机／现金	自动柜员机／现金	自动柜员机／现金
三、个体间	自动柜员机	网络银行 财金公司	—
（一）政府			
1. 收入	支票／电汇	电子支票／支票	电子支票／支票
2. 支出	支票／电汇	电子支票 员工薪水是银行薪资转账	
（二）公司			
1. 收入	支票／电汇	银行	银行
2. 支出	支票／电汇／小额现金	银行 “政府支出”	—
（三）家庭			
1. 收入			
·大额	现金	公司薪资转账（转入银行户头）	公司薪资转账（转入银行户头）
·小额	现金	现金	—
2. 支出			
·大金额	信用卡	·银行自动扣款（缴房贷、税费，定期定额买基金） ·自动柜员机转账（9.2兆元） ·信用卡（2.62兆元）	·银行自动扣款（缴房贷、税费，定期定额买基金） ·自动柜员机转账（9.2兆元） ·信用卡（2.62兆元）
·小金额	现金	·现金 ·电子票证（0.6兆元）	·手机付款 手机绑信用卡、金融卡、电子票证

Unit 4-7 电子支付的重要性

货币的发明是人类百大发明之一，跟“印刷术”“轮子”“炸药”等一样，对人类的生活质量的改善有很大助益。货币的使用，让人们可以从“物物交换”提升到“一手交钱，一手交货”的市场经济而更有效率。由于纸钞、硬币使用时间已超过千年，人们习以为常。本单元将说明电子支付（信用卡、电子票证、手机支付）的优点，电子支付正逐渐取代钞币。

一、钞币支付的缺点、优点

由表4-7-1可知，站在政府、个人（买方）的角度，用钞币交易“弊大于利”，大趋势是电子支付。但很多公司喜欢收现，原因是信用卡的卡费费率1.5%，手机支付的支付公司服务费率1%。“收现”的所有成本率约0.4%，比电子支付费率低。

二、台湾地区金融监管机构的目标

有鉴于电子支付的优点多多（提升经济活动效率、减少现金处理成本及提高交易透明度），于是台湾地区金融监管机构为了鼓励电子支付的发展，订下政策目标。

（1）2015年9月的十大计划：在十大计划中针对“电子化支付”，目标是将电子支付普及率从2015年26%提高到2020年52%，2016年已达32%，台湾地区金融监管机构本身能做的其中之一是建构友善的政策环境。

（2）2015年亚洲国家、地区的比重：韩国77%、中国香港65%、中国内地56%、新加坡53%。

三、全球数字

德国统计网络公司Statista（2007年成立）估计全球移动支付金额：2016年0.6兆美元、2020年1兆美元。

印度以新钞换旧钞

时间：2016年11月10日起
地点：印度
人物：莫迪总理
事件：废止市面上广为流通的500卢比与1000卢比钞票，这两种占印度市面流通钞券总值17.8兆卢比的比重86%的钞票，将全数停止流通，并以重新设计的500和2000卢比新钞取代。经济分析师估计3兆~4.6兆卢比换成新钞后，估计政府税收增加3兆卢比（450亿美元）（1卢比≈0.095人民币）

印度卢比

卢比（Rupiah）：这是印度斯坦语，源自“金锻打的白银”，本意是银币
纸币面额：5、10、20、50、100、500、2000

表4-7-1 电子支付方式对经济的好处

个体	说　明	举　例
一、政　府		
（一）财政部	许多非法的地下经济（无照摊贩）或商店漏开发票，使用现金以外支付方式，会使这两种交易的金额浮现，政府可以征到税	相关国际研究显示，电子支付每成长10个百分点，四年后地下经济减少0.05个百分点。2016年印度只有2%的交易有缴纳营业税、公司税，当年11月禁用旧大钞，详见Unit4-7小档案
（二）法务部	许多非法交易（贩毒、走私、赌博、卖淫、恐怖主义分子）的支付方式都是靠现金支付。“零”现金会逼得地下经济、非法交易“有迹可查”	从欧洲央行（ECB）、委内瑞拉到印度，世界各国中央银行越来越不爱钞票，特别倾向于废除备受匪徒和毒贩青睐的高面额钞票
（三）中央银行	印制、回收处理钞票、硬币，央行须付出发行成本	— 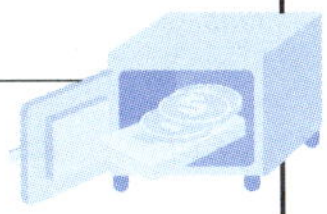
（四）对经济成长率	在2011—2015年，美国慕迪公司调查46国、500多城市的研究报告显示，电子支付每增加1个百分点，相对贡献消费0.06个百分点，总产值成长0.04个百分点	美国慕迪子公司慕迪分析（2007年成立）研究发现，2011—2015年电子支付产品（包括信用卡、金融卡和预付卡）替中国台湾地区的总产值增加18.7亿美元，金额和比率不大，但发展空间大
二、公　司		
（一）减少验钞的时间	商店购买验钞机、验钞灯，以查验顾客付的钞票是否为伪钞	现金是一种效率非常低的支付方式
（二）加快结账速度	以手机付款来说，可加快柜台结账速度	2008年1月，全联实业推出“福利卡”，这是跟爱金卡（icash）一样的储值卡，可加快柜台人员结账速度
（三）减少被抢被偷	以便利商店为例，夜间、长假（银行没营业）时，最容易被抢，公司必须付出运钞保全费用	—
三、个　人		
（一）加快结账速度	以手机支付、接触式信用卡来说，在商店结账速度很快，可以免除大排长龙浪费时间 	2016年，美国贝宝公司估计2015年美国民众为了转移和处理金钱，付出1380亿美元的费用和利息，这些支出是没有必要的。如果改用贝宝支付，可降低一半以上费用，这可使个人把节省下的钱拿去投资，以赚更多钱
（二）省得被偷被抢	财不露白，带现金比较容易被偷、被抢	电子支付普及化可为普惠金融铺路，有利推动可信赖的网络交易

Unit 4-8 以丹麦说明电子支付的好处

本单元中以北欧斯堪的纳维亚三国（瑞典、挪威、丹麦）中的丹麦说明电子支付的好处，Unit4-9再说明瑞典的做法。

一、现金比重越来越小

随着电子支付的发展，现金支付占消费支出比重会越来越小，由表4-8-1第二栏的数据可清晰看到这一变化。

（1）日本人惯用现金：日本是工业国家的特例，现金支付占总产值20.7%，美欧皆在10%以下。

（2）以欧元区为例：瑞典只占2%。

二、电子支付占比的前十国（地区）

由表4-8-1第三栏可知，在消费支出中电子支付所占的比重，欧元区国家约在85%以上（德国稍低）。

三、丹麦的示范

以丹麦为例，说明电子支付对丹麦的好处。

（1）政府的考量：税收是国家提供慷慨社会福利的重要财源。根据丹麦财政部的报告，由于推动电子支付，地下经济规模在2012—2014年由450亿克朗（63亿美元）降至310亿克朗。丹麦财政部宣布2016年1月起，在商店、加油站、餐厅进行无纸钞交易，推动数字付款方式，包含使用信用卡或手机支付等电子货币。财政部希望此举能为企业节省庞大的现金处理行政费用，以减少与现金相关的犯罪行为。此外，通过数字支付，政府也更能掌握各项税收的来龙去脉，让银行系统可以优化服务效率。丹麦中央银行探索以区块链技术为基础的虚拟货币，甚至宣称2017年起停止再铸硬币，但将该业务外包给芬兰，之前瑞典、挪威也这么做。

（2）对商店的好处：2016年6月，丹麦央行发表一份报告：

①手机绑金融卡的处理成本约只有现金的四成。

② 商店没有“现金”，也大幅减少歹徒抢劫的念头。

（3）对家庭的好处：2015年的调查发现，四成的丹麦人不使用现金支付。

（4）从1991—2016年：以1991年来说，现金和支票占丹麦交易的82%，在20世纪90年代末期，支票像渡渡鸟（dodo bird，多出现在毛里求斯，美国动画电影《冰川时代》中有该角色）一样绝迹，现金使用率一直在稳定下降。

（5）丹麦的电子支付：2013年5月起，丹斯克银行（Danske Bank）推出手机支付MobilePay，市占率50%，多家地区银行在2015年11月纷纷加入MobilePay，推升丹斯克银行的股价。

表4-8-1 两种支付在十国（地区）的情况

单位：%

排序	现金金额／总产值（2015年）	现金以外占比[①]
1	日本20.7	比利时93
2	印度12.3	法国92
3	欧元区10.6	加拿大90
4	俄国10.6	英国89
5	美国7.9	瑞典89
6	墨西哥6.8	澳大利亚86
7	韩国5.6	荷兰85
8	澳大利亚4.6	美国80
9	加拿大4.1	德国76
10	巴西3.8	韩国70

资料来源：CapGemini（或capgemini）Financial，2016年报告。

①现金以外支付占消费支付总值的比例。

丹麦王国

人口：571万

土地面积：4.3万平方公里（不含格陵兰岛）

首都：哥本哈根市

人均总产值：5.32万美元（全球第八名）

货币：丹麦克朗

出口：食品、能源（风力发电）

荣誉：2016年3月16日，联合国发布2016年“世界快乐报告”（World Happiness Report），在157个国家中，丹麦排第一名。2012年起有此报告，6年中丹麦5年居首，2017年第一名为挪威

Unit 4-9 瑞典——无现金社会的极致

2016年11月，《今周刊》和三立电视合作制作了专辑《欧洲最强创新国瑞典》，《今周刊》总编辑谢春满在“编辑室报告”中有一段话，作为本单元开场白：“在中国台湾，常常听到‘市场太小，服务做不起来’。一样的问题，也发生在瑞典。瑞典的人口1000万，全球许多最创新的公司，都从瑞典出来，到底为什么？”

一、瑞典可说是美国版的加州硅谷

瑞典在全球创新中排名如下：

（1）全球：以平均每人所拥有的“独角兽”（unicorn）公司来说，数量全球第一，人均科技公司产值全球第二高，仅次于美国加州硅谷。

（2）欧洲：2016年，在欧盟的欧洲创新计分表（European Innovation Scoreboard，EIS）中，瑞典排名第一。

二、瑞典创新来自政府带头冲

我们每次谈到北欧（尤其是瑞典）的经济成长方式，总是用维京人的传统来形容，由于冰天雪地、资源不足，北欧人只好往外扩展领土，民族性格偏向冒险、团结合作。1940年，瑞典政府成立科技研究委员会，以电子支付为例，由于电子支付随时随地都要入账，所以银行间需要一个24小时的实时结算系统，所以中央银行再建一个实时的记账系统。

三、公司眼光“立足北欧，进军全球”

电子支付在瑞典的成功，更成为新创公司向国际发展的跳板。瑞典的金融科技生态圈迅速成形，虚拟银行、身份认证、信息安全公司这类产业蓬勃发展。瑞典成为全球创投公司投资金融科技的主要国家之一。从银行的网络银行（Bank2.0）、数字银行（Bank3.0）业务的推展来说，瑞典银行开发出的信息安全标准成为北欧各国的信息安全规格，比欧美高出一截。

四、以手机支付为例

金融科技的创新与普及，甚至连书报亭贩卖杂志报纸也收受各式信用卡。信用卡、瑞典版支付宝Swish等电子支付工具取代现金，可说是全球第一个“无现金社会”。由图4-9-1可知，2012年起，瑞典银行共同推出手机支付公司Swish，再加上信用卡支付等，瑞典的现金使用率在20%以下，官方宣称在2025年可达“无现金社会”（no cash society），只有政府、银行在各阶段的互相配合，才可能快速实现。

独角兽公司（unicorn）

成立时间： 2013年
地点： 美国
人物： Aileen Lee，美国创投人士
概念： 指成立时间10年内，股票市值（中国内地、中国香港称估值）10亿美元以上，100亿美元称为“多角兽”（decacorn）。如同独角兽一样，独特且稀少，却隐含着巨大商业能量，长期追踪全球独角兽表现的CB Insights数据显示，至2017年7月底，全球独角兽公司206家

手机支付在瑞典的发展

年份	活　动
2000年	瑞典订定《电子签章法》，政府跟瑞典最大电信公司Telia合作发行一张内载电子凭证（注：通过公钥架构来验证个人身份的电子档案，它可以被储存在计算机设备或是芯片卡里）的个人身份证，一开始先用在报税和登入政府服务网站上
2003年	瑞典银行意识到电子凭证应用在验证网络银行身份上的便利性，几家大型银行合资成立一家公司，于2003年开始发行免费且通用于银行之间的电子凭证：银行身份证（Bank ID）。顾客从A银行拿到的凭证，也可以登入B银行的网络服务，并可处理转账、申请贷款等各种作业
2004年	在银行业推广下，银行身份证用户数650万人，快速超瑞典国税局的Telia凭证，政府把它纳为公共服务网站的标准功能，于是银行身份证成为世界上少数公私两用的公钥架构
2010年	银行身份证推出手机版，称为“移动银行身份证”
2012年	银行们合资设立手机支付公司Swish，类似支付宝。 斯德哥尔摩市的大众运输工具禁用现金
2013年	瑞典政府、电信公司、公共服务（如水电网络）公司的网站都支援“移动银行身份证”登入，有的公司也可让员工用它登入公司系统

图 4-9-1　手机支付在瑞典的发展

资料来源：《今周刊》，2016年11月28日，第119页。

瑞典

人口：1000万
土地面积：45万平方公里
首都：斯德哥尔摩市
人均总产值：51603美元（2016年）
货币：瑞典克朗（SEK）
出口：铁、铜、木材，1995年加入欧盟

Unit 4-10 人们为什么还使用现金

在台湾地区搭地铁，看到买代币的，一般认为可能是外地人、游客与开车人士。悠游卡用途太广（包括停车场付停车费），台湾地区看似每个人都应该有一张以上，或是用手机绑悠游卡。同样地，在中国内地、北欧，手机付款很方便，这些游客来台湾可能会觉得在台湾许多商店“付款”须用现金很不方便。本单元说明现金支付的两个主要原因。

一、站在个人理财角度，现金支付可以克服你乱花钱

以信用卡来说，刷卡下去“不痛不痒”，就因为这样，2004—2005年，银行业爆发“卡债风暴”，金额约7000亿元，有20万人达到“卡奴”（欠卡债30万元以上）标准。2005年起，中国台湾地区金融监管机构对银行的信用卡申请资格、信用卡额度、最低还卡金额等严格规范，才让卡债风暴不再续演。“卡奴”也常出现在韩国等国。有些人不申请信用卡，便是避免“逞一时之快”的消费。付现金是避免“冲动消费”（impulse buying）的刹车机制，顶多就是把口袋内的钱花掉。看到纸钞，你会想到1000元纸钞须上班一天（8小时）才赚得到，“赚钱不容易，钱还是省着花”。

二、付现可以炫富

有些男人为什么买数万元起的手表？虽然利用手机就可看时间。从17世纪手表逐渐普及起，女人通过佩戴项链、耳环、戒指等方式炫耀财富，男人比较不适合用珠宝方式炫耀，所以戴手表。同样，由表4-10-1可知，在瑞士每年每人平均以现金支付金额9214美元。瑞士治安良好，偷窃和抢劫案件相对较少；瑞士境内大部分为乡村环境，交易方式大多为面对面，现金可能被视为手中的有形资产。从支付每月水电费账单到购买保时捷跑车，瑞士人皆偏好以现金支付。

冲动消费（impulse buying）

人的购买行为大抵分为例行性、理智性、情感性等，冲动购买大抵是“心血来潮”或“受刺激”（例如：电视购物频道的只此一档、史上最低价）等因素影响去消费，结果可能是“逞一时之快”

表4-10-1 各国现金支付的法令上限与每年支付金额

项　目	说　明
一、现金支付的法令上限：大部分基于洗钱防治考量	1.2016年起，在瑞士支付9.77万美元以上，卖方必须确认消费者的身份，并且向检察官等呈报可疑交易 2.西班牙上限为2600美元 3.法国上限为1050美元
二、每人平均现金交易金额（美元） 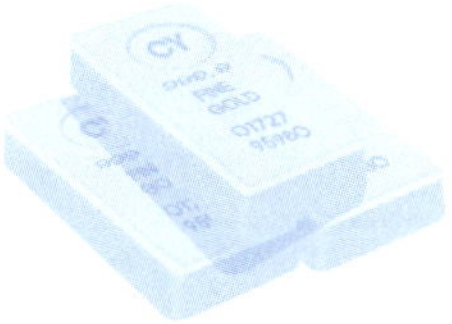	2015年国际清算银行（BIS）的统计（单位：美元）如下 欧洲：瑞士9214、欧元区3571、英国1583、瑞典872 美洲：美4433 亚洲：日本6739、中国香港6550、印度196

资料来源：《工商时报》，2017年1月4日，A8版，颜嘉南。

“个人使用现金付款时，会更谨慎”

时间：2016年12月26日

人物：楼永坚，台湾政治大学企业管理学系教授

观点：现金付款的痛感比支票、信用卡或是电子支付来得高，所以消费者用现金支付时，会较为谨慎

研究：美国麻省理工大学的研究，消费者购买美国职业篮球联赛票券时，用信用卡支付，愿付价格比用现金时高65%。另一个消费研究行为实验室的研究是把一个马克杯卖给参与实验的人，每个2美元，其中一半人用现金购买，另一半的人刷卡购买。2小时后，研究人员表达买回该马克杯的意愿，并由参与实验的人出价。结果发现，采取信用卡支付的人平均出价3.83美元，使用现金支付的人平均出价6.71美元，价值高了75%以上。用现金付款时，消费者跟所买的东西之间的连接较强，也觉得比较珍贵（摘修自《今周刊》，2016年12月26日，第26页）

Chapter 5

网络金融公司的支付业务——个体篇

Unit 5-1 全球消费支付商机

每次提到狭义的电子支付（即移动支付，其中手机支付占九成），许多人都说全球、亚洲（或亚太地区）商机，看似很大，但那是针对全球性银行（例如：花旗）、洲别区域银行或全球收付公司（例如：美国贝宝）或亚洲区域支付公司（主要是中国支付宝）的。对于中国台湾来说，银行、支付公司80%以上以台湾市场为主，全球数字是“可望而不可即”的。本单元说明各种支付业务在美国乃至全球市场的规模。

一、全球手机普及率51%

2016年根据威士国际组织数据，全球活跃手机门号用户37.9亿户，积极使用手机的活跃用户19.68亿户，且持续成长，带动移动支付发展。一般把2013年作为全球手机支付的元年。

二、全球支付市场规模

（1）电子支付规模。以2020年，全球总产值86兆美元为基准，狭义的电子支付占5.25兆美元，只占6.1%。

（2）手机支付规模。由表5-1-1可知，以2020年手机支付1.2兆美元为例，将占电子支付22.9%。

（3）支付业者的收入。以2020年电子支付5.25兆美元为例，假设支付公司向商店收1%的服务费率，收入788亿美元。以手机绑“提款卡”（或称金融签账卡，debitcard）支付为例，至少有三种公司因此获利：

①银行：收取银行服务费。

②电信公司：收取电信费。

③支付公司（例如：腾讯）：收手续费。

三、美国个人的消费支付方式

由表5-1-2可知，美国人的电子支付金额比重，电子支付占91%，现金占9%，只有极少数情况下，才会以现金支付小额支出。

全球总产值的现况与展望

时间： 2017年2月24日

地点： 美国首都华盛顿

机构： 世界银行

事件： 公布2015年全球总产值74兆美元，美国占24.32%、中国占14.84%（数据不包含中国香港、中国澳门和中国台湾）、日本占5.91%、德国占4.5%、英国占3.9%，以每年经济成长率3%来预测2020年总产值85.79兆美元［74兆美元×（1+3%）^{5}］

表5-1-1 全球狭义电子支付的金额

单位：亿美元

支付方式	2016年	2017年	2018年	2019年	2020年
电子支付	—	—	—	—	52500
手机支付	6200	7800	9300	10000	12000

资源来源：市调机构Allied Marker Pesearch；TrendForce旗下拓墣产业研究所（2016.11.7），美国顾能（Gartner）。

表5-1-2 美国人占支付方式结构比例

项目	2012年	以金额计算	2015年	用途
一、电子支付	60%	91%	68%	中大额交易
·信用卡和签账卡	40%	34%	48%	—
·狭义的电子支付	7%	35%	11%	—
·其他	13%	22%	9%	—
二、现金支付	40%	9%	32%	小额交易

资料来源：《工商时报》，2016年11月8日，A12版，锺志恒。

美国消费者支付选择日志

时间：2016年11月7日，每三年公布一次
地点：美国
机构：美国联邦准备银行旧金山分行现金产品办公室（Cash Product Office）
事件：2015年现金以外交易
笔数：1440亿笔
金额：178兆美元（比2012年增加13%）

Unit 5-2 手机支付的资金来源

手机付款是非常直接的，把提款卡、信用卡绑定在手机内，通过无线电话上网，银行连线。高中生以上的手机使用者手机支付普及率几乎是100%。

一、顾客付款的资金来源

由表5-2-1可知，大部分的手机支付是通过银行完成的。

（一）手机绑信用卡

以信用卡刷卡来说，手机绑信用卡，只是以手机内含信用卡代码，取代信用卡，以接触“读卡机”方式，完成刷卡付款。

（二）手机绑提款卡

这等于是以提款卡向商店付款，顾客的压力比较大，因为银行账上要有一定金额的钱，否则在商店付款时会出现“余额不足”。

（三）手机绑电子票证

手机绑悠游卡等，好处是可以搭公共交通。

二、付款情境

由表5-2-2可知，付款情境至少有三种情况：

（一）手机网络购物付款

手机上网购物，顺便付款（含订金），主要是通过手机APP、少数计算机的信用卡刷卡机、电子钱包等进行购物付款。

（二）个人对个人转账

这可取代自动柜员机转账功能。

（三）实体商店付款

这是一般电视新闻上常见的画面，“嘀”一声代表顾客在商店付款成功。

三、商店角度：美国顺序“现金—信用卡—支付公司”

商店在决定“什么收款方式”方面占一半以上的影响力，由图5-2-1可知，美国支付公司收款成本率最高，所以商店最喜欢收现金（成本率0.4%，即收10000元，只要负担40元收款成本，这是2014年欧盟委员会估计的），其次是信用卡。中国台湾地区商店对客户支付方式之喜好顺序为：现金—支付公司—信用卡。

图5-2-1　不同国家地区的收款成本率

①这是本书加的。

表5-2-1　三种手机付款的顾客资金来源

资金来源	说　明	适合对象
一、手机绑信用卡	（一）万事达卡（Master Card）：万事达卡（Master）、发卡组织设计出MasterPass电子钱包平台，通过应用程序界面设计，商店可以把信用卡支付模式绑定在自家的APP中 （二）威士代码化技术服务（Visa Token Service）：借由一串16位数的“代码”取代持卡人敏感的卡片资料，降低在不同装置上存取同一组卡片资料的风险	20岁以上且有稳定工作的人，如此才能申请到信用卡，台湾地区约2700万张，2017年刷卡金额2.62兆元，2011年起，平均每年成长率7.3%
二、手机绑银行账户，俗称“签账卡”	debit card有下列名称： ·（金融）签账卡 ·借记卡	20岁以上，有银行账户者
三、手机绑电子票证，俗称“储值卡”	以爱金卡（icash）为例，2014年由爱金卡公司接手，2015年起，爱金卡公司跟大众银行（2018年被元大银行合并）合作发行icash联名卡，当储值余额不到100元，可自动加值500元，加值金额列入信用卡账单，六家银行如下：华南、第一、中信、富邦、玉山、元大，此称为icash2.0	1.任何年龄，且有手机的人 2.法令限制：实名制电子票证的储值上限为1万元，以免遗失后、止付前，失卡损失过大，手机绑储值卡也如此

表5-2-2　手机支付的结构

付款方式	2014年	2017年	以威士（Visa）公司举例
手机商务（C2B payment），指在线购物，俗称远端支付	800亿美元占手机支付总额71.6%	11164亿美元占手机支付总额62.7%	1.Visa Developer Center开放平台：网络购物时，买方只需要输入一组个人自设的账号及密码即完成交易 2.Visa Checkout线上付款方案：全球开发人员皆可善用Visa支付技术、产品及服务，协助各产业因应消费者需求
个人对个人转账（P2P payment）	占手机支付总额21.4%	占手机支付总额24.5%	Visa全球通汇（VisaDirect）：通过银行账户或现金，进行个人对个人的国际汇款，包括全球符合资格的Visa信用卡、金融卡及预付卡账户
近端支付（Proximity payment），主要指在商店付款 ·手机绑信用卡 ·近场通信（NFC） ·二维条形码	占手机支付总额7%	占手机支付总额12.8%	Visa payWave感应支付：付款时只需把Visa payWave卡靠近读卡机即可

资料来源：英国电信研究机构Ovum公司。

Unit 5-3 美国贝宝的支付

美国贝宝（PayPal）是全球第一家网络支付公司，在1994年成立于网络购物平台电子湾（eBay）。在亚马逊成立后4年由电动汽车特斯拉公司董事长埃隆·马斯克等人成立。本单元以贝宝总裁丹·舒尔曼（Dan Schulman）的专访稿为基础，了解一位主动社会主义的管理者，胸怀对穷人的慈悲心，把公司经营的层次从“为股东创造最大价值”，更上一层楼。

（1）存在价值。贝宝的经营重点在于解决顾客在支付、商店在收款等的“痛点”（pain points），成为一家“以客为尊”（customer-champion）的公司。这跟《创新的用途理论》相对应。贝宝公司两个事业部的经营重点详见图5-3-1。

（2）跟相关机构合作。贝宝公司跟各国政府、法规监理单位、国际货币基金、世界银行密切合作。金融数字化需要有一个生态系统。此外，也跟许多公司合作，像脸书、威士忌等。随着移动装置快速发展，合作关系越来越重要。

美国贝宝PayPal控股（PYPL）公司

成立时间： 1998年12月，2015年7月在纳斯达克股市上市，2017年8月股价约60美元

地址： 美国加州圣荷塞市

资本额： 12.02亿美元

董事长： 约翰·多纳霍John Donahoe

总裁： 丹·舒尔曼Dan Schulman

营收（2016年）： 108.42亿美元（+17.23%）

净利（2016年）： 14.01亿美元（+14.1%）

主要产品： 2002年10月，以15亿美元收购美国电子湾；2015年3月3日，PayPal以2.9亿美元收购电子公司Paydiant；2015年7月2日PayPal以8.9亿美元收购旧金山市Xoom

主要客户： 全球200国，2.1亿个活跃顾客账户

支付金额： 2016年支付金额3540兆美元（成长率2.8%，61兆笔），其中手机支付102兆美元（成长率55%）

经典人物丹·舒尔曼（Dan Schulman）

出生时间、地点： 1958年1月19日，新泽西州纽瓦克（Newark）市

现职： 美国贝宝公司总裁兼执行长，2014年9月30日起

经历： 美国运通公司“事业成长”事业群总裁（2010—2014年8月），美国维珍行动电信总裁、旅游网站Priceline总裁、美国AT&T子公司史普林特高管

学历： 纽约大学企业管理硕士

值得参考之处： 他认为“时间是我最有价值的商品”

美国贝宝公司两个事业部的经营重点

消费者事业部

1.远景。对于网络商店，贝宝要让自己的技术平台持续演变，让商店能借由移动通信和软件，跟顾客建立更密切的关系

2.信贷业务。贝宝放钱给使用贝宝服务的小公司。贝宝利用一套运算法，检视商店跟贝宝合作的历史，来决定是否放款。贝宝已放款20亿美元，25%放款案所在的地区，过去几年至少有10家银行分行关闭。向贝宝贷款的公司业绩平均成长率22%，由类似公司组成的对照组，成长率不到2%

网络商店事业部

1.远景。对于消费者，贝宝须打造出各种服务功能，帮世界各地没得到充分服务的人，借由更安全、快速、便利、廉价的方式来处理财务。我们要打破“让穷人付出高昂代价”的金融业常态。这是个令人振奋的远景，贝宝能为世界带来改变

2.贝宝支付。贝宝产品是利用手机与社群网络，为Y世代的人服务。例如，你和朋友去看演唱会，你可以通过Venmo给他买门票的钱，Venmo的社群意义在于朋友通过你的支付行为，可以看到你在你的社群网络上，和谁一起做什么事。Venmo的成功秘诀，在于把基本的交易行为，转变成一种社交体验。Venmo成为广受欢迎的汇款工具，曾被《时代》杂志（*Time*）列为全美国最受欢迎应用程序排行榜第三名

3.跨国转账业务Xoom。2015年7月2日，贝宝以8.9亿美元收购旧金山市的公司Xoom，让人们可通过行动电话跨国转账，手续费只需跨国汇款公司的一半

资料来源：《让金融服务没有界限》，发表于《远见》杂志2016年12月，第258~262页。

图 5-3-1　美国贝宝公司两个事业部的经营重点

《创新的用途理论》

时间：2017年8月4日

地点：中国台湾地区

人物：克雷顿·克里斯汀生（Clayton M.Christensen）

事件：中文书名为《创新的用途理论》（***The Theory of Jobs To Be Done***），把顾客“消费”视为他要完成的一个工作，公司在做产品 / 服务研发时，须站在顾客角度，协助其“做好工作”

Unit 5-4 中国跳过信用卡支付，直接手机支付

大陆手机付款非常普及，台湾地区在2016年10月才上路，2017年支付金额约180亿元。本单元说明经营环境的差异是主因，没有谁进步或谁落伍这回事。

一、用词说明：银行以外支付

中国大陆用词跟台湾地区有些不同。

中国大陆的“第三方支付”，在台湾地区称为“银行以外支付”（这包括电子票证、第三方支付和支付业者）。

二、人心不同，各如其面

台湾地区一年有600万人次去大陆，亲眼所见，在许多城市的商店手机付款非常普及，电视新闻也喜欢做这方面的专题，由表5-4-1可知，中国手机支付蓬勃发展，是少数必要、充分条件兼具的国家。

（一）必要条件：顾客的“拉力”、商店的“推力”

支付方式取决于买方的“拉力”、卖方（主要是商店）的“推力”，大势所趋下，支付方式和支付公司会应运而生。

由表5-4-1可知，大陆的经营环境非常适合手机支付，这让支付公司有“市场商机”这个必要条件。

（二）充分条件：支付公司有利可图

由表5-4-1可知，支付公司有利可图才会百家争鸣。

1.中国人民银行“不管”或低度管理，给支付公司蓬勃发展的空间。中央政府常是扮演“出面善后”的角色，2004年12月，阿里巴巴集团旗下成立支付宝（Alipay）担任消费性电子商务的第三方支付，随后扩大到消费支付。电信公司中的通信软件腾讯2005年9月推出财付通（Tenpay），2010年一些支付公司“落跑”，2015年，中国人民银行发布《非银行支付机构网络支付业务管理办法》，要求支付公司必须申请核准才可营业。

2.支付公司赚利差。顾客的储值金，支付公司把它放在银行赚利息，由于存款利率高（3%以上），再加上金额大，利息收入是支付公司80%营收来源。有些支付公司甚至贴钱给商店以买读卡机等，刷卡手续费0.6%，比信用卡低，商店也乐于使用。

表5-4-1　中国大陆与台湾地区的“专业支付公司”发展差异分析

项目		台湾地区	大陆
一、充分条件			
（一）政策		台湾地区金融监管机构迟迟不下决策，2015年5月3日实施《电子支付机构管理条例》，由银行局信托票券组管理，2016年10月7日欧付宝5家专营公司投入营运	2004年起支付宝成立，但没有政府部门担任主管机关，2011年5月起，中国人民银行介入，2011年5月3日到2015年3月26日，分八批共发放270家支付业务牌照，但此后就未再发放新的牌照
（二）相关规定		1.价金保管机构 上述条例第16条“专用存款账户” 2.价金保 上述条例第21条，储值金孳息等由支付公司享有，但台湾地区金融监管机构有权指示提拨一定比率孳息回馈给储值户	支付业者90%以上的营收来自“吃利差”，即把顾客“储值”（即备付金）拿去存银行，赚3%的利息收入，以支付宝储值1600亿元人民币来说，年收入48亿元人民币； 2013年6月7日，中国人民银行公布《支付机构客户备付金存管办法》； 2016年10月国务院发布《互联网金融风险专项整治工作实施方案》（简称国发21条），顾客储值金应存在人民银行或符合要求银行
二、必要条件			
（一）商店角度	1.手机支付	支付业者向商店收1.5%支付手续费，美国贝宝（Pay-Pal）约收3%，所以商店也喜欢信用卡、现金	支付公司有“利息收入”（3%），所以对商店的刷卡手续费收0.6%，甚至许多支付公司“补贴”（例如读卡机）商店
	2.纸钞	（1）伪钞极少 商店接受纸钞意愿高（200元、2000元面额例外） （2）钞票质量高	（1）伪钞多 人民币值最高100元，因印刷技术中等，伪钞多，许多商店对大钞敏感 （2）钞票质量差 因钞票使用习惯等因素，纸钞污损等，许多商店很挑剔（不收）
（二）消费者角度	1.信用卡	4080万张，2016年刷卡2.42兆元，约占消费27.4%	信用卡申请资格严，信用卡诈骗多
	2.自动柜员机	2.73万台，以2360万人来说，865人有1台。跨行转账手续费15元，几乎全球最低	以2013年来说，42万台，13亿人，每3000人1台 2015年82万台，13.3亿人，1622人有1台 跨行手续费高，依地区分，2~50元人民币

Unit 5-5 中国支付产业

中国的支付公司最多时270家，看似百家争鸣，但由于有“富爸爸”加持，起跑点不公平，2015年支付宝、财付通市占率九成，2016年86%。本单元将介绍中国支付业（不包含中国香港、中国澳门、中国台湾）的基本情况。

一、支付公司的本业

以手机支付来说，2017年5月已有的支付公司至少可分成四类，依序发展。

（1）大部分从零售公司开始：从网络商场的“在线支付”开始，2013年电子商务破人民币10兆元；再扩大到实体商店。

（2）网络公司：由于网络普及率高，尤其对1990年后出生的使用者，所以由搜寻引擎、社交软件公司来推动，就理所当然。

（3）电信公司：人手一部手机的时代，由手机公司、电信公司（例如：中国移动公司）、通信软件公司来推，就水到渠成。

（4）其他：在线游戏公司等。

二、市场结构

中国企业比达咨询（BigData-Research）的2016年资料（主要来自支付清算协会），市占率如下：

手机支付业市场结构是独占，前两大手机支付公司市占率86%以上。

（1）消费型电子商务支撑的支付宝：支付宝市占率52.3%、11.56兆元人民币，但随着强劲对手进军，市占率快速被蚕食掉。

（2）通信为主的微信支付、财付通（2005年9月上市）占33.7%、8.16兆元人民币。

（3）其他竞争者市占率皆在3%以下，超过2%的只有3家：拉卡拉（2.7%）、易宝支付（2.2%）、联动优势（2.1%）。

三、狭义电子支付的交易金额

这交易金额至少有四个来源，每年5月1日中国人民银行会公布。表5-5-1是比达咨询公司的数字，把狭义的电子支付分成移动支付（主要指手机人数4.692亿人）、网络支付，这些都包括银行、支付公司。

表5-5-1 中国狭义电子支付交易金额

单位：兆元人民币

年 度	2010年	2011年	2012年	2013年	2014年	2015年	2016年
（1）移动支付	—	—	—	1	8.24	22	38.6①
（2）网络支付	—	—	—	16.2	15.06	9.2	19.3
（3）狭义支付=（1）+（2）	5.1	8.4	12.4	17.2	23.3	31.2	57.9
年 度	2017年	2018年	2019年	2020年			
（1）移动支付	56.22	75.52	97.3356	120.83			

资料来源：中国企业比达咨询（BigData-Research），2017年4月。

注：2017—2020年预测值是本书根据比达公司2016年预测误差（38.6/46=0.8391）予以修正。

①2016年38.6兆元人民币，换算为5.5兆美元；但联合国旗下组织“Better than Cash Alliance”认为实际只有2.9兆美元，与美国0.11兆美元相比，差别还是很大。

银行分行兼营咖啡店可能一厢情愿

时间：2007年3月至2014年3月

地点：中国台湾新北市新店区民权路25号1楼

机构：中国信托商业银行新店分行

事件：2007年3月与统一星巴克合作，改成咖啡分行，2011年4月停止合作，恢复成一般分行。中信银行数字营运处处长何庆媛解释，最大原因是有人用分行空间推广业务衍生纠纷。民众误以为是在向银行买商品，“因为在你们分行”。此外还有嘈杂、顾客等候时间变长等缺点（摘修自《经济日报》，2017年8月22日，A12版，陈怡慈）

Unit 5-6 中国政府对手机付款的管理

中国可说是手机付款高度普及的地方，尤其是一线、二线城市，比台湾成人的悠游卡还普及。2008年2月27日，支付宝推出手机支付业务。

一、民间先上，政府跟上

（1）省市政府先踩油门：从宋朝开始，浙江省就是跟南洋贸易的重要据点，民营企业发达，尤其是宁波市和以10元商品闻名的义乌市。以手机支付来说，起于2004年12月浙江省杭州市的支付宝。

（2）国务院各部门再来踩刹车：等到各省市的专营支付公司已成气候（即公司数多到已成为一个行业），甚至出了乱子，国务院的各部门出手管理，由表5-6-1可知，经过5年半的“低度管理”后，2010年6月，中国人民银行开始接手管理。

二、对顾客备付金的管理

顾客备付金是支付公司预收的顾客待付货币资金，以支付公司名义存放、调拨资金。平均每家支付公司开立顾客备付金户13个，最多达70个，受《存款保险条例》保护，2016年第三季度，267家支付公司吸收顾客备付金4600亿元人民币，金额规模巨大。支付公司占用备付金的孳息，有些占支付公司营收11%。支付宝、财付通这样的大型支付公司比例也很高。中国人民银行基于保障顾客财产安全的考量，分两个阶段要求支付公司把顾客备付金以专用存款账户存至指定银行，类似基金的做法。

顾客备付金（client’s reservers of payment）

又称为provisions，这是银行的流动准备，例如：放在分行金库、自动柜员机的钱。在中国，一个顾客把钱存到支付公司（例如：支付宝）账户，这称为“储值”，对支付公司来说，这是顾客准备付款用的金额

表5-6-1 中国对专营支付公司的管理

时间	2004年12月—2010年5月	2010年6月14日	2017年10月15日
主管机关	各省市政府工商局	中国人民银行，在各省市政府的分行，在各市县设支行	中国人民银行
公司性质	公司	非金融业的特许公司	非金融业的特许公司
管理办法	无，俗称“低度管理”	2010年6月14日发布《非金融机构支付服务管理办法》，该年9月1日实施，主要精神“扶大限小”。2015年7月发布《非银行支付机构网络支付业务管理办法（征求意见稿）》。2017年1月13日，人民银行提出实施支付公司备付金集中存管的有关事项	详细说明见小档案，针对支付公司顾客备付金、顾客支付金皆应由网联公司执行

中国手机支付的清算中心

时间：2017年10月15日

地点：中国

机构：人民银行、支付公司

事件：2017年3月31日，人民银行清算中心等出资20亿元人民币成立“网联清算公司”担任支付公司（或称非银行支付公司）的清算平台，以台湾类比较像40家银行的自动柜员机提款、转账的财金公司。套用银联公司命名方式，称“网联”〔网络（支付）版银联〕。支付宝等支付公司的顾客备付金、顾客支付金从2017年10月15日起，强制经由网联平台清算

Unit 5-7 中国支付宝

表5-7-1 支付宝的用户资金来源与功能

项目	分类	说明
一、持卡人资金来源	1.绑信用卡，包括万事达卡、维萨卡、JCB卡等。	—
	2.绑金融卡（俗称借记卡）	—
	3.绑储值卡	可从支付宝把资金转到银行，超出额度部分，收服务费率0.1%
二、功能	详见表5-7-2，三阶段发展	—
（一）在线支付	主要是淘宝网、天猫商城，包括第三方支付	跟瑞士旅游服务公司环球蓝联（Global Blue）合作，在海外消费时在环球蓝联特约商店可用
（二）公共服务费用支付	水电费、电话费、Q币、腾讯APP	—
（三）买基金	余额宝上的唯一一只基金“天弘基金”，这是货币市场基金	2013年6月推出，仅1个月，即有400万户，金额达100亿元人民币以上

表5-7-2 支付宝的三阶段成长进程

阶段	I	II	III
时间	2004年12月至2007年	2008—2012年	2013年起
功能	消费型电子商务中的支付	实体商店的支付	理财功能，即购买余额宝的货币市场基金

支付宝（中国）网络技术有限公司

成立时间：2004年12月，母公司蚂蚁金服集团
地点：中国上海市浦东新区（2015年4月22日起）
董事长：彭蕾
主要产品：2016年7月起，政府要求实施实名制
标语口号：“支付宝，知托付”“改变，由我来”
主要顾客：4.5亿人
全球地位：全球最大移动支付公司

表5-7-3 中国人民在支付宝上的支付行为

项目	在中国	在境外
一、年龄层分布	以使用族群来看，80后（1980年后出生）人均支付金额超过12万元人民币，91%的90后（1990年后出生）使用手机支付。80后和90后是手机支付的主力军。买走最多卫生裤的是江苏人；在“借呗”上有借有还、信用最好的是河南人；最爱AA制（各付各的）的是浙江省温州市人；年轻人爱叫外卖，口碑餐饮数据显示，90后用户到店吃饭人数比例达46%。在戏剧、电影等娱乐性票务支出方面，更占总购买量的84%	90后在旅游方面倾向于自由行、境外随身WiFi租赁成长率171%、租车自驾成长率110% 
二、各省市排名	从人均消费金额上看，上海人平均用支付宝花掉14.8万元人民币，蝉联第一名，是2015年的1.5倍，随后是北京市、浙江省、江苏省、福建省，这五省市的人均支付金额均迈入10万元人民币，俗称“剁手党” 发红包方面，出手最阔绰的是广东汕头人，第二名是2015年夺冠的福建省漳州市人民，接着是福建省莆田市，前三名城市人均发红包金额5000元人民币以上	跨境消费前五大扫货地点依次：韩国、中国香港、泰国、中国澳门、中国台湾。以中国台湾来说，在线网购因素，大陆旅客来台带动旅馆、餐饮、娱乐等支付需求，在2016年支付市场后，支付宝进军台湾市场，多了“跨境扫码支付”选择，顾客主要用于购买食品、彩妆
三、城市公共服务付款	城市公共服务的付款，包括缴水电燃气费、交通违法罚款、预约挂号，2016年新增登记结婚离婚、登记器官捐献等服务。有357个城市可以通过移动装置完成水电费缴纳、缴违规罚款、大众交通运输购票等服务。有10亿人次通过支付宝“指尖上的城市公共服务”功能，完成相关服务	补充左述，蚂蚁金服偏好一万次1元的交易，顾客交易频率越高，代表顾客黏性越高，搜集到的数据就越多，一旦发现顾客在付款，就推附近商家优惠活动给他

资料来源：《经济日报》，2017年1月5日，A12版，蔡敏姿。

2016年中国支付宝的“全民账单”

时间： 2017年1月4日

地点： 中国、韩国、泰国

人数： 中国大陆4.5亿（数据不包括中国香港、中国澳门、中国台湾）使用支付宝的人

事件： 2015年手机支付超越网络支付，2016年占狭义电子支付71%，2014年占狭义电子支付49.3%、2015年占狭义电子支付65%

Unit 5-8 中国微信支付

去过中国旅游的外国人，往往惊讶商店接受手机付款的普及程度，仅在中国台湾，也可体会中国大陆的旅客使用手机付款的习惯，台北市宁夏夜市等建构让大陆旅客手机付款的环境。本单元讨论深圳市腾讯计算机系统有限公司（简称腾讯）旗下的微信支付，详见表5-8-1。

一、市场规模

2016年有270家专营支付业者，支付规模38.6兆元人民币，比消费支出还多，主因是亲朋互转。

二、有关腾讯控股公司

中国网络公司三雄“BAT”，B是百度（Baidu）、A是阿里巴巴（Alibaba）、T是腾讯（Tencent）。

（1）全球第四大网络公司：全球四大网络公司排名分别是阿尔法特、亚马逊、电子湾、腾讯，腾讯可说是中国版的阿尔法特公司（旗下最大子公司谷歌），但腾讯的“微信”（WeChat）比较像日本的Line。

（2）2011年马化腾曾经名列中国首富，2017年8月7日，以361亿美元超过马云。

三、微信支付

腾讯的广大用户量，吸引商店主动加入支付平台，有10万家商店，这些支付情境的应用，让手机支付成为中国人民生活的一部分。让微信支付迅速爆发的主要动力，是结合社群与人民生活的“微信红包”，在2014年推出后一炮而红，2015年2亿人参与，发出10亿元人民币红包，2016年春节，连中央电视台都加入，有4.2亿人参加，发出80亿元人民币红包。支付宝花了10年让手机支付的用户成长到3亿人，微信发动奇袭推出微信红包，据传，微信支付1个月就增加7000多万用户，营销费用极低。

2017年上网人数7.51亿人

时间：2017年6月

地点：中国北京市中关村

机构：中国互联网络信息中心（China Internet Network Information Center,CINIC）

事件：发布第40次《中国互联网络发展状况统计报告》，上网人数7.51亿人，在生活各方面使用网络人数情况如下：

食	网络外卖2.95亿人	行	共享单车1.06亿人
衣	网络购物5.14亿人，其中手机购物4.8亿人	育	—
住	—	乐	网络游戏4.22亿人，其中手机网游3.85亿人、网络直播3.43亿人

表5-8-1 微信支付用户在两岸付款情境

地点	台湾地区	中国大陆
商店购物	·大陆游客（包括大陆学生）拿手机（绑定大陆银行卡），在台消费，付“人民币” ·商店串接微信“公众号”，类似脸书粉丝，商店收“新台币” ·串接银行：第一银行、华南银行、台湾中国信托商业银行、富邦银行、新光银行	·QQ钱包：市场定位以手机游戏玩家为主，用户数8.77亿户 ·微信支付：以手机人士为主，每月活跃用户8.46亿户
网络购物交易	·综合网络商城：新加坡优达斯（Uitox）网络商店商品上架 ·微信其他服务：提供顾客关系管理 ·物流：顺丰快递，把商品快递给大陆买方	国家外汇管理局规定1人1年上限5万美元

深圳市腾讯计算机系统有限公司（腾讯控股，00700，HK）

成立时间：1998年11月11日
上市：2004年6月16日在香港上市，股价326元港币
地点：中国广东省深圳市
资本额：94.98亿元港币
董事长：马化腾
总经理：刘炽平
营收（2017上半年）：1062亿元人民币
净利（2017上半年）：328亿元人民币
主要产品：实时通信（微信WeChat）、腾讯QQ、社群网络（腾讯网）、电子商务（拍拍网）、大众媒体、金融市场（财付通，包括微信支付与QQ钱包）、网络游戏及家用游戏机开发，网络银行微众（WeBank）
主要顾客：中国人民，约8亿人
员工数：约40700人

中国星巴克咖啡店适用微信支付

时间：2016年11月8日起
地点：中国广东省广州市
机构：中国星巴克
事件：2500家星巴克咖啡店皆可使用微信支付，并于2017年起推出微信社交礼品体验。微信支付适用30个行业、100万家实体商店

中国台湾的5家手机支付公司年营收1000亿元才获利

时间：2016年

地点：中国台湾台北市

事件：5家手机支付公司资本额31.81亿元，详见下表，以资金成本8%推算。每年资金成本如下：

31.81亿元×8%=2.5448亿元

1000亿元手机支付金额，刷卡手续费率1%，营收10亿元。营运第3年起纯益率30%，净利3亿元，才小赚

表5-8-2　支付公司与银行兼营（18家银行）的手机支付金额

年份	2016年	2017年（估）
金额/亿元	126	182

资料来源：台湾地区金融监管机构。

Chapter 6

数字货币与跨国支付——兼论比特币

Unit 6-1 数字货币的三阶段发展

3000年以来的货币发展大致进程如下。

（1）商品本位货币：例如牛、羊等。

（2）金属货币：例如金本位下的金币、银本位的银两。

（3）汉朝是铜本位下的五铢钱。

（4）钞票：背后的中央银行大抵皆有100%的发行准备（例如：外汇存底），用了近200年。

随着科技的发展，下一阶段可能形态为数字货币（digital currency），最戏剧化的发展是美国电影《时间规划局》，把“时间即金钱”具体化了，时间对人的价值便是“寿命”，但生命“有价”，父亲在小女儿早上出门上学时，从手臂转2小时给她付车费、买午餐。拉回现在，数字货币会分三阶段发展，参见表6-1-1。

一、第一阶段：比特币

详见Unit6-2。

二、第二阶段：银行间的数字货币联盟

（1）商机在“银行间转账”：在支付系统中，银行扮演个体（个人、公司和政府）间的桥梁角色。银行与机构之间的交易流程耗时且耗费成本，许多银行都拥有员工甚多的作业中心（主要有三个作业中心：信用卡、票据和其他），2015年美国奥纬咨询公司（Oliver Wyman）报告指出，全球金融业交易结算与交割成本为650亿~800亿美元。

（2）各金融业的研究“结算专用货币”：结算专用货币可让金融机构购买债券、股票等证券，无须等待转账程序完成；反之，可直接在央行把数字货币转换为现金，节省交易后清算交割的时间与成本。美国的大众银行都投入数字货币系统的开发，例如：花旗银行的“Citicoin”方案，高盛证券开发的虚拟货币“SETLcoin”，并已提出专利申请。摩根大通银行也在研究。

（3）瑞士的瑞士银行带头的七家银行联盟：瑞士银行为首的七家银行联盟成功概率很高。

三、第三阶段：中央银行发行数字货币

许多国家的中央银行（例如：瑞典、丹麦、中国）都在研发“加密电子货币”[Cryptocurrency（rypto是字首，意思是隐藏的），例如：比特币]的电脑网络交易和认证，无须通过中央总账系统。

表6-1-1 数字货币的发展进程

组织	个人间	银行间	中央银行
时间	2009年	2018年	2025年（预估）
举例	比特币	欧美七家银行联盟	瑞典、丹麦等发行数字货币

欧美银行组成数字货币研发联盟

时间：2016年

机构：瑞士银行（UBS）联手德意志银行、西班牙桑坦德（Santander）、纽约梅隆银行（BNY Mellon）以及交易商ICAP

地点：英国伦敦市Canary Wharf39楼

事件：四家大型银行筹组开发新数字货币联盟，期盼未来成为业界标准，共同发展数字货币系统。金融业者可借由区块链技术进行交易清算与交割，并拟向多国央行推广此构想，目标在2018年进入商业市场。瑞士银行开发“结算专用币”（utility settlement coin）（摘自《工商时报》，2016年8月25日，A8版，陈怡均）

数字货币（digital currency）

名称：数字货币

又称：虚拟货币（virtual currency），因为硬币、纸币是有实体的（本书不称电子货币，这是指手机支付、悠游卡等储值卡）

种类：据称有270种，最有名的是比特币，其次是以太币（ether，代码ETLT），由以太坊（ethereum）发行

美国电影《时间规划局》（*In Time*）

时间：2011年10月28日上映

地点：美国

人物：贾斯汀·提姆布莱克饰男主角，亚曼达·塞佛瑞饰女主角

简介：在2169年，人类因基因工程，出生时前臂会有一个数字手表，一般人活到25岁就进入“不老”阶段，但只有1年寿命，必须通过工作才能赚到寿命（以小时计）

Unit 6-2 数字货币的雏形——比特币

数字货币中最有名的“网络原生的货币”（the internet of money）便是比特币（bitcoin）。

一、比特币说明

由图6-2-1可知，比特币还不够格称为“货币”，性质上比较像黄金。

（1）性质：类似黄金的商品，美国芝加哥商品期货交易所把比特币列为交易商品，许多国家及地区（包括中国台湾）把比特币定义为金融商品。

（2）信息安全是最大问题：日本两家比特币交易所因黑客入侵、员工监守自盗而倒闭，顾客损失惨重，短期内没有办法解决。例如：2013年10月底GBL比特币平台跑路案；2016年8月比特币交易网站Bitnex约7000万美元价值的比特币遭窃，平台用户的账户金额骤减36%。

二、比特币的缺点

量体太小，易被炒作：比特币的整体市值过小，和黄金、股票、房地产等其他资产相比，市值726亿美元（注：台积电市值1890亿美元）显得微不足道。如此很容易被炒作，计有两波。

（1）第一波：2013年11月，比特币曾涨至1137美元。比特币不受各国政府监管的概念，深受投机者及犯罪分子的欢迎，加上科技创业人士和创投者的追捧，他们看好这种数字货币有助发展网络金融业，造就了2013年比特币蹿红的荣景。泡沫破裂后，跌到600美元。

（2）第二波：2016年起，2016年币值上涨。参见图6-2-2，由于中国人把比特币当成外汇避险工具，交易量大，所以“跟人民币兑美元汇率”呈反向走势。再加上印度、委内瑞拉新钞换旧钞，这些地方的民众借由买进比特币保护自己的储蓄；投资人也更加接受比特币。

比特币硬分叉

时间：2017年8月2日

地点：全球

物品：比特币

事件：比特币“硬分叉”（hard forth）衍生出“比特币现金”（Bitcoin Cash）后，比特币价格上涨。全球两大交易平台Coinbase与GDAX自2018年起可以进行比特币现金交易

比特币“市值”：单价P × 数量Q

以2017年8月26日为例，比特币“市值”＝4400美元 × 0.165亿单位＝726亿美元

比特币比较像数字“商品”

货币四项功能	比特币
1.交易媒介（medium of exchange）	×
2.计价单位（unit of account）	×
3.价值储存（store of value）	√
4.延期支付标准（standard of deferred payment）	?

图6-2-1　比特币比较像数字“商品”

比特币走势

图6-2-2　比特币走势

资料来源：彭博信息。

比特币（Bitcoin）

推出时间：2009年1月3日，2013年交易开始热起来

推出人：中本聪（化名），自称是日裔美国人，2016年5月2日，澳大利亚人莱特（Crdig Wright）向BBC等媒体，承认自己是“中本聪”。但有人认为是骗局

发行数量：2017年1650万个，预估到2040年总量近2100万个

技术：属于区块链的运用

交易：全球最大比特币交易所“比特币中国”（BTC China），比特币价格追踪网站CoinDesk，数字货币比价网站（CryptoCompare），台湾报价网站MaiCoin，约16万元

币值：2017年8月1枚比特币约为4400美元，月交易量约1.7亿枚

Unit 6-3 比特币的支付功能

比特币只有在极少数国家可使用，所以支付功能极低。但以网际网络的快速传送，比特币又有传送安全的好处，适合作跨境支付的替代方案之一。

一、比特币的支付用途

由表6-3-1可知比特币的支付用途虽然很窄，但运用于跨境支付上，交易费用低（据称贝宝收6%~8%的交易费），因此大有发展。

二、全球小额跨境汇款5860亿美元

（1）全球跨境小额汇款金额5860亿美元：5860亿美元看似很大，跟2016年美国“非现金支付”约190兆美元比起来就很小。

（2）跨境支付公司商机：跨境支付的电汇费用大都是分成八个区间，收取一个金额的汇费。

三、WageCan公司

2016年9月，第1054期《商业周刊》报道的爱沙尼亚的公司WageCan，由台湾人胡晋豪成立，在跨境支付方面主要由三个国家／地区的办公室负责。

（1）中国台湾：主要是比特币跨境支付办公室；客户遍及欧盟、亚洲的东南亚、非洲（西非经济共同体、南非）、美洲的南美洲。

（2）中国香港：跟香港“通汇”及国际发卡组织合作发行签账卡。

（3）冰岛：租赁比特币“挖矿”服务器主机。

四、比特币是犯罪份子的“帮凶”？

（1）洗钱工具：英国政府曾发布洗钱前十大机构，排名第一的是银行，排在最后的是比特币。这是区块链技术越来越被接受的原因。美国麻省理工学院斯隆商学院区块链及比特币资深讲师佛尔特（Brian Forde）表示：“所有的比特币交易都是在公共账上，大家都可以看到它们，政府官员也可以，钱从一个钱包到另外一个钱包，大家都能够看得到。”（《工商时报》，2016年1月11日，A10版，陈碧芬）

（2）绑架者索取赎金方式：台湾出现数件绑架者要求人质家属以比特币方式汇入香港指定账户的案子，勉强扯得上“数字货币”犯罪方式之一。

表6-3-1 比特币的用途说明

<table>
<tr><th colspan="3">一、比特币自动柜员机（bitcoin ATM）</th></tr>
<tr><td colspan="2">2013年10月</td><td>加拿大温哥华市，由Robocoin公司推出，可以把比特币兑换为加币，每日上限300加币</td></tr>
<tr><td rowspan="3">2014年</td><td>3月8日</td><td>韩国</td></tr>
<tr><td>3月14日</td><td>中国香港</td></tr>
<tr><td>4月14日</td><td>中国上海市张江高科技园［目前中国（不包含中国香港、中国澳门、中国台湾地区）已全面叫停比特币交易］</td></tr>
<tr><th colspan="3">二、比特币金融卡（Bitcoin debitcard）</th></tr>
<tr><td colspan="2">2014年7月</td><td>中国香港ANX推出全球首张比特币签账金融卡</td></tr>
<tr><td colspan="2">2014年10月29日</td><td>中国台湾全家便利商店的FamilyPort号称可购买比特币</td></tr>
<tr><th colspan="3">三、跨境支付</th></tr>
<tr><td colspan="3">中国香港比特公园Bitspark，外籍移住劳工跨境汇款</td></tr>
</table>

数字货币交易所 Coinbase

时间：2017年8月10日

地点：美国纽约州纽约市

机构：数字货币交易所Coinbase（2012年6月20日成立），中国台湾译为“比特币钱包”公司，公司位于美国加州旧金山市

事件：以美国创投公司IVP为首，募集到1亿美元，市调公司Pitchbook估计，这使Coinbase成为第一家跻身“独角兽俱乐部”的比特币公司。这使该公司筹措的资金升至2.17亿美元。Coinbase总裁阿姆斯壮表示，这些资金将用来扩大工程和客户支援人员规模，在纽约市为机构投资人交易平台GDAX设立办公室，期望建立供一般消费者使用的数字货币应用程序

Bitcoin与bitcoin

Bitcoin 首字母大写是指比特币所使用的科技和网络

bitcoin 代表比特币（货币本身）

Unit 6-4 中国台湾地区的跨境款项支付

有些国家实施外汇管制，因此支付公司须取得“资金汇入／资金汇出”（cash inbound/cash outbound）的营业许可，才可承办。在中国台湾，支付宝是专营支付公司中的第一家。

（1）跨境支付：跨境电子商务。例如：泰国民众上网买中国台湾“露天网”上的商品，付泰铢，中国台湾的商家经银行收到新台币。

（2）国际汇兑：经常见的小额国际汇兑是60万名外籍移住劳工（38万位产业移工、22万名社会福利移工），汇钱到印尼等地。以中国台湾台北市来说，中山北路二段有一串汇兑店。

一、跨境支付的相关金融机构

由图6-4-1可知，两岸间的汇款，皆需要相关的金融机构配合。

（1）两岸银行间的财金公司：中国台湾的财金公司是中国台湾40家银行对外收支汇款的窗口，这跟在中国台湾的银行间提款、转账的角色一样。

（2）一堆合作银行：以中国大陆旅客到中国台湾购物为例，整个付款过程至少涉及三种功能银行——跨境代收银行（例如：华南银行）、委托划付银行（例如：台湾银行）、合作银行（例如：台湾企银）。

二、支付公司扮演角色

支付公司不会碰到款项，从买方手机中的虚拟储值（本质上存在银行账户中）扣款，到支付给卖方，支付公司扮演下列角色：

（1）拓展商店：适用的商店数越多，买方越方便。

（2）账务管理：“代收代付”业务主要是替商店向买方“收取款项”。

中国台湾对跨境汇款等反洗钱规定

时间： 2017年4月1日

地点： 中国台湾

机构： 台湾地区金融监管机构、所有银行和证券公司（有承办外汇交易者）

事件： 金融行动特别工作组（FATF）发布的40项建议，以及2014年发布的银行业风险基础方法指引，巴塞尔银行监管委员会发布的健全有关防治洗钱及打击资恐风险管理文件及美国、中国香港等国际立法例，修正中国台湾的注意事项如下：银行应设反洗钱、反资恐专责单位及指派专责高阶主管；建立客户姓名检测机制；建立账户监控政策及程序；异常交易态样日常监控

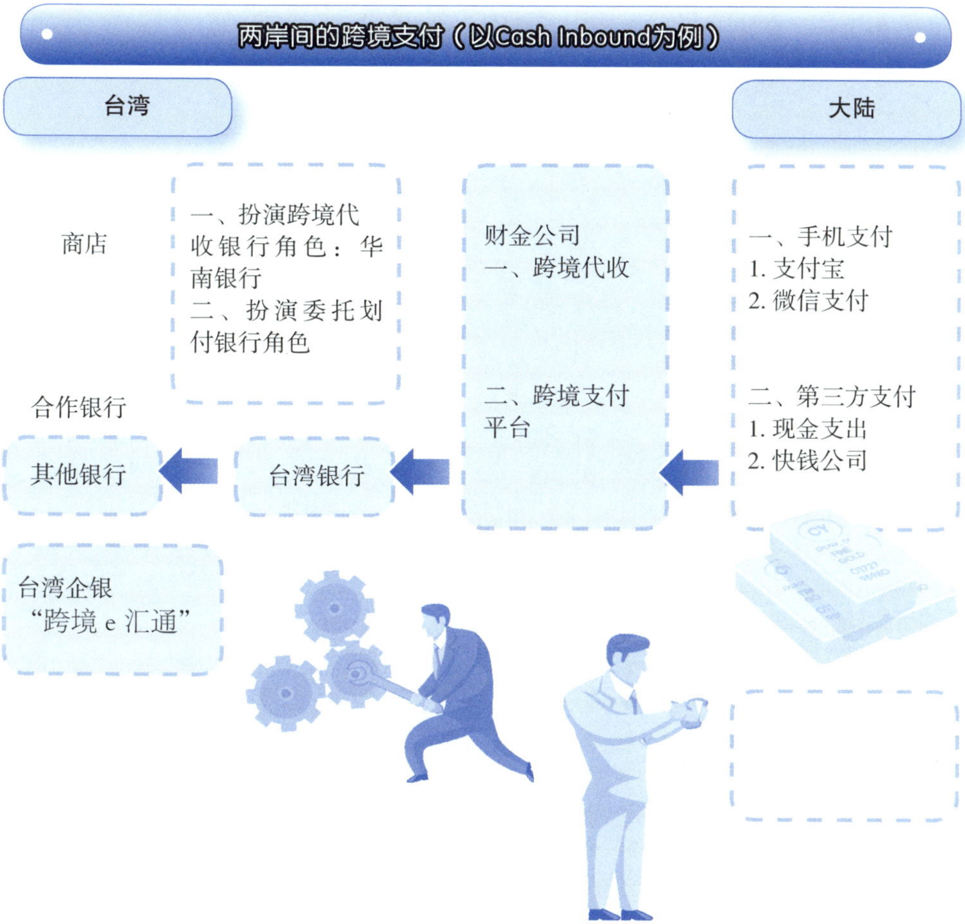

图6-4-1　两岸间的跨境支付（以跨境支付入境服务Cash Inbound为例）

网络金融公司“抢”银行生意

时间：2016年12月16日

地点：中国台湾台北市

人物：李长庚，国泰金控总经理

事件：网络金融公司低价抢银行生意，李长庚举例，有个想做国际汇款的网络金融公司要找他谈合作，民众通过他设计的APP就能做到跨境汇款，而且手续费只要银行的25%。网络金融公司只需在A、B两国的银行开户，准备两套资金，当业者收到客户在A国汇款资料及款项后，就用B国账户的钱汇给客户在B国的账户，“整个汇款过程还是经过银行，银行建设系统做所有的苦工，但这家网络金融公司却不必做任何基础系统架设，也不必考虑洗钱防治，遵守法律这方面的事”（摘自《工商时报》，2016年12月17日，A5版，魏乔怡）

Chapter 7

网络金融公司的授信业务——以网络放款中介为例

Unit 7-1 网络放款中介公司的商机（市场定位）

把镜头拉大到全球，会发现银行不够“普惠”的国家，更容易萌生替代性金融服务，在本书中主要是网络金融公司，本章说明“网络放款中介公司”（internet lending company，又译为在线放款公司）。

一、银行力有未逮，替代行业油然而生

以中国台湾为例，网络放款中介公司只能在“边缘”中求生存，详见图7-1-1。

（1）银行普及程度。一般常用“每万人几家店”来衡量零售公司的普及程度，图7-1-1中以0.5家、1家银行分行为例来说明。以中国台湾来说，2360万人有3400家分行，平均每万人1.44家分行。银行越普及，越没有“遗漏之处”。

（2）银行业完全竞争程度。银行业竞争激烈，比较会“大小通吃”。在寡占、独占市场方面，银行比较会“捉大放小”。

二、网络金融公司活跃的国家

以经济发展程度来区分：

（1）工业国家（人均总产值2万美元以上）。英美的银行业由大型银行主导，属于寡占市场，对于企业金融中的小公司、消费金融业务中的中低收入家庭，由于违约风险较高、贷款金额较低，对银行获利贡献较少，银行往往刻意忽视。英国6600万人中，有200万成人没有银行账户，还有低收入及残障人士可能被排除在金融服务外，原因可能是没有信用记录或房子，也可能是宗教及地理因素。

（2）新兴国家（人均总产值2万美元以下）。许多新兴国家由于户政系统不健全（大部分人无身份证），人民难以实名方式向银行申请开户、贷款。

三、全球发展进程

由表7-1-1可知，网络放款中介公司2005年在英国出现，美国的公司立刻跟上，2007年中国大陆跟上。

（1）全球约70个国家：全球193个国家中，约有四成国家有网络放款中介公司。

（2）中国台湾地区金融监管机构对于网络放款中介业的主管机关归属一直不愿下决定，拖数年才松手。2016年3月，第一家网络放款中介公司“乡民贷”成立。

网络金融公司活跃的国家/地区（色块区域）

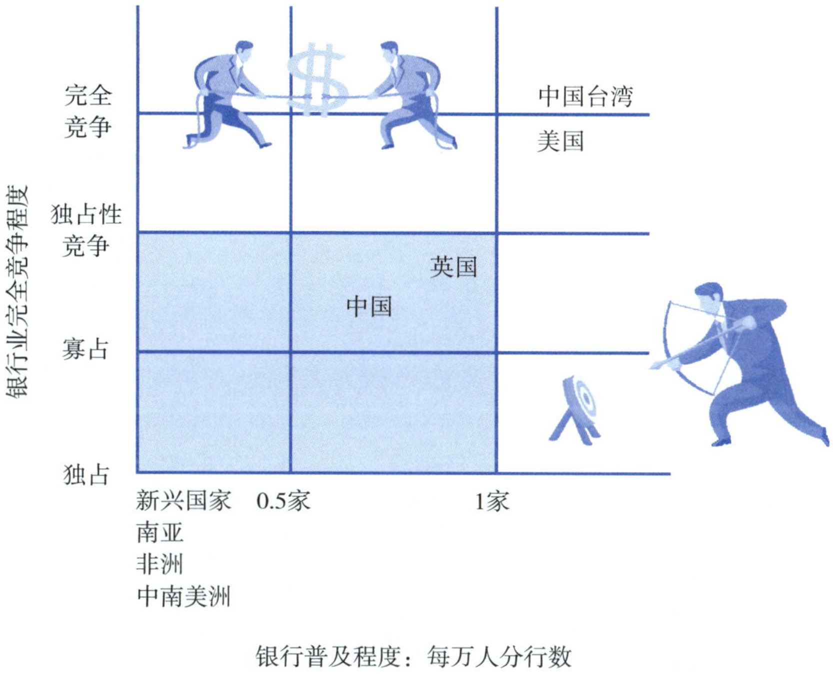

图7-1-1　网络金融公司活跃的国家 / 地区（色块区域）

表7-1-1　英国、美国、中国大陆和中国台湾网络放款中介发展进程

时间	2005年2月	2006年	2007年	2016年
1.国家/地区	英国	美国	中国大陆	中国台湾
2.第一家公司	Zopa	Prosper融资	拍拍贷	乡民贷
3.后续	约8家公司	放款俱乐部，2014年12月上市	2014年起泡沫化，宜人贷2015年12月美国纽约证券交易所上市	停滞

注：Zopa创办人之一Gile Andrews（总裁）表示公司名字原意是“可能达成协议区域”（Zone of possible agreement），投资资金主要来自Metro银行。

Unit 7-2 网络放款中介公司导论

一、就近取例：B2B、B2C电子商务

由图7-2-1可知，电子商务公司类型依卖方、买方的身份（公司、自然人）可分为两种情况。

（1）企业间电子商务（B2B e-commerce）：公司为了买生产用的原料（零组件），在中国大陆，到阿里巴巴网站寻找卖料的公司，买卖方皆须输入公司营业执照，以取得网站会员资格。

（2）消费型电子商务（B2C e-commerce）：在中国台湾，个人开店、家庭公司“露天网”等网络商场，向东京着衣、OB严选等“公司”（俗称网络卖家）购买衣服，这是常见的“公司对个人”（B2C）电子商务。

二、网络放款中介公司的类型（详见表7-2-1）

以美国网络放款中介公司为例，依借款人身份，依银行业的用词，分成两类：

（1）企业金融业务：由于网络放款中介公司能找到的投资人有限、资金有限，所以市场定位以小公司为主，放款金额小（15000~25000美元），可以说是专挑银行挑剩下的客户。以其中2009年成立的Kabbage放款公司为例，主要投资人是古根海姆伙伴公司（Guggenheim Partners），资金约2亿美元。

（2）消费金融业务：放款俱乐部（Lending Club）公司因公司在纽约证交所上市，在全球网络放款中介公司中知名度数一数二，其投资者主要是几家衍生性商品基金。至于美国的社会融资公司（Social Finance），限于资料，号称“毕业校友财力协助在校校友”，看似“消费者对消费者”业务。

三、必也正名乎

眼尖的读者发现本书用词跟市面名词不同，详见表7-2-2。

（1）网络放款：网络放款借款人包括公司、自然人，所以只以全称用词来涵盖。

（2）网络放款中介：一般称为“网络借贷”，本书称为网络“放款”（lending）中介，沿用以银行业等为中心用词的习惯。

四、美国升息的影响

2016年12月起，美国逐渐升息，对网络放款中介公司造成沉重打击，过程如下：

（1）投资者：以对冲基金（hedge fund）为主要投资人，其投资标的涵盖投机级债券（债信等级BB级以下），所以也会对网络放款有兴趣，因借款利率上升幅度比较大。

（2）对网络放款中介公司的冲击：主要是对以小公司为放款对象的网络放款中介公司造成影响，“水源有限”，只好“量入为出”的放款中介，放款中介金额无法成长。

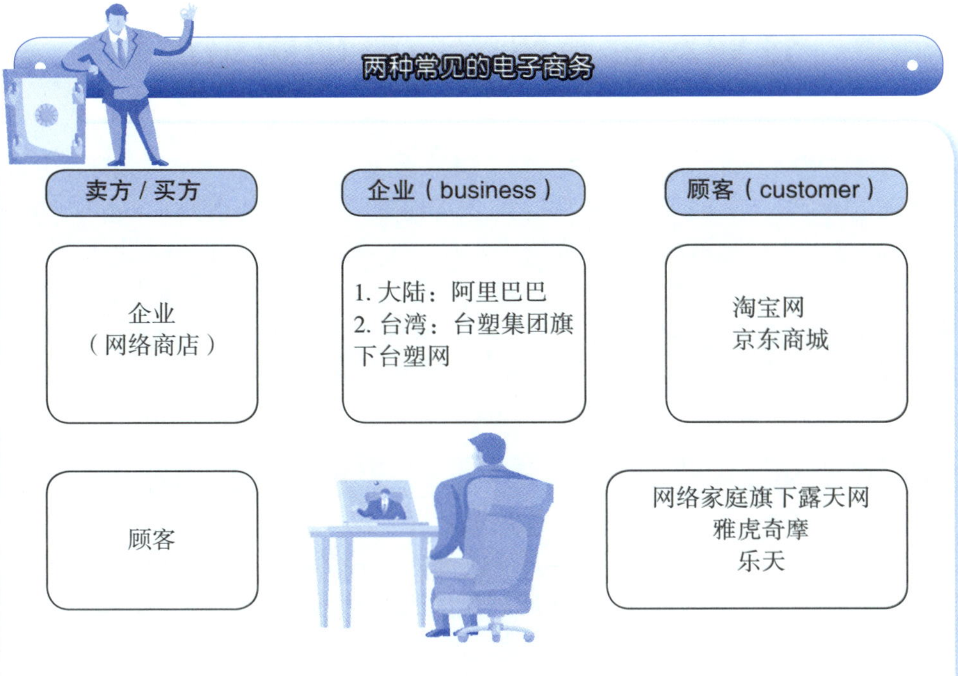

图 7-2-1　两种常见的电子商务

表7-2-1　网络放款中介的四种形态：以美国为例

出借人 / 借款人	企业（B）	消费者（C）
企业（B）	能力放款公司（Able Lending）、CAN、Dealstuck、Kabbage、OnDeck 融资	放款俱乐部（Lending Club）、爱帆（Avant）、市集（Market Place）、繁荣市场（Prosper）
消费者（C）	—	社会融资公司（Social Finance）

表7-2-2　本书对网络放款的中英文用词

项目	市面	本书用词
英文	Peer to peer lending platform	Internet lending brokerage company
中文	个人对个人借贷平台	网络放款中介公司
补充	Peer：n.同辈、好友 Person：n.个人	这是属于另类放款（Alternative Lending）的一大部分

Unit 7-3 企业对企业电子商务的网络放款

各国的中小企业往往比较难从银行贷款，或者取得贷款不够使用。于是在20世纪70年代，中国台湾便有“中心-卫星体系”的供应链融资（supply chain financing），由裕隆汽车公司替零组件公司（玻璃、座椅、塑件等中上游）的贷款、发行票券担任保证人。到了21世纪，在电子商务中，以中国的“企业对消费者”中卖方来说，有订单，却苦于无法向银行贷款。于是网络商场公司、网络金融公司“闻香下马”。本单元聚焦于电子商务的卖方（包括其供货公司）如何从这两个管道取得融资。

一、商机

（1）拉个全景。中小企业较难从银行借钱。根据世界银行旗下国际金融公司（International Financial Corporation）的估计，全球有45%~55%的中小企业无法取得银行贷款，21%~24%的中小企业无法贷到想要的金额，在新兴国家中小企业无法从银行借到过多资金。

（2）拉个近景Ⅰ。以电子商务中的卖方为例。根据美国产业调查公司佛斯特沙利文（Frost&Sullivan）的估计，2020年电子商务商品交易额10兆美元，其中67%为企业对企业电子商务、33%为企业对消费者电子商务。

（3）拉个近景Ⅱ。对供应链融资来说，在公司的供应链中，品牌公司、零售公司对中上游公司付款常月结45天。简单地说，中上游公司应收账款耗费75天，在新兴国家，甚至耗费90天。这对中上游公司中的中小企业构成严重的融资压力。

二、对网络卖方的融资

（1）电子商务商场的支援业务：由表7-3-1可知，以中国阿里巴巴集团为例，把对卖方的融资视为支援业务，在订单金额三成内给予贷款，以协助其购料，此类似信用证中的红色条款。

（2）网络金融、金融科技公司的核心业务：由表7-3-1可知，中美两国都有网络金融公司协助卖方取得融资，主要部分还是应收账款融资。

三、征信审查方式

由表7-3-2可知，两种网络放款中介公司的授信要求的征信审查方式，以中国的做法为例。

（1）企业间电子商务：兼论供应链融资。这主要是淘宝网有该网络商店（中国简称电商）的营收记录，针对“双11”（光棍节）订单的三成放款给网络商店去购料。

（2）消费性电子商务：以支付宝来说，有顾客的购物记录，只会在过去消费金额（例如：单笔3000元人民币）去“放款”（主要是指信用卡卡债代偿）。

表7-3-1 美中电子商务市场对卖方的融资

国家		网络商场集团	网络金融公司
一、美国	（一）网络商场	2012年亚马逊（Amazon）成立亚马逊放款公司（Amazon Lending），通过对库存周期、缺货率或产品评价分析来选择平台上的债信合格公司提供贷款	C2FO公司提供供货公司与买方的营运资金交易平台，利用企业资源规划系统和交易资料，使供货公司与买方快速寻求双方都可以接受的贴现利率，供货公司可以贴现收到款项
	（二）支付公司	贝宝、日本乐天均对其网络上合格企业提供贷款协助	—
二、中国 		阿里巴巴由蚂蚁金服累积大量的用户与信用数据，其芝麻信用应用在消费者融资消费，通过企业征信业务方案，协助小微企业征信。第二大电子商务公司京东商城在2013年10月分析成立京东金融，营业项目为企业对消费者、企业对企业业务，包括订单与入库单融资等供应链融资	以中国企业群星金融为例，提供平台，通过大公司（买方）的系统获得交易资料，让中上游公司获得应收账款的融资，由第三方的保付代理公司、银行或投资机构对供应链公司进行融资。由于大公司通常信用良好，对应收账款融资等于是建立在大公司的保付承诺基础上，比中小企业融资风险低；且这些网络放款中介公司通过对企业数据与行为的监视，借着机器学习的动态调整，及时发现异常交易状况且迅速做出决策

表7-3-2 两种电子商务情况下，对卖方、供应链的融资

电子商务种类	中上游供货公司	卖方	网络商场平台	买方
1. 企业对企业	通过“卖方”的企业资源规划（ERP）系统可追溯到中上游供货公司	例如：小家电中的台商艾美特	阿里巴巴	零售公司
2. 企业对消费者	同上	淘宝的网络商店	淘宝网 天猫商城	支付宝 余额宝

Unit 7-4 网络放款中介行业的两项分类

一个同样的行为，在全球各国解读不同。全球的网络放款业的政府主管机关，大抵可以分为两类，详见表7-4-1。

一、网络放款中介公司的形态

有许多报刊说明网络放款中介公司的经营形态有几种，逻辑上正常情况只有一种，有两种变形。

（1）网络放款中介公司只担任“中介”角色。网络放款中介公司只扮演“中介”角色，再加上对借款申请人的“征信”服务，以降低呆账率，如此投资人才会“闻香下马”。

（2）资金来源。放款资金来源主要为公司，尤其是衍生性商品基金、投资公司，这些公司愿意冒险追求7%报酬率。在美国，网络放款中介公司被归类为群众募资公司，借款人发行1万美元的“中期债券”，投资人买进债券，也可卖出。中国的宜信、瑞保网络科技公司皆称债权可转让。

二、证券经纪业务：英国及美国

由表7-4-1可知，英美政府认定网络放款中介者属于证券经纪，分成两个类别：

（1）债券承销商：由保管银行担任债券发行承销商，借款人是债券“发行人”。

（2）债券经纪商。网络放款中介公司是债券经纪商，把“债券”出售给投资人。

（3）英国的自律性管理机构。英国政府很喜欢让金融业自组公会、协会，自己制定行业规范。2011年8月，网络放款金融协会（The Peer-to-Peer Finance Association,P2PFA）接受政府监督。

关于英国的网络放款中介公司与英国银行的比较，详见7-4-2。

政府对网络放款中介业的监理

时间： 2017年3月

地点： 中国台湾

人物： 王俪容，台湾中华经济研究院国际所研究员

事件： 用《存款保险信息季刊》的文章《金融科技监理之比较——以P2P贷款及监理沙盒为例》（第126~156页），仔细说明英国、美国、中国大陆及中国台湾对网络放款中介业的政府监理

表7-4-1 依各地政府主管机构的网络放款中介分类

定义	资金“中介”业	证券业
一、部门主管机关	中国台湾：由中国台湾地区经济事务部门主管	1.英国和美国 英：金融行为监管局 美：财政部证券交易委员会 2.其他
二、类比	房地产买卖中介	1.群众募集资金（crowd funding）简称众筹 2.借款人是债券“发行人”（issuer），保管银行是债券“承销商”（underwriter），网络放款中介公司是债券“经纪商”，投资人是债券“持有人”

表7-4-2 英国网络放款中介公司与银行之比较

项目	网络放款中介公司	银行
一、主管机关	2013年3月前，由英国金融服务管理局（FSA,Financial Service Authority）负责。2013年4月由英国金融行为监管局（FCA,Financial Conduct Authority）成立，负责监理政策制定、目标指引、指标设计和监督管理等。拟订《关于网络众筹和通过其他方式发行不易变现证券的监管规则》，于2014年4月1日起实施。主要涉及最低资本额要求、客户资金管理、争议处置及补偿机制、信息揭露制度以及定期报告制度等。2015年12月又提高信息揭露的标准和结束营业的相关规定	英国金融申诉服务机构（Financial Ombudsman Service,FOS）主要目标是确保金融市场健全运作、强化金融消费者权益保护，提高金融体系完整性，制定详细法规，并根据风险进行评估与监理，主动抽查及稽核，一旦金融业者违反规定，罚款非常高，英国2016年罚款达10亿英镑
二、存款保险	无 网络放款在英国被视为替代性金融服务，网络放款属于借款人发行中期（1~3年）的“个人”债券，由投资人认购网站，扮演个人债券的经纪商角色	有 金融服务补偿计划（Financial Services Compensation Scheme,FSCS），是英国版存款保险制度，可以为每个存款户在每家银行提供上限为8.5万英镑的存款保险

Unit 7-5 网络放款中介公司的典型——美国放款俱乐部

在生物学中“老虎”只有一种，到了各国各地为了适应当地，会有体形肤色等变化，由北往南的名称有“西伯利亚虎”“中国东北虎”“中国华南虎”，到南亚印度等称为“孟加拉虎”。网络放款中介公司也是大同小异，以全球曝光率较高的美国上市公司“放款俱乐部”来举例。

一、网络放款中介公司扮演网络放款“中介”角色

“老鼠老虎，傻傻分不清楚”，这句顺口溜在借贷的“中间者”、中介间也适用。

（1）中间者赚价差：由图7-5-1可知，银行扮演借贷双方的“中间者”角色，这跟统一超商是一样的，向联华食品公司买进10万箱元本山海苔礼盒，再卖给10万名顾客，赚取“买卖”价差，但也扛滞销的亏损风险。

（2）中介赚中介费：由图7-5-2可知，网络放款中介公司扮演资金借方、投资人间的“中介者”角色，比较像租屋市场中的“崔妈妈租屋中心”。网络放款中介公司向借款人、投资人收取中介费。

（3）网络放款中介公司中介费率1%以上：网络放款中介公司收取借款金额1%以上的中介费率，看似很高，主要支付以下两种费用。

①资料费用：美国有信用卡交易记录公司，金融机构可付费向其取得某人的交易、缴款记录。美国有三大一小个人信评公司，会依各人的银行贷款等资料，计算每个人实时的信用评分。

②营销费用：网络放款中介公司为了打知名度，往往需要砸大钱，俗称“烧钱”。网络放款中介公司也需要打广告。

二、信息流、商流

房屋中介是常见的“中介”，扮演买屋者、售屋者间的信息流、商流的“媒介”角色。网络放款中介公司本质是网络借贷双方的中介。

（1）对借款人征信。借款人必须是“实名”，网络放款中介公司主要功能在于对借款申请人征信，剔除诈贷者与信用差的借款人，这是对投资人的最大保障。

（2）要求借款申请人“提升信用”。针对债信未合格的贷款申请人，网络放款中介公司可要求借款申请人向产物保险公司购买贷款保险，以确保本息一定清偿，或征提合格保证人。这两种借款申请人“强化信用”（credit enhancement）的方式，才可取信投资人。

（3）投资人：数百家公司担任债券投资人。

三、资金流

网络放款中介公司、手机支付公司等都不经手借贷、买卖双方的金钱，而是由保管（或称合作）银行负责，以保障资金的安全。

银行扮演金融中介角色

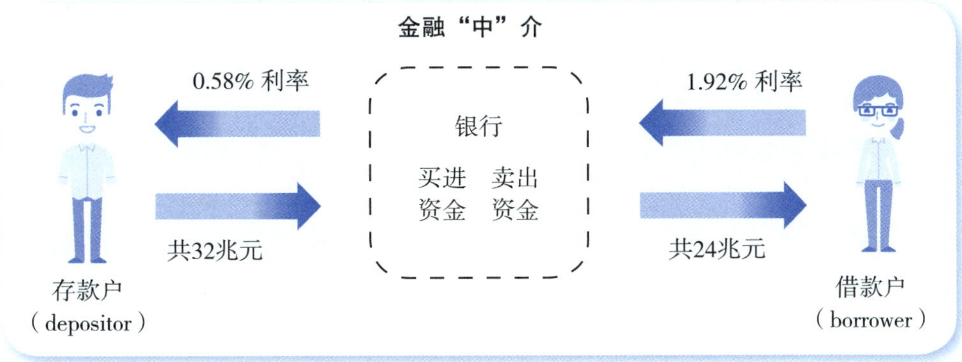

图7-5-1 银行扮演金融中介角色

以债券发行来说明放款俱乐部的商流、资金流

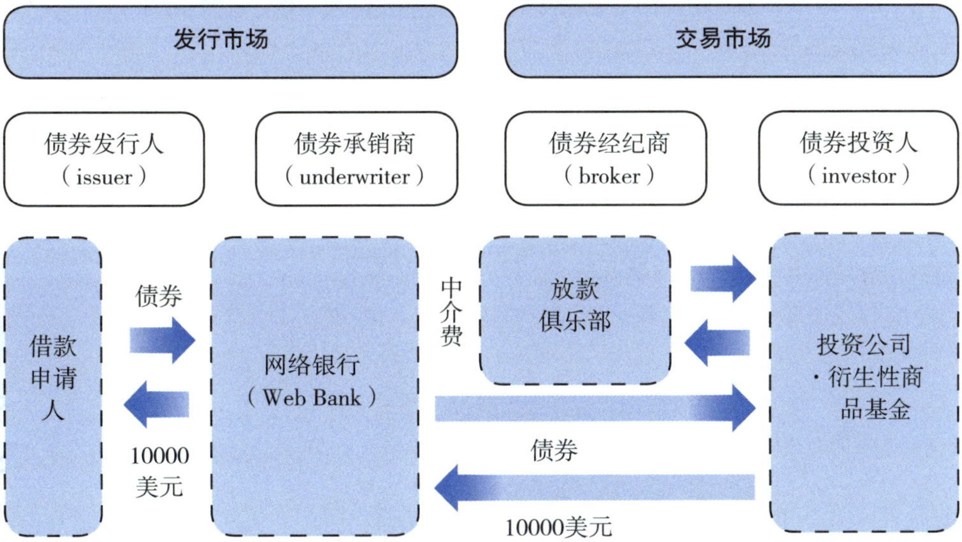

图7-5-2 以债券发行来说明放款俱乐部的商流、资金流

资金流

以图7-5-2来说，美国网络银行（Web Bank）扮演放款俱乐部放款业务的特约保管银行角色，负责拨款给核贷的借款申请人，再向投资人出售“中期债券”以收款。之后，借款人定期偿还本息

Unit 7-6 美国证券交易委员会对网络放款中介公司的监理

2006年起，美国网络放款中介公司成立，并没有形成百花齐放的情况，放款俱乐部公司市占率75%，一枝独秀。

一、网络放款中介业属于群众募资

群众募资（crowd funding），又称“众筹”，分为公益、营利两种，营利型群众募资可说是个人或公司通过“网络公司”（俗称网络平台，或简称平台）以债券、股票方式，采公开募集方式，以取得资金。

（1）债券承销商：网络银行（Web Bank）向债券发行人（即借款人）发行“中期债券”（Member Payment Dependent Notes）。

（2）债券经纪商：网络放款公司。

二、证券交易委员会纳入监理

2006年繁荣市场公司（Prosper）成立，这是第一家网络借贷中介公司，初期对借款者的限制极少，以致呆账率偏高；以2006年至2008年10月为例，呆账率26.1%。这使得美国证券交易委员会（SEC）于2008年要求所有的网络放款中介公司，须把其商品注册为证券，使信息更加透明化。由表7-6-1可知，英国、中国大陆、中国台湾对网络放款中介公司的三道防线。关于美国证券交易委员会对网络放款中介业的监理，详见表7-6-2。

三、商机：对银行的威胁

许多公司、学者会高估金融创新的影响力，网络放款中介公司对银行的威胁亦是如此。

（1）高盛证券的估计。2015年，高盛证券预估到2020年，网络放款中介公司会分食美国银行业净利110亿美元（全部1571亿美元）。

（2）网络放款市调公司果园平台（orchard platform）。从2016年果园平台的统计来看，高盛证券估计偏高。2015年第四季度网络个人贷额余额38亿美元，这是历史新高；家庭银行贷款余额12.58兆美元（2017年2月16日联邦储备银行公布），占银行家庭贷款0.03%。接着由于借款违约率提高，证交会加强监理等，网络放款中介公司提高授信标准，例如：以信用积分660分以上为优质顾客，美国Prosper第一季度顾客706分、第二季度708分，7月713分。

（3）拉住投资人心：网络放款的主要投资人是衍生性金融基金商。

四、网络金融业归财政部通货监理署管理

美国财政部对网络金融业的监理渐由州政府提升到财政部通货监理署。

表7-6-1 三地对网络金融公司的监理

防线	第一道	第二道	第三道
中国台湾	网络金融公司	台湾地区经济事务主管部门	台湾地区金融监管机构
英国：以网络放款中介为例	网络放款公司	网络放款中介协会（P2P FA）	金融行为管理局
中国大陆	网络放款中介公司	网络放款金融协会 互联网金融协会	·各省市金融办公室 ·国务院一行三会

表7-6-2 美国证券交易委员会对网络放款中介业的监理

项目	说明
一、时间	2008年
二、主管机关	财政部证券交易委员会（SEC）
三、行业性质	“放款平台”跟“群众募资”一样，属于《金融服务现代法案》中的金融机构活动，因而在联邦层面，联邦储备银行和联邦储蓄保险公司（FDIC）及联邦贸易委员会（FTC）对网络放款公司相关业务存在一定的监管职能
四、对借贷网站公司	1.信息揭露：网络放款中介公司必须全面性揭露发行的收益权凭证和对应的借款信息，一旦资料有所变更，就必须进行更新，形成“持续的信息公开揭露机制”，使网络放款中介公司业务透明化、规范化 2.稽查借款人信息的真实性及交易是否符合公平原则 3.保管银行 4.针对网络放款中介公司的发行说明书及相关资料，美国证交会主动进行稽核，以保障投资者能获得所需的信息

美国对网络金融公司的监理

时间：2016年12月2日

地点：美国华盛顿

机构：美国财政部货币监理署（OCC）

事件：首度开始核发如同银行的特许执照给网络金融公司，包括存款、支票或借款等三种服务中至少一种，并须符合风险管理、消费者保护、资本和流动性等标准。这些网络金融公司受联邦储备银行法规约束，面临反洗钱管控，有利于政府保护消费者

Chapter 8

美国、中国大陆和中国台湾的网络放款中介公司

Unit 8-1 美国网络放款中介龙头——放款俱乐部

由于放款俱乐部市占率75%，只要大抵了解该公司，就可了解其同行。

一、两家比较

由表8-1-1可知，美国放款俱乐部（Lending Club）跟繁荣市场融资（Prosper Funding）公司比较，发现“君子所见略同”。

代理服务公司：在经营风险管理方面，要是放款俱乐部倒闭，会有第二方公司接手，持续提供服务，以向借款人回收贷款本息且支付给投资人。

二、放款俱乐部不惜代价冲业绩

2016年放款俱乐部创办人、总裁违规冲刺放款，以致被勒令下台，股价跌至谷底3.44美元。由于投资人要求最低报酬率7%，再加上网络放款中介公司的加成，借款人全部借款成本8%以上。这个市场区间的客户群人数不多，想扩大市场，只好冒更大风险去冲刺汽车贷款等业务，可谓“富贵险中求”。

美国放款俱乐部，Lending Club（LC）

成立时间： 2006年。2007年8月，获得1026万美元A轮融资，2014年在纽约证券交易所上市，募到10亿美元。2017年8月股价6美元

地址： 美国加州旧金山市Stevenson路

资本额： 400万美元

董事长： John C. Morris

总裁： 桑伯恩（Scott Sanborn），2016年6月28日起

营收（2016年）： 86.64亿美元

净利（2016年）： -1.46亿美元

主要客户： 小公司、汽车贷款占小部分，其他消费者贷款为主，向投资人、借款人收费，详见图8-1-1

贷款资金来源： 网络银行

员工数： 1000人

美国C2FO公司

成立时间： 2008年

地址： 美国堪萨斯州堪萨斯城

人物： 创办人山迪·坎伯（Sandy Kemper）

事件： 全球第一家网络上媒合供货公司和买家的营运资金交易平台；供货公司可以提供合理的折扣，换取提早拿到款项，买方可订出商业授信利率，双方通过平台的运算法则取得“甜蜜点”，达到双赢结果

表8-1-1　美国两家网络放贷中介公司比较（2017年8月）

项目	Lending Club	Prosper Funding
一、资金来源	网络银行	衍生性商品基金
二、核贷 ·对接信评机构 ·信用评分项目	财务控制公司（FICO）计算的信用分数660分 计算五个项目 债务总计、新近贷款申请次数、债务的成分及信用记录历史、按时还款	财务控制公司（FICO）计算的信用分数640分 省略
三、核贷 ·金额 ·平均 ·利率 ·时间	1000~40000美元 12955美元 6.03%~26.06%，分 A 到 G 七级 3~5年	2000~35000美元 12543美元 5.99%~36% 3~5年
四、网交服务费 ·投资人 ·借款人	服务费 贷款发起费（Origination Fee）依金额分级1.1%~5%	服务费 1%~5%

放款俱乐部向投资人、借款人收费

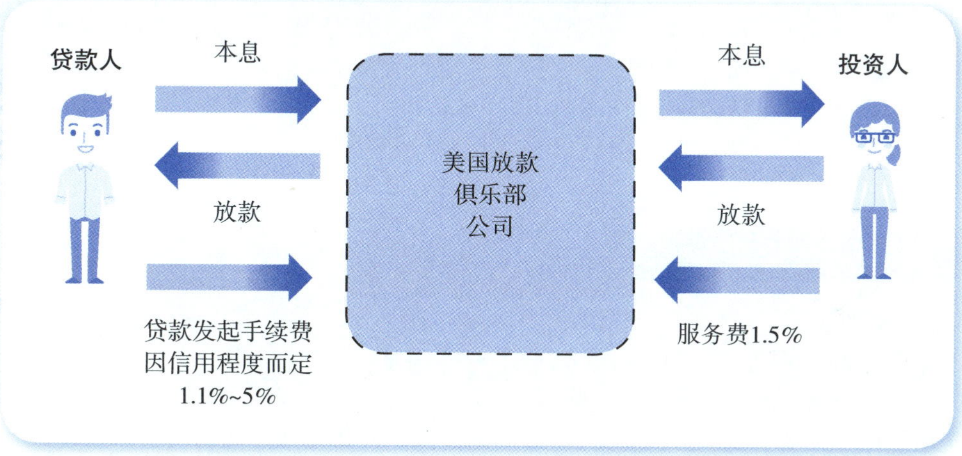

图8-1-1　放款俱乐部向投资人、借款人收费

Unit 8-2 美国网络社群放款中介公司

网络放款中介“最美的风景”便是“社群放款”（community lending），该中介在2017年6月脸书上约有20亿位脸友，人口众多，看似“商机”无限。本单元借着美国网络放款说明三个网络社群放款中介案例。

一、大学生贷款的社会融资中介公司

美国大学学费很高，许多家庭无法承担，学生们共欠1.35兆美元的就学贷款，平均每位大学毕业生约欠5.7万美元，平均每位医学院学生约欠30万美元。“社会融资公司”（Social Finance Co.）专攻大学生贷款，采取信用审核，以决定是否核贷和核贷金额，类似公司：爱帆（Avant）。

二、能力放款公司

能力放款公司（Able Lending）的两位创办人之一的小戴维斯毕业自哈佛大学企管硕士班，2008年9月15日他看到美国金融海啸后，银行紧缩信用，小企业资金缺口很大，于是成立网络放款中介公司专攻小企业，类似公司：沃奇（Vouch）。表8-2-1中的“核贷”方式有二，限于篇幅，本处说明第二种情况，即借款申请人征提“连带”投资人及配合款25%。

三、Affirm公司

2012年，贝宝共同创办人马克斯·列夫琴（Max Levchin）在银行信用卡上看到商机。银行正紧缩年轻人的信贷申请。他表示：“我不觉得年轻人没有还款能力。”于是他在加州旧金山市成立了一个分期付款的贷款服务公司Affirm。Affirm公司靠着社群媒体的大数据分析，精准掌握使用者还款能力，还收取比一般信用卡循环利率还低的利率，合作的商店有700家。

美国家庭贷款情况

时间： 2017年8月7日

地点： 美国纽约州纽约市

机构： 美国联邦储备银行纽约分行

事件： 2017年3月美国家庭负债12.73兆美元，项目比重依次为房贷71.4%、学生贷款10.6%、汽车贷款9.2%、信用卡循环额度6%和其他2.8%

表8-2-1 美国两家社群放款中介公司简介

项目	社会融资公司	能力放款公司
英文	Social Finance公司（简写SoFi）	Able Lending公司 （2014年6月30日起）
成立时间	2011年8月	2011年1月，原名outbox
公司地址	加州旧金山市	得州奥斯汀市
董事长	B.H.Young Jr.	William J.Davis Jr.
总裁	Mike Cagney	Evan Bachr
营业项目	1.父母（学生）贷款、学生助学贷款、个人贷款、房地产贷款及其他消费者贷款 2.财富管理	1.小企业贷款：小企业指员工数为11~15人的企业 2.创投（另有投资人）A轮（Series A）投资
核贷	1.以大学生二次贷款为例：采用学生就业记录、在校成绩，掌握现金流状况，并预测学生未来发展可能 2.信用分析模型（alumi-funded lending model） 借以挑出低风险的借款申请人	1.中小企业 ·公司成立1年以上 ·年营收10万美元以上 ·董事长个人信评分数100分以上 2.联合投资人（backer）贷款金额中25%须征提3~5名支持者（借款人亲朋或客户），提供贷款金额25%，能力放款公司提供75%
出资人	贷款资金来自各大学校友，可提供在校学生较低贷款利率，降低贷款负担。投资人通常着眼于投资利益，难以真正落实善意的社群合作，通过校友交流会、职涯发展课程等，增加校友与在校学生互动，可增进学生人脉或工作机会，提高学生未来的偿债能力	由于有25%的款项是由借款人的亲友出的，通常索取的借款利率较低。限于“人情压力”，也会提高借款人的偿债意愿 
借款人	大学生 	中小企业 ·借款金额：2.5万~100万美元 ·借款时间：1~5年 ·借款利率：8%~25% ·贷款发起费：3%

Unit 8-3 中国大陆的网络放款中介公司

温带国家的人民习惯喝烈酒，热带国家的人喜欢喝啤酒，这是因地制宜。网络放款中介公司在中国可说是爆炸式发展，要全面地看待。

一、2014年10月前：中国人民银行一直采取紧缩性货币政策

（1）2014年10月前，对紧缩性货币政策的考量。2014年10月之前，由表8-3-1可知，基于维持物价、房价稳定，中国人民银行采取管量管价的紧缩性货币政策。2014年10月，中国人民银行把存款准备金率21%数次调低，利率不变。

（2）生命会自己找到出路。在银行资金有限的情况下，采取信用分配，先放款给国有公司、大型公司，2009年起，中小企业开始体会“资金荒”的严重程度，沿海（浙江省、江苏省）、内陆（产煤的多金地山西省、内蒙古自治区）出现大量地下钱庄。向地下钱庄借款是饮鸩止渴，2011年5月起，地下钱庄开始崩盘。同样地，对个人来说，小额贷款公司快速成长。但债信更差的个人，连向小额贷款公司借款都不够格，于是2007年8月，第一家网络放款中介公司“拍拍贷”上线营运，放款给两类借款边缘人：大学生与债信不佳的上班族，行业经营绩效详见表8-3-2。

二、网络放款中介公司地区分布

（1）以数量来说：网络放款中介公司地区分布前三名依次为广东省（473家）、北京市（461家）、上海市（331家），占全部网络放款中介公司数目的51.67%（2015年46.64%）。

（2）以贷款余额来说，“前三大”依次为北京市（36.8%）、上海市（23.28%）和广东省（18.81%），合计占网络放款中介公司贷款余额的78.89%，其次是浙江省、江苏省、山东省、重庆市、四川省。

中国银行业2016年营运绩效

时间：2017年2月28日
地点：中国北京市
机构：国家统计局，2017年1月10日，银监会先公布“初估值”
事件：资产226.3兆元人民币，年成长率15.8%
净利：2兆元人民币，年成长率4%；呆账率（不良贷款率）1.81%

表8-3-1　2016年全部金融机构营运绩效

项目	金额 /人民币兆元	成长率/%
一、贷款	112	12.8
1.外币	5.4	—
2.人民币	106.6	13.4
二、存款	155.5	11.3
1.外币	4.9	—
2.人民币	150.6	10.98

表8-3-2　中国大陆网络贷款中介业经营绩效

时间	2011年	2012年	2013年	2014年	2015年	2016年	2017年6月
1.中介家数（正常营运）	50	120	500	2300	3437	2448	1050①
2.成交金额/亿元人民币	—	—	500	3000	9823	20639	32000
3.贷款余额/亿元人民币	—	—	150	1000	4061	8162	13000
4.贷款时间/月	6.9	5.98	4.73	6.12	6.81	7.89	9
5.贷款成本率或投资报酬率/%	18.9	19.13	21.25	17.86	13.29	10.45	8.5
6.借贷双方							
投资人/万人	—	—	—	—	586	1375	2000
借款人/万人	—	—	—	—	285	876	1000

资料来源：中国企业网贷之家，2017年1月1日。

①融360平台2017年8月24日数据，2016年7月，正常营运为1760家。

中国小额贷款公司

成立时间：2005年

最初定位：补位银行，并发挥助农助微、规范民间融资的作用

网络金融业务：据人民银行统计，2017年6月底，小额贷款公司8643家（其中160家有网络小贷执照），贷款余额9608亿元人民币

竞争优劣势分析：由表8-3-1可知网络贷款中介的融资成本约10%，小额贷款公司约20%，加上小贷公司较高的固定成本，缺乏竞争优势（部分资料整理自《工商时报》，2017年8月12日，A7版，陈欣文）

Unit 8-4 中国台湾鸿海的富士康集团在大陆的网络金融业务

台湾的“网红”级公司董事长可说是鸿海郭台铭，鸿海在大陆的主要集团是富士康科技集团。2016年6月起，以“富金通金服”为统一网站招牌。

一、金融服务的目标

富士康集团涉足金融服务，依次可分为两阶段：第一阶段“防御”，第二阶段“攻击”（获利）。

（1）防御性目标：视为照顾供货公司、员工的方式，富士康以财务资源去支援供货公司、员工，让这两个生产因素的供给者觉得有“通财之义”，从而拉近彼此关系。

（2）攻击性目标：由制造业进军服务业（金融、零售业）。

二、金融服务的组织设计

（1）公司：2013年富金通金融信息服务公司（FnConn）成立，在北京市、河南省会郑州市、上海市、广东省深圳市皆有办公室，旗下有9家子公司。

（2）网站：称为“富金通金服”，又称“富士康金融平台”。

富金通金服公司顾客资产负债情况见图8-4-1。

三、企业金融业务“企业对企业”供应链融资

（1）中心工厂财力支援卫星工厂：TCL、创维等皆从事供应链融资业务。

（2）2016年6月起，富金通金服公司由旗下的“富中富”负责供应链融资业务。

四、消费金融业务

（1）视为对员工的照顾：“朋友有通财之义”，富士康集团旗下至少有130万名员工，有些员工有消费者贷款的需求，富士康旗下的小额贷款公司富金富可支持员工，详见表8-4-1。

（2）进可攻，蓝领劳工消费者贷款商机2019年预估1.7兆元人民币，富金富第二阶段才针对集团员工以外人士营业。

五、经营绩效

根据网站“网贷之家”用户“清洗消费金融”的文章，笔者认为富金通对富士康的员工两项贷款业务皆不好推，主因如下：年资浅（未达6个月）的员工多、薪水低（能贷金额低）、消费力低（存款动机强，工厂场内消费机会少）。

富金通金服公司顾客资产负债情况

资产面

· 保险代理公司
· 基金管理
· 资产管理
· 股权投资基金

负债面

· 担保公司
· 小额贷款：2015年8月成立，全称深圳市富金富科技有限公司，资本额1亿元人民币，盼2021年上市
· 租赁

图8-4-1　富金通金服公司顾客资产负债情况

表8-4-1　富士康集团旗下富金通金服贷款业务

针对供应链	对个人：富金富金融网络		
	时间	第一阶段：从2016年12月至今	第二阶段
	种类	对员工	对外界人士
2016年6月宣布，由“富有贷”网络平台负责，针对富士康合格供货公司提供在线申办服务，最高贷款金额100万元人民币，优于银行的融资服务与效率	一、富宝贷：现金贷款 二、富分期	· 单笔：5000元人民币 上限2万元 · 利率：月利率1%以上 · 2017年开放提现功能 消费分期付款，员工购买自有店的3C产品、家电商品等	主要为白领、蓝领等劳工提供消费分期信贷、现金贷款、个人理财等金融服务。月利率1.5%以上。2016年12月13日，《经济日报》报道，跟网络放款中介公司“我来贷”合作（“我来贷”2016年10月起专攻白领、蓝领劳工贷款）

资料来源：《工商时报》，2017年1月9日，A3版，黄欣。2017年6月8日“网贷之家”的文章，作者是“清洗消费金融”。

Unit 8-5 中国大陆网络放款中介业的重挫

2010—2014年中国大陆网络放款中介业蓬勃发展，2014年开始有许多公司倒闭，2015年几乎三分之二的公司出问题，爆发小型的金融风暴，本单元将说明中国大陆网络放款中介产业如何遭到重挫。

一、网络放款中介公司的征信方式

（1）天方夜谭式的征信方式：有些报刊喜欢哗众取宠，常以借款人的网络购物金额，甚至个人社群网站（例如：脸书）追踪人数来核贷。

（2）真正做法：大部分对保、授信核准做法都是实地进行，网络借款中介公司跟小贷公司或担保公司合作，以大学生贷款为例，中介公司必须取得其学生证、成绩单，跟学生父母通电话，核贷后，依公立、私立、学制（硕士班、大学部、二专）核贷金额。一旦违约，便通知借款人家长。2016年5月，《北京青年报》报道，有网络放款中介要求女大学生以手持身份证的裸照为抵押进行借款，一旦无法还款就威胁公布裸照，且借款周利率30%。

二、2015年起产业崩溃

2014年起，网络放款中介公司约两成倒闭，原因主要有二：

（1）网络放款中介公司诈骗占46%：网站以“个人理财商品”名义吸引投资人，以为把钱投入高收益的金融商品，其实是网络“老鼠会”。

（2）投资人提现困难占44%：主要是网络诈贷人太多了，网络放款公司被“诈光了”。

网络放款大都是“高利贷”（利率100%以上），借款人走绝路来借，有借却没能力还，网络放款中介公司找人逼债，引发一系列恶性事件。由于征信费用高，所以网络放款中介公司向投资人收取的网络中介费在出借金额4%以上。

三、网络借款诈骗

由于网络放款中介业竞争激烈，公司越来越接受边缘顾客的申请，再加上假资料很容易买得到（最普遍的是假大学文凭），连官方都不容易验证，网络放款中介公司处于信息劣势，结果是成为诈贷人的“肥羊”。

四、2015年起亡羊补牢（见表8-5-1）

表8-5-1　强化信用管理风险管理

征信方式	信用强化	风险管理
1.人民银行：发信用征信经营执照给公司	1.贷款人向产险公司购买贷款保险	针对工业的中小企业贷款申请进行线上线下风险管理
2.网络贷款中介公司向“信贷工厂”买资料	2.网络贷款中介公司不能提供“保本率”给投资人	

资料来源：宁夏新闻网，2016年5月9日。

中国e租宝倒闭

时间：2015年

地点：中国

人物/集团：丁宁、张敏、钰诚集团

事件：2013年钰诚集团成立网络放款中介网站e租宝，被誉为中国金融服务的新典范。根据新华社的报道，e租宝宣传的预期年化收益率8%~14.6%，但有95%的项目都是假的。非法集资598亿元人民币（约76亿美元），涉及投资人约90万名，未兑付金额380亿元人民币。这是中国历史上很大的庞氏骗局案。2016年12月15日，北京市检方对“e租宝”网络放款中介公司涉嫌编造虚假融资租赁项目，非法吸收存款相关人等提起公诉（摘修自《经济日报》，2016年3月3日，A12版）

中国大陆网络放款中介公司的借款诈骗

时间：2015—2016年

地点：中国

人物：赖锦宏，《经济日报》特派记者

事件：网络放款中介公司为了冲业绩，降低贷款征审门槛。让借款诈骗人有机可乘，2014年的骗贷者大多是原来各大银行的信用卡“卡债族”，以卡养卡，后来发现，喊着普惠金融的网络放款中介公司是肥羊，买一套借款人假资料只需2000元人民币，就可骗贷20多万元人民币。钱一到手，人就消失，成为永久呆账。第一批诈贷成功者，就开始在论坛、贴吧上分享如何快速取得网络贷款的“情报”，很快这种“情报”变成另一种赚钱的生意。有人组QQ群，在群里分享成功经验，想要入群的人要交500元人民币的“学费”，3000人群一满，他就获利150万元人民币。有些利用“微商讲堂”在网络频道上为想贷款的人“上课”，一堂课收30元人民币，一场下来就获利近万元人民币。“讲师”的工作是每天不断去测试新的网络放款中介公司，写下新的贷款攻略，方便再去贩卖“情报”。这些“讲师”帮学员获得贷款后，大多是抽取贷款的一成服务费。据一家财经周刊记者调查，这样的QQ群有数百个，成为“助贷群”者有数万人。一些网络放款中介公司没能阻挡过去有金融信用问题者，只要有实名制手机和身份证就能贷。到了假日，更刻意放低门槛，让更多人贷款以“冲量”（摘修自《经济日报》，2017年1月15日，A9版）

Unit 8-6 中国台湾的网络放款中介公司

2016年3月，台湾经济事务主管部门接受网络放款中介公司的设立申请，三家公司陆续成立，基于台湾的网络放款中介公司前景小，本书用本单元简单说明。

一、市场定位

用个比喻，台湾的租赁公司大都是承担银行“不能做”（例如：营业租赁）或不想做（例如：存货融资）业务，所以租赁的利率比银行贷款利率高。

银行与网络放款中介公司的不同定位详见图8-6-1。

（1）银行的威胁。银行其他消费者贷款利率3%，且申请信用卡门槛低（20岁，且有工作，同一公司资历6个月以上）。

（2）网络放款中介公司。由表8-6-1可知，放款中介网站向借款人收3%的手续费，再加上8%的借款利率，合计至少11%，比银行信用卡平均循环利率10.66%高，远高于其他消费者贷款的3%。这逼得网络贷款中介公司市场定位在银行授信边缘人。

以此来说，网络贷款中介公司的对手不是银行，是小额贷款公司、当铺和地下钱庄。

二、三家公司的经营方式

由表8-6-1可知，三家公司经营方式大同小异。

（1）授信的征信审查跟银行一样：由于网络放款中介公司不是银行，无法向联征中心连线查询贷款申请人的信用记录，所以请贷款申请人自己向联征中心申请“个人”或“家庭”信用报告。

（2）宣传词远大于经营绩效：台湾的网络放款中介公司的经营阶层的发言大都“高大上”，经营绩效却“丑媳妇不敢见公婆”，没有公布一年的贷款余额。

银行与网络放款中介公司的市场定位

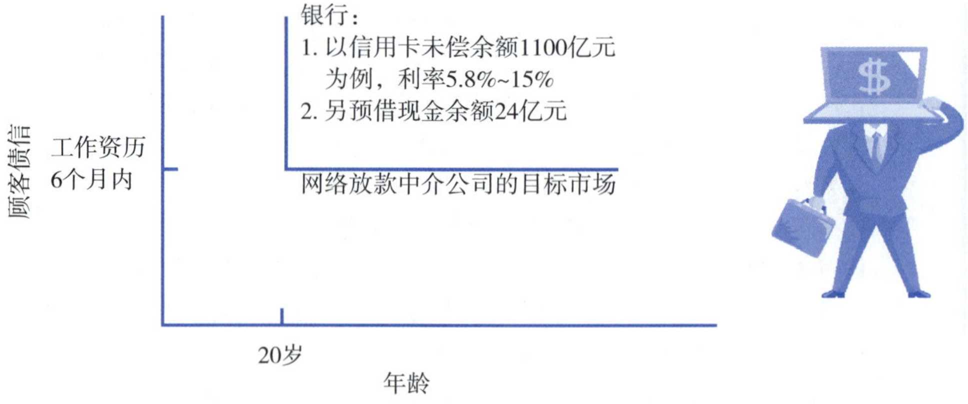

图8-6-1 银行与网络放款中介公司的市场定位

表8-6-1 台湾三家网络放款中介公司

项目	乡民贷	LnB信用市集	哇借贷
成立日期	2016年3月22日	2016年4月17日	2016年5月
一、资金来源			
1.公司	乡民贷股份有限公司	瑞保网络科技	汉唐光电（2404）转投资
2.资本额	1111万元	1000万元	1.89亿元
二、核贷			
1.投资人	台湾居民，满20岁 投资人为进阶会员，一般会员通过购买债权的方式，成为投资人	满20岁的台湾居民 投资人为条件式受益人	满20岁的台湾居民WOW账户与“太阳神第三方金流”账号（网络代收代付）
2.借款人	满20岁的台湾居民 要求借款申请人自行提供联征信用报告，还会详查证件及实际照会，甚至会通过社群网络系统进行身份查询。聘请东吴大学会计系教授兼商学院研究发展中心主任沈大白领导风险控制小组	20~55岁 ·借款人为信托委托人。借款人必须出具联征资料及对于贷款人视讯照会等，以防治洗钱与四步骤征信。 ·借款人须提拨准备金。准备金率至少1%、手续费至少1000元，假设借款人借10万元，信评等级最高的A级客户，只能拿到9.8万元。一旦发生坏账，网络放款中介公司会从准备金中代偿，A级客户可享100%的保本率，不算中介费的话，视同可全额拿回本金。按市场机制，随时调整保本率	满20岁台湾人、有固定工作（6个月以上薪资或在职证明）、WOW账户与“太阳神第三方金流”账号
3.投资人利率	4%~20%	未公布	固定利率
4.借款人借款利率	0~19.92% 平均3.2%~8.2%	2.2%~19% 共15级，另有保本率设立信托账户，不经手金流	最高月利率1.605%
三、向“进阶会员”收费			
1.对出借人	收取会费	—	—
2.对借款人	3%手续费	—	—

资料来源：台湾地区金融监管机构。

Chapter 9

银行策略管理

Unit 9-1 从Bank3.0到Bank4.0

你有没有玩过日本索尼互动娱乐公司的电视游戏机Play Station（简称PS）？有些20世纪70年代出生的人，从PS1玩起，一直玩到2013年11月PS4（第四版PS）。2016年10月，索尼推出PSVR，很多人还兴致很高地玩。许多产品随着技术进步，约四年大改款，称为第几“版”（或代），苹果公司手机iPhone从2007年起，每年出一版，2016年9月iPhone7，2017年9月iPhone8。长江后浪推前浪，对于历史沿革，在探索频道中《发明细说从头》（*Origin*）追本溯源，以启发人们的思考能力。同样地，本书也如此；在进入本题之前，我们就近取譬以四次工业革命来比喻科技对银行经营方式的四次影响。关于中国大陆与台湾地区对Bank2.0、Bank3.0的用词与差异，详见表9–1–2。

一、从四次工业革命谈起

一个国家的经济中的产业结构，依时间顺序陆续发展农业、工业与服务业。工业革命指的是工业中生产方式大幅改变，详见表9–1–1。

2013年起德国政府推动“智慧制造”（smart manufacturing）政策，以智慧机器人（intelligent robot）取代劳工，以因应少子化、老龄化所衍生的缺工问题。由表9–1–1可知，此方式可说是第四次工业革命，所以简称“工业4.0”。

二、从第一代到第四代银行

我们的分类、断代方式。2015年起，第三代银行这观念在中国台湾成为显学，许多人都引用外国作者的断代方式。我们从工业革命断代方式来看银行经营方式，因此分期方式如下：

第一代银行跟第一次工业革命对应。第一次工业革命主要是以蒸汽机产生动力，驱动纺织机（1785年）、煤矿送煤石机（1820年）、交通工具（1807年汽船、1825年蒸汽火车），以机器力取代兽力（马牛）、劳力。第一代银行以自动柜员机取代银行职员。

其他同理可推，详见表9–1–1。

三、没什么“元年”这回事

蒸汽机是谁发明的？《百万小学堂》节目的标准答案是1769年英国人詹姆斯·瓦特；探索频道《发明细说从头》指出瓦特只是改良。大部分发明是渐进的。

自动柜员机（Automated Teller Machine,ATM）

时间： 1967年6月27日
地点： 英国伦敦市北部
人物： John Stepherd–Barron
事件： 发明ATM

表9-1-1 工业革命与银行经营方式进程比较

阶段	Ⅰ	Ⅱ	Ⅲ	Ⅳ
工业革命	第一次 1760—1830年以蒸汽机产生动力来驱动机器取代兽力	第二次 1870—1914年，电力等带动家电等，工厂机器改由电力驱动	第三次 1958年至20世纪90年代，计算机带动的计算机化	第四次 2013年起机器人、大数据、物联网引导的智慧制造，取代劳工
银行	第一代（Bank1.0）	第二代（Bank2.0）	第三代（Bank3.0）	第四代（Bank4.0）
时间	1967年6月起	1989年起	2009年起	2030年起（设想）
技术	自动柜员机取代分行劳力密集行员	Web1.0：拨号上网 （2001年起） Web2.0：1M频宽	4G手机逐渐兴起，再加上人工智慧Web3.0：10M频宽	网络银行凌驾实体分行、自动柜员机

表9-1-2 大陆和台湾两地对Bank2.0、Bank3.0的用词差异

两地用词	Bank2.0	Bank3.0
一、大陆用词	直销银行（direct sale bank），比较像实体零售公司的网购业务 1. 2013年9月，北京银行，第一家 2. 2017年7月，有93家银行	互联网银行 （Internet Bank）
二、台湾用词	银行的网络银行业务 （internet banking）	网络银行

2016年数字银行“元年”

（1）汽车是谁发明的？台湾地区的《百万小学堂》等节目标准答案是1878年德国人卡尔·奔驰；《发明细说从头》节目追本溯源，认为在1780年左右，便有蒸汽引擎的汽车，只是不稳定，没有大量生产。

（2）大部分的事物都是循序渐进的发展，很难说哪一年、哪一国、哪一个人发明的。同样地，数字银行是从第二代银行（个人计算机版网络银行）升级到手机版的第三代银行。各银行针对12项业务陆续推动，很难斩钉截铁地说2015年或2016年是台湾地区的数字银行“元年”。

（3）以永丰银行为例，2010年成立数字金融处，大抵比欧美银行落后一两年。

Unit 9-2 数字银行经营方式对美国银行业的冲击

世界太复杂，长期的现象常是多个原因交互作用影响的结果。2008—2016年，欧美的银行分行数目大减，如同瞎子摸象般，摸到象尾巴的就说“大象像绳子”。同理，由于数字科技的推动，数字银行越来越多，机器取代银行职员，所以分行一家一家关。但这是一时环境所致，等到欧美经济恢复正常、利率回到长期水平（例如：美国联邦利率2.5%），银行数目又会再成长。

一、科技取代劳力密集员工

科技取代劳力密集员工：工业4.0会逐渐取代部分劳工。

（1）被机器人取代的劳工成为“数字难民”（digit refugee）：2016年1月23日，《金融时报》报道，商用软件公司Salesforce公司总裁班尼诺夫（Marc Benioff）说明，人工智能创造许多“数字难民”。微软公司总裁纳德拉（Satya Nadella）说，劳工成为科技发展之下的牺牲品而助长民粹主义，是“科技业2016年学到的最大教训”。微软及IBM都开始强调，人工智能将“补足”人力缺失，而不是取代人力。

（2）所得分配不均情况恶化。IBM总裁罗美蒂（Ginni Rometty）表示，“科技助长贫富不均并使财富聚集到少数人手中”是2017年最重要的议题。

（3）补破网。微软创办人比尔·盖茨表示：“科技业必须思考如何通过教育等方式来维护劳工权益，也应检讨过去转移就业市场的做法是否恰当。”（《工商时报》，2017年1月24日，A8版，陈颖芃）

二、媒体必须哗众取宠才有卖点

在第1章中，谈及网络金融业对金融业的替代“威胁”，本单元将讨论数字银行业务的普及率对银行业员工的影响。

（1）历史解读。许多报刊喜欢引用数字，例如：2015年下半年，欧洲十大银行裁员13万人，超过前两年之和。本书的解读是，这是欧洲中央银行“负利率政策”导致银行放存款利差缩小，再加上经济衰退，借款者少；许多银行踩到“欧债地雷”，只好断尾求生。欧美在2016年景气回温后，分行数、员工数皆增。

（2）未来预测。数字银行的普及率会极慢，例如：欧美在2030年的数字银行普及率最多达到三成，所以银行分行数目不会大减（从一般分行转简易分行），员工数不会大减四成以上。

三、以美欧两家银行为例

数字银行的普及的确会造成“机器取代人工”，由图9-2-1可知，欧美两家银行是典型例子。以银行的外汇交易部来说，换汇、买汇等作业方式很机械化，最容易被机器取代。

美国银行和意大利联合信贷的裁员计划

美国银行	意大利联合信贷（UniCredit）
消费金融事业部有6000万顾客、贡献美国银行营收和净利一半以上 ·2010年由6100家分行减至2016年3月4700家 ·员工数10.84万人减至6.84万人，未来为6万人以下，一向是“遇缺不补” ·手机银行顾客2000万人，增聘抵押贷款业务代表、小企业金融业务专员及个人投资顾问等，以强化营收	2016—2018年联合信贷投资12亿欧元至数字领域，只需要数分钟就能通过网络提供贷款，并利用大数据了解顾客需求，提供更多客制化产品。裁撤不赚钱的事业和裁员1.82万人

图9-2-1　美国银行和意大利联合信贷的裁员计划

资料来源：《工商时报》，2016年6月17日，A15版，吴慧珍。
《经济日报》，2015年12月15日，A8版，谢汶均。

欧美大型银行裁员首挑外汇部

时间：2015年

地点：英国伦敦市

机构：研究机构联盟发展（Coalition Development）公司

事件：外汇市场单日交易金额规模5.3兆美元，逐渐朝自动化转型，导致所需员工和交易量减少；2000年起，银行业者缩减支出，纷纷裁撤业务和交易职缺，其中外汇部灾情最惨烈；2015年欧美前十二大银行裁撤5%的基层外汇交易员，比率居各部之冠（《经济日报》，2016年3月23日，A8版，刘品佳）

2030年美国一半劳工工作被机器（人）取代

时间：2017年7月20日

地点：美国印第安纳州

机构：波尔（Ball）州立大学商业与经济研究中心

事件：预估美国半数工作可能被机器人取代，其中约25%的工作可能流失至海外。最可能被机器人取代的工作通常是低薪职务，例如：资料输入人员、电话营销人员和手工缝纫工，这些工作平均年薪不到3万美元

Unit 9-3 数字银行经营方式对中国台湾银行业的冲击

把镜头转到台湾，银行业实施数字银行业务处于导入期，所以对银行业的负面冲击小。大约2020年起，才会“有感”。

一、银行业面临“分行数衰退”

银行分行的数目年年小幅减少，原因详见表9-3-1。

（一）裁撤

- 2014年，撤11家；
- 2015年，撤23家，占银行分行数0.66%；
- 2016年，撤24家，外资银行占19家。

（二）新设

银行新设分行的标准逐渐降低；2016年新增分行约10家，每两三天就会看到一家分行“位移”，那是分行搬家。

（三）设立小于裁撤

新设分行数目赶不上分行消失的速度，2016年银行分行数3468家，2017年4月3429家。

二、台湾银行的预估

以分行数目第四（163家）的台湾银行来说，2016年2月提出预估，认为将减少分行员工数，详见图9-3-1。

银行申请设立新分行的资格

时间：2017年7月18日
地点：中国台湾
机构：各银行、台湾地区金融监管机构银行事务主管部门
事件：台湾地区金融监管机构银行事务主管部门每年5月会开放申请，申请门槛是近三年平均权益报酬率要达整体银行平均权益报酬率的1倍以上，由于银行获利年年创新高，2016年的申请门槛是权益报酬率达9.21%以上，有18家银行合格；申请次数放宽至两次（每年的5月、11月）；偏远乡镇申设时点不受限制，银行只要觉得偏远乡镇有需求，就随时可以提出申请。根据台湾地区金融监管机构统计，2017年底前开放的额度有22家分行

台湾中国信托商业银行的分行会一家一家开下去

时间：2017年8月21日
地点：台湾新北市新庄区新富分行
人物：总经理陈佳文
事件：台湾中国信托商业银行统计显示，过去一年94%的交易通过自动化通路完成，分行的临柜件数近10%成长，尤其是40岁以上的人，还是希望到分行来。银行全面网络化的缺点是发生争议、纠纷时，无法面对面解决，给消费者带来不好的体验（《经济日报》，2017年8月22日，A2版，陈怡慈）

表9-3-1 台资/外资银行裁撤分行情况

项目	2015	2016
裁撤分行数	23家	24家
一、外资银行	12家 （1）渣打：6家 （2）汇丰：4家 （3）澳盛：2家 2007年汇丰银行标购台湾中华商银后，分行数47家，由于有些分行距离过近，基于成本考量才裁撤	2007/2016年分行数 （1）花旗：66/55家 （2）渣打：86/73家 （3）澳盛：22/10家 （4）星展：43/42家 （5）汇丰：47/32家 星展、澳盛、渣打银行经营绩效从2007年起持续衰退
二、台资银行	11家 裁撤分行原因，合库银行发言人胡光华表示，主要还是该行分行数目太多，在数字银行的趋势下，有些分行效益低，必须整并	—

资料来源：《经济日报》，2016年4月29日，A14版，韩化宇。

台湾银行对分行数的预测

项目	台湾银行
分行数	员工数7200人，在分行服务员工约5600人，以初期10%人力缩减的规模估算，人数约减少560名，平均每家分行减少3~4名职员
授信部	扩增贵宾理财咨询及综合服务专区。数字银行发展趋势下，银行信息和数据分析、营销人员的需求成长率28%，以此比例估算，新增信息软件与数字金融人员需求将近百人

图9-3-1 台湾银行对分行数的预测

资料来源：《工商时报》，2016年2月11日，A8版，孙彬训。

Unit 9-4 16家金融控股公司经营绩效

分析数字金融对金融业的影响之前，必须先说明从2002年起，台湾地区允许金融控股公司成立，扮演“投资”“母”公司角色。

一、金融控股公司的分类

16家金控公司（只有台湾金控没上市）可分三类，详见表9-4-1。

（1）保险业金控公司3家：以寿险公司为主的金控公司有三家，旗下寿险公司跟银行的获利贡献约是2∶1。

（2）银行业金控公司10家：银行类金控公司占金控公司数目的62.5%，这本来就很自然。

（3）其他3家：有证券业2家、票券业1家。

二、市场结构

以16家金控公司来说，依营收、净利两基准来看，皆是寡占市场。

（1）以营收来说，以银行来说，营收前五大银行市占率45%。

（2）以净利来说，资产前三大金控公司（国泰、富邦、台湾银行）占净利的44.7%，资产前五大金控公司（前三大加合库金、兆丰金）占净利的51.37%。

三、金控公司发展趋势

（1）国际化。是配合“新面向”政策往东南亚设点，境外净利占20%，但其中的80%是境外业务分行（OBU）赚的。

（2）从金控公司在数字金融方面的发展看中国台湾金融业的发展趋势，尤其是银行业，在研发支出方面，占营收1%以下，依定义，这是“低科技”作业，研发密度是指研发费用占营收比例，1%~3%的是中科技行业，3%以上是高科技行业。公司不愿花大钱拼研发，在金融商品、业务技术上只好仿外国先进做法，内部成长速度缓慢。在外部成长方式，中信金控等积极收购外国金融业。其余金控银行大抵认为“行船走马三分险”，只在本地经营。

表9-4-1 2016年台湾金融控股公司经营绩效

金控公司	营业收入/亿元	分行数	总资产/兆元	净利润/亿元
一、银行业	开发金控旗下凯基银行，台湾金未上市，旗下台银人寿亏损26亿元			
1.台湾银行	—	163	4.77	176.49
2.合作金库银行	141.27	270	3.074	106.77
3.兆丰银行	223.87	107	2.9	172
4.台新银行	113.40	100	2.871	93.7
5.第一银行	172.95	189	2.268	156
6.中国信托商业银行	279.29	150①	2.246	166
7.华南银行	140.92	186②	2.166	122.75
8.永丰银行	81.84	128	1.466	55.37
9.玉山银行	131.97	136	1.38	115.37
10.开发银行	59.7	51	0.652	28.27
二、寿险	国泰金旗下国泰世华、富邦金旗下台北富邦			
1.国泰	480.9	164	6.074	134
2.富邦	484.21	126	4.587	125
3.新光	50	104	2.543	38.74
三、其他	元大加大众（2018年合并）			
1.元大	134.57	150	0.866	66.81
2.日盛	2	—	0.246	—
3.国票	21	—	0.219	—

①② 2017 年数字。

Unit 9-5 金控公司的公司策略

金融控股公司，只是“投资”旗下子公司，本身没有营业部门，所以有关金控公司的报道大部分偏重人事、投资面。面对数字金融的发展，本单元以三家金控公司（两家以寿险为主业，一家以银行为主业）来说明。

一、组织设计

由表9-5-1可知，金控公司在“数字金融”的业务的组织设计如下：

（1）大都是项目办公室：项目办公室类似政府的“委员会”组织。

（2）办公室的召集人大都是小老板：项目办公室的召集人大都是金控公司家族的第三代子女。

数字金融金控公司是董事长家族第三代最热门的新较劲舞台，例如：新光金控成立数字金融小组，由新光金控董事长吴东进的小女儿吴欣儒领军，远东集团董事长徐旭东让儿子徐国安担任创新长。数字金融需要摸索和创新，第三代比起管理者，敢冲与不怕犯错的筹码比较多。（摘自《商业周刊》1446期，2015年8月，第41页）

二、成长方向

依本书第3章中把“金融科技”分成两个行业来分析金控公司的成长方向。

（1）数字科技：例如信息安全中的生物辨识等。

（2）数字金融：大部分偏重手机支付（包括汇兑）、机器人理财等。

三、成长方式

集团成长方式分成两种。

（1）内部成长：主要是由旗下的银行等成立“部”（一级单位）、“处”（二级单位）发展；但中信银行“处”比“部”大。

（2）外部成长：主要是由金控公司旗下创投公司去投资金融科技公司，到第二阶段，再由银行等出面，此时已可支援数字银行业务。

宝佳与合库金控成立网络贷款中介公司

时间：2017年8月14日

地点：中国台湾台北市

人物：《工商时报》记者朱汉仑

事件：报载宝佳公司找合作金库金控公司合资（10亿元中合库金控占40%）成立网络贷款中介公司，合库金已呈案给最大股东财政部，合库金旗下的合库银行在放款市占率第一，在授信的征信方面颇强，这是宝佳公司找合库金控的原因

表9-5-1　三家金控公司在数字金融的管理

管理	中信金控	国泰金控	富邦金控
组织设计	2016年4月 中信金控数字金融处 处长苏美勋 2016年6月开发金控创新科技金融处副总周郭杰	2015年10月成立数字暨数字发展中心（简称数数发），国泰世华数字金融部由蔡宗翰（国泰金控董事长蔡宏图的儿子）领军	2015年11月成立“创新科技办公室”，以“科技金融为基础，结合相关业务，推展创新科技之客户服务导向”为目标，专注在电子支付、大数据库、生物识别、异业结盟四领域。创科办总召集人蔡承儒（金控集团副董事长蔡明兴的长子），另，企业安全督导副总经理李相臣执行，编制为十多人
经费	“数字方舟计划”10亿元资金来自金控下的银行、创投、证券、人寿四家子公司，以金控公司的数字金融处作为单一窗口	—	—
成长方式	1.扮演策略投资人角色。提供各种金融科技茁壮所需的金融产品转介海外业务合作机会 ·跟育成中心“Garage+”及创业辅导协会（AAMA）合作，提供经营管理资源 ·开放金控“开放应用程序界面”平台给潜在投资对象研发新产品，希望培植数字金融人才，共创平台经济，打造金融科技式生态系（整理自《经济日报》，2016年4月8日，A5版，陈莹欣） 2.2017年1月24日，跟以色列金融科技育成中心The Floor成为合作伙伴	1.参加加速器。2016年12月29日加入美国加州硅谷知名创投加速器平台Plug and Play，并成为“Fintech主题”核心会员。该平台事业版图跨及24国，自2006年创立以来募集35亿美元以上，例如第三方支付平台贝宝、在线储存服务公司Dropbox及放款俱乐部（整理自《工商时报》，2016年12月30日，A1版，魏乔怡） 2.产学合作 3.跟金融科技公司合作 4.直接投资	—

Unit 9-6 玉山金控公司的数字银行进程

玉山金控旗下拥有银行、证券、创投等子公司，核心子公司玉山银行为主要获利来源，2016年全年为母公司赚取净利115.37亿元，成长率2.9%。本节我们挑选玉山金控公司来论述是因其得奖无数、具有高曝光度（因此资料可参考性高）。玉山金控公司在数字银行的管理活动见表9-6-1。

一、目标：应用程序界面银行

2016年4月4日，玉山银行董事长曾国烈表示：

“玉山银行打造应用程序界面银行，以便让消费者所到之处（例如：商店）通过手机，皆可连接到银行的服务。”（摘修自《经济日报》，2016年4月5日，A12版，吴曼筠）

通过塑造“场景金融”（sense finance或scenario-based financial service），银行“从一处场所变成一种行为”，银行的服务无所不在（ubiquitous）。

“应用程序界面”（application programming interface,API）由持有者提供链接，让他人使用。举例而言，玉山银行跟知名美妆商店86小铺合作“揪好卖”平台，消费者只要推荐平台上的商品给亲友，并售出此商品，即可获得反馈金。该商店善用口碑营销，利用亲友间滚雪球般的传播能力，达到贩售目的，这是由玉山银行提供的应用程序界面的链接，让消费端连接到支付工具，交易过程顺畅。

二、经营绩效

玉山金控、玉山银行得奖无数，以两个2016年的例子说明。

（一）公司形象

1994年开始，《天下》杂志以前瞻、创新、营运绩效等十大指标，在各个产业中选出标杆企业。1996—2015年银行业“第一最佳声望标竿企业”都是花旗银行，2016年调查的23个产业中，玉山银行升为第一。

（二）《银行家》杂志

2016年11月8日全球知名的财经杂志《银行家》（*The Banker*）颁发2016年“中国台湾最佳银行奖”给玉山银行，由玉山金控暨银行总经理黄男州出席领奖。

玉山金融控股公司事业版图

成立时间：2002年1月28日

子公司：分成金融业三个行业（银行：玉山银行，在柬埔寨有“联合商业银行”持股比例100%，12家分行。保险：玉山保险经纪人。证券：玉山综合证券、玉山创业投资）

表9-6-1　玉山金控在数字银行的管理活动

管理活动	玉山金控的做法	说　明
一、目标	玉山金控认为，企业经营的最终目的，在于与社会永续共存，追求让世界更美好；玉山金控总经理黄男州表示，企业社会责任是玉山金控对于这片土地许下的承诺；2015年提出总资产规模三年力拼2兆元的目标，2017年可达标	通过有目的、有系统、有组织的规划，实现玉山金控企业社会责任。从公司本身做起，在经济、社会及环境等方面，结合金融专业推动创新力，发挥团队合作凝聚整合力，鼓励社会参与扩大影响力，为社会付出爱与关怀
二、策略	“3i策略”： 1.创新力（innovation）是以不一样的创新思维突破既有限制 2.整合力（integration）是立足更高的思考点，从“线”“面”的方式思考，进而串起每个“点”，为社会创造更大的价值 3.影响力（influence）是玉山金控从自身做起，期望能抛砖引玉，感染更多的公司让社会大众共襄盛举，相信“一个微笑可以牵引另一个微笑，一份爱可以牵引更多的爱”	在关怀顾客方面，以优质的顾客服务为核心，发展金融创新商品和服务，并强化信息安全，用心守护顾客资产与权益，致力提供便利与安全的金融服务： 1.在便利性上，结合数位科技与跨业合作伙伴，打造支付生活圈与数字金融服务 2.在安全性上，建立全面质量管理文化，重视风险管理，精进个人资料保护，通过ISO27001信息安全管理系统认证，并建立市场重大事件因应机制，用心守护顾客资产，自2012年起，巨大机械及各地方政府合作推广YouBike，提供金流等相关支援，结合玉山为悠游联名卡最大发卡行的优势，鼓励顾客共同响应，并持续扩大影响力
三、组织设计	二级单位：成立数字金融处； 2017年成立“创新实验室”	2016年2月中旬，玉山数字分行（i-branch）开业
四、奖励制度	提供高于业界的优渥待遇	在关怀员工方面，为了培育管理人才，玉山金控跟台湾大学高阶管理教育发展中心SEED合作，于2015年完成玉山卓越学院领导梯队培育班共三期的课程，历时两年半，共160位玉山中高级别主管参与，约300位主管选修
五、企业文化	玉山金控长期关注节能减排降碳与生态保育，整合跨业合作伙伴，结合本业开拓经费来源，鼓励社会大众参与，以创造持续运作的正向循环； 2015年玉山金控成为“赤道原则”金融机构会员，跟客户在项目融资放款上共同努力，在促进经济成长的同时，也能用智慧、策略兼顾社会与环境永续，在生态保育方面，发行玉山台湾黑熊认同卡，通过认同卡顾客的爱心，提供经费支持，并跟台北市立动物园、黑熊保育协会等共同推广动物保育	在公司治理方面，玉山自成立之初即建立诚信经营与专业管理者领航的企业文化，精进公司治理制度及作为，提升信息揭露透明度，通过多元管道跟各利害关系人沟通，以兼顾利害关系人之权益 2007年玉山成立公司治理暨提名委员会，并建立独立董事制度，由专业与声望兼具的专家学者担任独立董事，组成审计委员会强化董事会职能；创下台湾金融业首家入选“道琼永续世界指数成分股”、连续三年入选“道琼永续指数”金融业纪录
六、用人	因应金融科技的发展趋势，近年来延揽的数字金融人才来自各领域，包括网络社群经营、网络、有顾客体验经验者	职位相对较多样化，包括数字营销专才、社群经营、数字分析、信息科技等
七、领导形态	玉山银行坚持诚信正直、清新专业的核心价值	2015年黄男州荣获香港《财资》（*The Asset*）亚洲最佳金融业执行长
八、领导技巧	只要是对顾客有利的事，就应该是银行要做的事	2016年4月底外资持股比例56.01%，为全台湾金控公司最高

资料来源：《经济日报》，2016年11月23日，A18版，曾桂香。

Unit 9-7 银行转投资金融科技公司

银行业净利高，财力不是问题，对本行业所需技术大都采取内部成长方式，针对金融科技也是如此，针对信息技术（例如：大数据分析）常是“找人来试试看”。碰到太新的超过银行人员的经验值的技术，就采取“捡现成”方式，以在前院种花类比，有些是买花苗，有些是买成熟花，有些是投资种花场。

一、法令转投资限制

政府为了健全银行经营制度，以银行法等法令对银行的金融、直接投资皆有比率限制，在这大天花板下，2016年台湾地区金融监管机构对银行投资金融科技公司又有设限，详见图9-7-1。大型银行净值常在2000亿元以上，金融科技公司大都未上市，“估值”顶多在10亿~20亿元，银行则全吃，是大鲸鱼跟小虾米的差别。

二、银行谨慎

由表9-7-1可知，银行对金融科技公司的投资案例凤毛麟角，原因如下：

（1）国外的案源不成熟：金融科技仍在发展中，网络金融公司处于起步状态中，要找到好案子不容易。

（2）台湾的案源太少：台湾在金融科技的公司数目很少，大部分的新兴公司都集中在手机游戏等进入门槛低的行业，金融科技的进入门槛（人才数目、资金额、技术难度）较高。

三、2020年以后才可能云开见月

由于金融科技的运用需要银行试办等原因，从开始推行到全行实施，须耗时1~2年，所以银行在金融科技的投资成果，约于2020年开花。

以色列有400家金融科技公司

（1）政府：以色列政府在立法及税率方面支持新创公司，2016年合并首席科学家办公室（Office of Chief Scientist）及工业研发中心（MATIMOP），成立以色列创新科技部（Israel Innovation Authority），专责扶植研发产业。

（2）400家以上金融科技公司：德勤有限公司（Deloitte&Touche）2016年报告指出，以色列聚焦在信息安全、了解顾客、机器人理专等领域，以色列有200家以上的资安公司，资安产业的出口总额一年35亿美元。从以色列“发迹”后，业务扩展至全球，如社群投资平台eToro、跨境收款平台Payoneer等。

（3）The Floor：以色列第一家以金融科技为核心项目的金融科技育成中心，坐落于特拉维夫（Tel Aviv）市股票交易大楼，联结以色列400家金融科技公司资源。国际金融机构如巴克莱银行（Barclays）、花旗银行（Citi）及维萨（VISA）在以色列都设有创业加速器。

台湾地区金融监管机构对金融业金融科技公司投资限额

金融业

金融业	投资限额
金控	认定相关，最高可持股100%，投资金额未设上限
银行	认定相关，最高可持股100%，合计不逾银行净值40%
保险	认定相关，最高可持股100%，合计不逾保险公司净值40%
证券	可在净值40%内投资

图9-7-1　台湾地区金融监管机构对金融业金融科技公司投资限额

资料来源：台湾地区金融监管机构。

表9-7-1　银行对金融科技公司的投资

银行	转投资	收购或合并
一、台北富邦银行	2016年11月2日，斥资1200万英镑投资英国Nutmeg公司，台北富邦银行执行副总黄以孟表示，借由认购增资股权，进行策略合作并由技术移转，引进机器人理财业务，共同开辟理财市场（《经济日报》，2016年12月23日，A12版，韩化宇）	2011年在英国，Nutmeg公司成立，是英国最大机器人理财公司，管理资产约6亿英镑，顾客数2.5万，受英国金融行为监管局（FCA）监管，提供的金融服务被归类为机器人理财服务；服务诉求是利用金融科技通过网络网页，让一般小额顾客享受到以往只有高端顾客才能享有的全权委托代操服务，其投资标的为全球各类型证交所股票指数型基金
二、玉山银行	·投资“金财通”公司2.24亿元，持股比例64% ·投资“云端生活家” ·玉山金控旗下玉山创投投资风尚数位公司	这是金融科技在零售业收付的运用
三、第一银行	2016年3月29日，跟宏志科技公司合资5000万元，成立腾云科技服务公司，一银持股40%	—

Unit 9-8 银行在数字银行业务的任务编组与企业文化

新科技造成“经营方式”的改变，银行的董事会、总经理在组织设计、企业文化皆需改弦更张。

一、任务分组

银行碰到跨领域等业务时，在“经营”“管理”两个阶层大都会设立委员会式的协调组织来“会诊”。

（1）经营层的董事会下设数字银行委员会。

（2）管理层的总经理下设项目委员会：由图9-8-1可知，几家公股银行各成立一些项目小组，针对金融科技等进行分工。

（3）分行的功能逐渐萎缩成营销据点。根据台湾中小企银忠孝分行钟志正对银行业的观察，他认为大趋势是越来越多的分行业务（例如：授信案的审核）会换到地区或总行作业中心，最重要的是授信风险管理，其次才是成本考量。

二、企业文化：银行变科技公司

星展银行全球创新长（Chief Innovation Officer,CIO）克诺斯（Neal Cross）接受《天下》杂志专访时说：“我不知道未来银行会变怎样，但我知道会跟现在很不一样。我们能做的是，让银行文化变得像科技公司，才能快速适应变化。”2014年由星展银行总经理高博德领军，启动数字改革。跟新加坡政府一起办黑客松，培育新创小组，在银行内部推动设计思维（Design Thinking）的训练，希望塑造星展“解决问题”的文化。“我们让银行员能像创业家一样思考”。克诺斯观察，过去星展开会，有人提出疯狂的想法时，马上有主管会说“不”，但现在情况完全不同，主管会改口说：“那我们来试试吧！”（摘自《天下》杂志，2016年1月20日，第101页）

台湾中国信托金融控股公司事业版图

成立时间：2002年5月17日

地址：中国台湾台北市南港区经贸2路168号

标语口号：We Are Family

银行业：台湾中国信托商业银行

保险业：台湾人寿

证券期货业：台湾中国信托综合证券、创业投资、资产管理、证券投资信托

公股银行在数字银行业务的委员会

银行	说明
一、台湾银行	两个项目：改善消费金融顾客关系管理效能暨大数据建置的规划，以因应精准营销需求，建置顾客行为资料探勘模型 1.新建统计分析工具与预测模型、大数据顾问服务 2.语意层调整、新增资料源，扩增大数据资料储存与处理平台、客制化资料市集
二、华南银行	成立区块链项目小组，运用区块链技术，开发出数字价值传递与验证的服务H NOTE。这是债票券交易实验环境，实时传送债票券的买卖及交割信息，并经51%获准加入的节点进行验证后完成交易，利用手机扫码QR Code后，直接查询债票券交易结果
三、第一银行	2016年初，成立大数据、区块链、人工智能、金融科技四项专案小组，跟台湾大学金融科技暨区块链中心合作
四、彰化银行	跟金融科技公司讨论金融科技大数据平台合作方案

图9-8-1　公股银行在数字银行业务的委员会

资料来源：《工商时报》，2016年9月26日，A8版，孙彬训。

台湾银行2017年提升服务质量的计划

时间：2017年1月9日

地点：中国台湾

机构：台湾银行

事件：遵照“政府服务跃升方案”的计划架构，如表9-8-1所示

表9-8-1　“政府服务跃升方案”计划架构

分类	策略	策略细项	做法	期限	执行单位
基础服务	服务友善	网络使用便利性	例如：网页设计、搜索工具	经常性办理	信息处、企划部、电子金融部

Unit 9-9 银行的数字组织设计

公司的新业务的组织设计跟婴儿长大成人一样，都是逐年成长的，数字银行业务亦是如此。

一、第一阶段：2014—2015年“数字金融处”

在引进数字银行业务的前期阶段，各银行是先设二级单位数字金融“处”（台湾中国信托商业银行“处”比“部”位阶高），小成本地找两家分行设立“数字银行专区”试点。关于银行在数字行业务的组织设计举例，详见表9-9-2。

以永丰银行为例，随着到分行的顾客减少，永丰银行认为，未来电话客服弥补了人的温度。2016年成立500人的空中分行（即表9-9-1的电子金融处），占全行人数一成。除了跨售、客服，还包括新空中理财和云端开户（ToGo）行员。

（1）2015年5月的在线业务：2015年5月上线的云端开户服务，民众在线预约，1小时内专人联系，24小时专人到指定地点服务。ToGo团队工作时间有弹性，曾深夜出动帮800人开户。

（2）永丰银行商品总督导陈亭如说，把客服当虚拟网络的替代品，会觉得它贵，但看成分行的替代品，它就很便宜。

（3）空中理财专员也是从电话客服中精挑的主动积极、肯学的人才，当成正式行员培训，考取证照后转作空中理财专员。（整理自《天下》杂志，2016年1月20日，第107~108页）

二、第二阶段：2016年数字金融“部”

（1）数字金融部：数字金融处升格为“部”，但仍是成本中心，支援各分行成立“数字银行专区”或“智慧分行”。

（2）数字客服部：客服部改为“数字”客服部。

三、第三阶段：2018年起，数字金融“事业部”

此时，已成为利润中心，且是事业部层级。

表9-9-1 永丰银行组织结构（业务方面）

业务类型	商品	通路	国际金融
二级单位	1.法人金融处	1.营业部	1.国际金融业务分行
	2.个人金融处	2.国内分行	2.海外分行
	3.消费金融处	3.金融事务处	
	4.财富金融处		
	5.电子金融处		

表9-9-2 银行在数字银行业务的组织设计举例

层级		银行	说明
一级单位：部	（一）利润中心	2016年永丰银行空中分行	扩大电话客服能量，新增空中理财专员和云端开户
	（二）业务内容	2015年9月第一银行单位数字应用部	社群营销、跨境支付、评估金融科技投资案件
二级单位：处	（一）利润中心	—	—
	（二）业务内容	2016年台湾中国信托商业银行级个金通路营运处（中国信托商业银行总经理下辖组织结构见表9-9-3）	汇整实体与电子银行通路业务 

表9-9-3 中国信托商业银行总经理下辖组织结构（2017年6月30日）

一级单位	二级单位：业务	三级单位：功能处
一、全球资本市场执行长	—	研发长
		投资长
		财务管理部
		投资人关系部
		行政管理部
二、法人金融暨国际事业：执行长	—	风险管理部
		综合企划处
		策略企划部
		经营管理部
三、个人暨信用金融：执行长	数字金融处	法务暨法令遵行部
	创新一部	
	创新二部	
	运筹管理部	

注：台湾中国信托商业银行"处"比"部"位阶高，第二、三栏是本书自行分类。

Unit 9-10 中国的网络银行

从2015年起，中国银监会（2018年起改为中国银保监会）每年核准1家“网络银行”（又称互联网银行）成立，详见表9-10-2。本单元阐述网络银行“有志难伸”。

一、SWOT分析中的OT分析

（1）市场很大。市调公司艾瑞咨询估计消费者贷款商机如图9-10-1中第一象限，平均年成长率18%，比经济成长率6.5%还快。

（2）威胁更大。网络银行市场定位在于“网络交易”的融资，偏偏在这方面，有强劲“替代品”防守着，详见图9-10-1中第四象限，网络银行占不到便宜。

二、SWOT分析的SW分析

（1）优势无用武之地。网络银行强调（以新网银行为例），顾客拿出手机自拍，上传照片，通过人脸识别便可开户、转账甚至申请贷款。2015年，中国银监会发布《关于改进个人银行账户服务加强账户管理的通知》，开放远端开户。

（2）劣势被放大。许多银行推出网络申请贷款的“闪电贷”，来跟网络银行打对台。甚至不接受存款户把钱转入网络银行，断了网络银行的存款资金来源。跟美国放款俱乐部一样，有些中国网络银行帮实体银行介绍贷款申请人，以赚点销售佣金。

三、以微众银行为例

（一）富爸爸效应。腾讯号称“日活跃用户数”（Daily Active User，DAU）5.7亿人，以2016年微众银行年报来说，个人顾客7000万户，贷款1987亿元人民币，平均每人贷款2840元人民币。

（二）2016年4月融资触礁。2016年1月，微众银行打算进行A轮融资4.5亿美元，盼能从新加坡淡马锡及美国华平投资募到钱。2016年4月，融资触礁，主因是业绩没做出来。

（三）2016年微众银行经营绩效详见表9-10-1。

表9-10-1　2015—2016年微众银行经营绩效

财报	2015年	2016年
一、损益表		
1.营收/亿元人民币	2.449	24.49
2.净利/亿元人民币	亏损	4.01
二、资产负债表		
1.资产/亿元人民币	96.3	520
2.不良贷款率/%	—	0.32

中国网络银行的SWOT分析

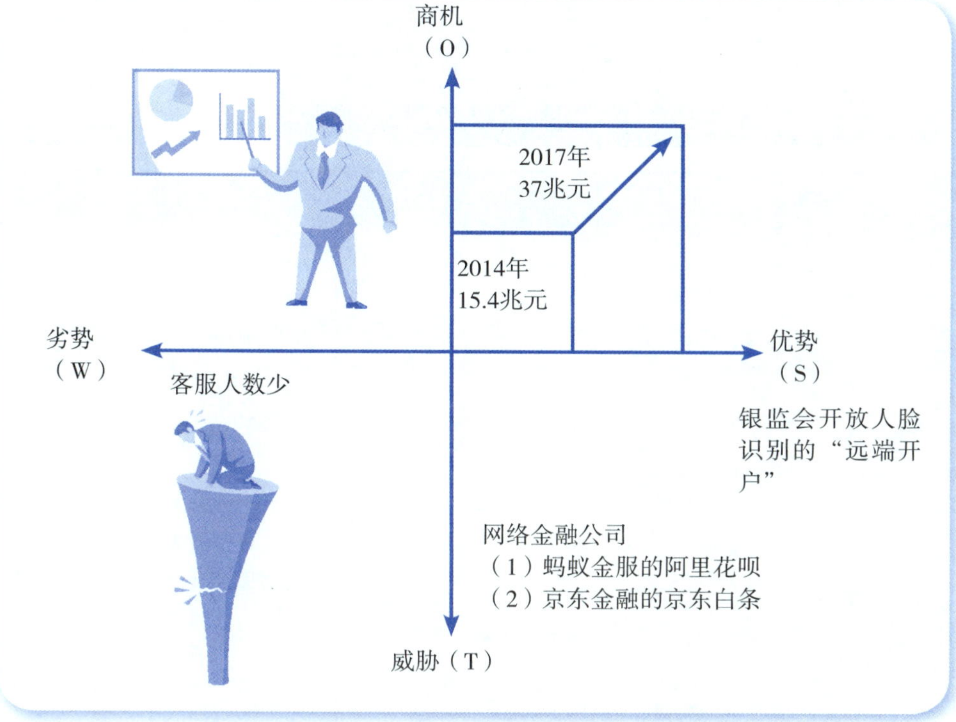

图9-10-1　中国网络银行的SWOT分析

表9-10-2　中国的网络银行

银行	微众（WeBank）	浙江网商（My Bank）	四川新网（XW Bank）	百信（ai Bank）
成立时间	2014-12-28（开业）	2015-5-27	2016-12-28（开业）	2017-8-21（领照）
资本额/亿元人民币	30	40	30	20
母公司	腾讯 30% 百业源20% 立业 20%	蚂蚁金服30% 复星工业25% 万向三农18%	新希望30% 小米29.5% 四川红旗15%	中信银行70% 百度30%
地点	广东省深圳市前海区	浙江省杭州市西湖区	四川省成都市	北京市
董事长	顾敏	井贤栋	刘永好	李庆萍
业务	・小微企业贷款 ・消费者贷款	・小微企业贷款 ・消费者贷款	・小微企业贷款 ・消费者贷款	・小微企业贷款 ・消费者贷款

附：金融科技和数字金融3.0是否会造成大规模失业？

例如：手机支付使“无人商店”变成可能，至少一般商店会减少聘用收银柜台人员。大部分的报刊都是一面倒。2017年8月19日，《经济日报》一篇报道看得“更久”“更广”，得到结论是“不会”，分析如表9-10-3：

表9-10-3　金融科技与数字银行对就业的影响分析

研究者	研究对象与时间	研究结论
奥图（美国麻省理工大学）与所罗门（荷兰乌特勒支大学）	19国，1970—2007年	1.有些工作会被消灭 2.总的来说，国家就业率会随着总生产力的提高而上扬
阿特金森和约翰·吴（美国信息科技与创新基金会，在美国首都华盛顿）	美国，1850—2000年	1.在引进铁路和汽车的数十年后，有些行业（例如：马车业）与工作（例如：电梯操作员）遭到重击 2.20世纪60年代有57%工作项目已经不存在，其中受影响最大的职业包含办公室职员、秘书和接线生
		推论：以人工智能为例 1.人工智能没想象的聪明 2.自动化程度几个世纪以来不断提高，人们也持续被警告未来即将失业，但就业率仅偶尔下滑，整体来看仍持续成长

资料来源：《经济日报》，2017年8月19日，专3版，林筠。

Chapter 10

银行智慧分行

Unit 10-1 智慧分行——花旗银行与华南银行比较

如同电视新闻中的三万人马拉松赛跑的转播画面一般，2016年，中国台湾所有银行皆推出数字银行业务。

（1）做半套的称为“数字体验专区”：在一般分行内的一角，推出自动存款机等自动机器。

（2）做全套的称为“数字分行／智慧分行”（digital branch/smart branch），大都是新设立的分行，而且大部分是简易分行，明显看出其实验性质。

一开始时，我们想深入比较一些银行的智慧分行的内容，例如：选两家民营银行进行比较（花旗PK中信），或是选两家公营银行进行比较（华南vs.第一）。制表结束后，发现内容“大同小异”，于是挑花旗银行跟华南银行的做法比较。

一、花旗（台湾）银行

花旗银行分行数60家，获利排第九名（每股盈余1.24元），属中段班。

（1）挑选花旗银行的原因。“春江水暖鸭先知”，美国花旗银行遭受网络金融公司的威胁较早，体会到数字世代人士的要求较多。花旗（台湾）银行是美国花旗银行的子公司，是外资银行中净利最高者。

（2）董事长的策略雄心。花旗银行董事长管国霖表示，全球化、城市化、数字化是花旗集团三大重点策略，2016年启动“翻转金融，创意科技”计划，推动系列创新产品与服务。数字服务短时间无法衡量出获利贡献，希望能做到让顾客满意、作业效率提升的附加价值。（《工商时报》，2016年11月4日，C3版，陈碧芬）

（3）数字分行进程。自认2010年10月起“半套”数字化——花旗银行，在60家分行逐渐局部数字化，2016年普及率60%。2016年5月20日，第一家智慧分行——以台北市士林区天母分行升级为智慧分行，装潢采纽约分行风格。

二、华南银行

华南银行分行数在全台湾排第三名，约186家，略逊于合作金库银行280家、第一银行188家。南永和分行经理许雪惠表示，华南银行在泛公股银行中推智慧分行很积极，很有创意。

（1）挑选华南银行的原因：在8家泛公股银行中，华南银行可说是最积极推数字银行服务的，例如：2016年11月下旬，取得国际标准组织ISO/IEC20000信息服务管理制度认证。2016年11月30日，荣获中国台湾科技化服务协会及财团法人信息工业策进会主办之“2016 ITeS Award杰出科技化服务管理奖”优等奖。

（2）交互式柜员机（Interactive Teller Machine,ITM）：在智慧分行、一般分行铺设了65台交互式柜员机，通过柜员机上的荧幕，可以跟远端客服人员视频联络，预先进行开户前期作业、申请信用卡和贷款等业务咨询。

表10-1-1　花旗跟华南银行的分行数字化范围

阶段	花旗银行	华南银行
一、迎宾	强调24小时全年无休的顾客电话服务	·分行入口贵宾顾客人脸识别 ·智慧语音机器人 ·大厅经理移动服务（APP） ·电子橱窗／投影触控
二、开户	以信用卡为例： ·老顾客：2016年2月，既有卡友在线加办信用卡，每月通过在线完成加办的信用卡数量占所有管道近半数 ·新顾客：2016年12月，以自然人凭证在线申办信用卡，三步骤为“填写资料”“连线证证”“上传文件”，能兼顾信息安全及满足顾客需求，最快6分钟完成信用卡申办	·2015年开户预处理系统 ·2016年7月数字存款账户：年轻顾客的数字存款账户，只要使用自然人凭证或华南银行金融卡即可轻松完成在线开户 ·手机／网络银行业务：用手机进行转账、付款、缴费、缴税等交易
三、存款与支付	CitiDirect BE Mobile，是花旗银行的APP，可用于转账	智能迎宾叫号： ·“缴款柜员机”（Payment Teller Machine，PTM） ·交互式柜员机（Interactive Teller Machine），由远端客服人员通过视频跟顾客对谈，协助顾客预先填写表单，自助完成交易或提供咨询服务
四、提款	“快速银行”（Citibank Express）的自动柜员机，好像在“盒子”里装了银行（bank in a box）	·免卡申请：顾客到数字银行专区，通过几个步骤，再下载华银“行动银行”APP，就能开通免卡提款服务 ·自动柜员机免卡提款：在自动柜员机前，顾客打开“行动银行”APP产生一次性提款序号，能在自动柜员机提领款项

花旗（台湾）银行

成立时间：2007年9月（母公司美国花旗银行，1812年成立）
地址：中国台湾台北市松智路1号
资本额：660亿元
董事长：管国霖
营收（2016年）：298.32亿元
净利（2016年）：82亿元
分行数：台湾60家，主要是2007年收购华侨银行而成立

台湾华南银行

成立时间：1919年1月（母公司华南金融控股公司，台湾股票代码：2880）
地址：中国台湾台北市松仁路123号
资本额：735.76亿元
董事长：吴当杰
总经理：郑永春
营收（2016年）：495亿元
净利（2016年）：122.75亿元
分行数：台湾184家、境外19家

Unit 10-2 智慧分行的普及率进程

2016年有一则广告是关于智慧家电的：

（1）在办公室内，通过手机远端遥控，洗衣机启动洗衣。

（2）开车返家途中，用手机遥控冷气机开机、电饭锅煮饭。

2002年起，“智慧家庭”（Smart home）的主张便有许多家电公司提出，例如，韩国三星电子在首尔市设立一个馆，以实际陈设让你可以体会智慧家庭的面貌。但迄今为止由于供需两方面因素，工业国家的“智慧家庭”普及率低于0.1%，只有科幻电影、六星级饭店或豪宅会设。人在家中的时间很长，追求舒适，但是“足够即好”，智慧家庭的家电显得有些“大而无当”。大家还没急到要抢那一点时间让冷气机预冷等。同样地，把“智慧”家庭的场景移到“智慧”分行，由表10-2-1可知，在三个时期，普及率最高约25%。本单元将进行详细说明。

一、导入期：2016—2020年

此阶段可说是“宣传期”，每家银行“老王卖瓜，自卖自夸”，但“雷声大，雨点小”。

（1）需求面力量小，顾客没那么迫切需求。

（2）供给面力量大。

2017年由于“一例一休”制度的实施，有些“血汗”银行被卡到，只好推出一些省人工设施，以让顾客使用。少数走在前端的银行（玉山、中信、华南、第一和花旗等），还在找两家分行“试水温”，打宣传战，通过科技感以塑造差异化。

二、成长期初期：2021—2025年

（1）需求面力量：渐大起来。

（2）供给面力量更大：一些金融科技业务已通过验证期，逐渐上市，在银行间蔓延。

（3）花旗银行的预期：花旗银行董事长管国霖表示，预计2025年会有近40%的银行业务通过数字通路进行。（《经济日报》，2016年3月5日，A8版，杨汶均）

这40%的普及率看似乐观，但他没讲明“数字通路”是什么含义。

三、成长期中期：2026—2038年（英国汇丰银行的看法）

汇丰银行全球“创新长”（主要负责投资）夏佐（Christophe Chazot）表示：

（1）科技趋势不可挡，但分行不可能被数字服务取代，永远有人需要分行，我们在寻找的是分行和数字的最佳结合点。

（2）金融业首先寻求与金融科技公司的策略合作，以深入银行无法探入的族群和死角，其次才是考虑获利。

（3）2015年成立一笔2亿英镑的企业创投基金，根据汇丰银行策略所做的趋势投资和育成。（摘自《商业周刊》第1467期，2015年12月，第114页）

表10-2-1 智慧分行的普及率预估

年　度	2017年	2021年	2026年
阶　段	导入期	成长期初期	成长期中期
普及率	1%	10%~15%	25%
需求面 ·人口结构因素 ·其他	—	X 世代人口成为年龄层主流	—
供给面 ·竞争因素 ·科技因素	—	一些数字银行业务因科技发达，越来越便利	—

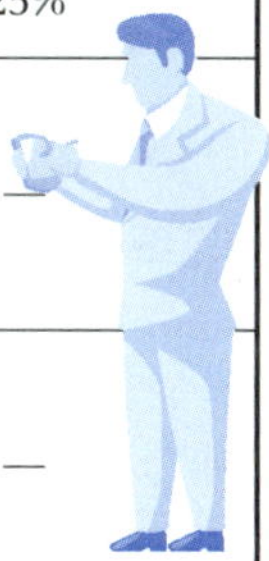

韩国三星电子的智慧家庭

时间：2002年

地点：韩国

机构：韩国三星电子

事件：推出Homerite智慧家庭，在大邱市四栋大厦（共480户）

台湾中国信托商业银行数字分行——走一步是一步

时间：2016年12月1日

地点：中国台湾台北市内湖区

机构：台湾中国信托商业银行

事件：台湾中国信托商业银行银行把东湖简易型分行改装成首家数字分行，总经理陈佳文说，这里的客户层比较年轻，邻近内湖科学园区与南港软件园区，数字化服务接受度较高，2017年再选2家改制成数字分行，东湖简易分行向台湾地区金融事务管理机构申请升格成一般分行。台湾区个金事业总处副总杨淑惠说，数字分行对台湾中国信托商业银行银行而言，着重流程设计与顾客体验，每家分行配置会有差异，“顾客体验很好、满意度高，才会再往下走”。以自动柜员机无卡提款为例，自2016年6月上线以来，已在150台机铺设，累计服务7万多名顾客，2017年起进驻统一超市和商场。约5500台将选在客群使用占比较高的地方装设起来（摘自《经济日报》，2016年12月2日，A14版，陈怡慈）

Unit 10-3 2031年以后银行分行的可能样貌

1966年的科幻电视影集《星际争霸战》，“企业号”人员间用袖口的小型通信器通话，1973年10月，美国摩托罗拉公司发明手机；2005年起，通过蓝牙连接，许多人可以边开车边免持手机通话，科幻片的场景逐渐在生活中实现。同样的，我们在此推测2031年以后银行分行的可能样貌（截止2017年台湾地区银行特色分行概况详见表10-3-1）。

一、2016年欧洲的银行分行的样貌

（1）欧洲银行分行发展中，金融科技的应用在于吸引更多的顾客进入分行，面对面与行员洽谈，开发“有温度”的分行服务，类似诚品书店的温馨。澳盛银行消费金融部副总潘柏迪（Pradeep Pant）指出，一般收存业务可以用机器取代，如财富管理、大额授信等，顾客普遍期待银行能够主动提供量身定做的规划，最好能以家庭为服务对象，这些都需要行员来提供服务。（《工商时报》，2016年3月28日，A8版，陈碧芬）

（2）全套数字化分行占40%：全套数字化的分行，剩下授信、财富管理等业务须由行员来量身定做，其他的简易分行的规模便可处理。

二、银行变得数字化

2020年，以华南银行为例。

（1）半套数字化占60%：一般分行。

许多银行业务还是必须有行员来一一办理，但例行作业（收支、汇兑）交由数字机器代劳。这种半套数字化的分行将占分行数60%。台湾银行称为“e号柜台”。

（2）手机账户普及率：以2016年底来说，以个人账户为例。

①全部账户500万户。

②网络银行账户200万户：网银普及率约40%。

③手机银行账户40万户：每年约成长15万户，预估2027年手机银行账户数将跟网络银行账户数持平。

表10-3-1 银行特色分行概况

银行	分行	特色	分行定位
台湾中国信托商业银行	洲际简易分行	位于台中市北屯区洲际棒球场（中信兄弟职棒的主场）附近，零钱ATM、免费WiFi热点、Beacon客制化推播	棒球分行（2017年8月7日成立）
华南	新泰分行	位于新北市泰山区住宅密集处，设亲子互动区，吸引邻里顾客	亲子分行
王道	信义威秀分行	位于台北市信义区威秀影城，约57.8平方米，营业时间11:00—23:00，无柜台、设电视墙，假日无休	数字体验分行

电影《星际争霸战》（Star Trek）

时间：1966年9月8日—1969年6月3日

地点：美国

人物：威廉·薛特纳饰演詹姆士·寇克舰长

简介：时间设定在23世纪，以星舰“企业号”航员为背景，后来衍生5部电视影集，12部电影

机器人服务餐厅（Robot Restaurant）开幕与倒闭

时间：2016年4月

地点：中国广东省广州市

机构：机器人服务餐厅

事件：全球机器人餐厅先后倒闭，在科技面原因有：一是机器人常死机，例如不动；二是机器人服务水平不佳，例如端汤时容易倾洒等

Unit 10-4 智慧顾客服务导论

1982年，自动（对焦）相机推出时，广告代言人演员李立群的广告词“它聪明，你傻瓜”，所以又称为“傻瓜相机”，有了自动对焦等功能之后，数字相机、智慧型手机的相机都有此功能。这是生活中许多人觉得“机器很聪明”，甚至“比人还聪明”的原因之一。2016年，银行逐渐导入智慧顾客服务（smart customer service），跟自动相机的原理很近，以资讯系统协助银行顾客服务人员（包括职员）处理例行顾客服务。本单元将对此进行说明。

一、智慧顾客服务的大意分解

智慧客服的全名是智慧顾客服务，由图10-4-1可了解其内涵。

二、智慧客服的源头

人工智能的“深度学习”在自然语言的突破，里程碑在2011年。

三、金融机构的智慧顾客服务

（一）2016年11月，中国企业蚂蚁金服的状况

中国企业蚂蚁金服技术长程立表示，日常顾客问题较异常的由85名客服人员处理，信息系统准确率70%。旗下支付宝的智能客服机器人称为“小宝”。

（二）2016年西班牙Santander银行

西班牙桑坦德（Santander）银行推出语音助理服务SmartAPP，顾客以询问方式查找某项特定交易的处理或费用支付的信息；智慧虚拟助理Nina，提供模仿真实客服与顾客对话的服务体验。

中国淘宝网的智能客服服务

时间：2015年7月24日
地点：中国大陆
人物：阿里巴巴集团
事件：人工智能服务机器人“阿里小蜜”（Alime）推出（网络）商店版的“店小蜜”，在天猫商场的旗舰网络商店进行测试。第一天23点到第二天9点，有1100位用户上线问问题（商品咨询，商店服务）

“阿里小蜜”的开发原理：

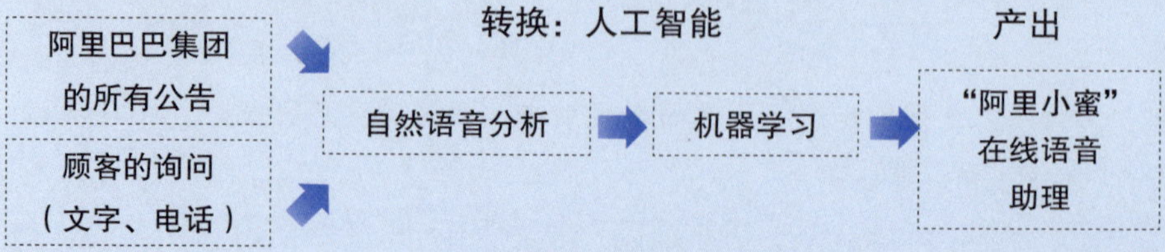

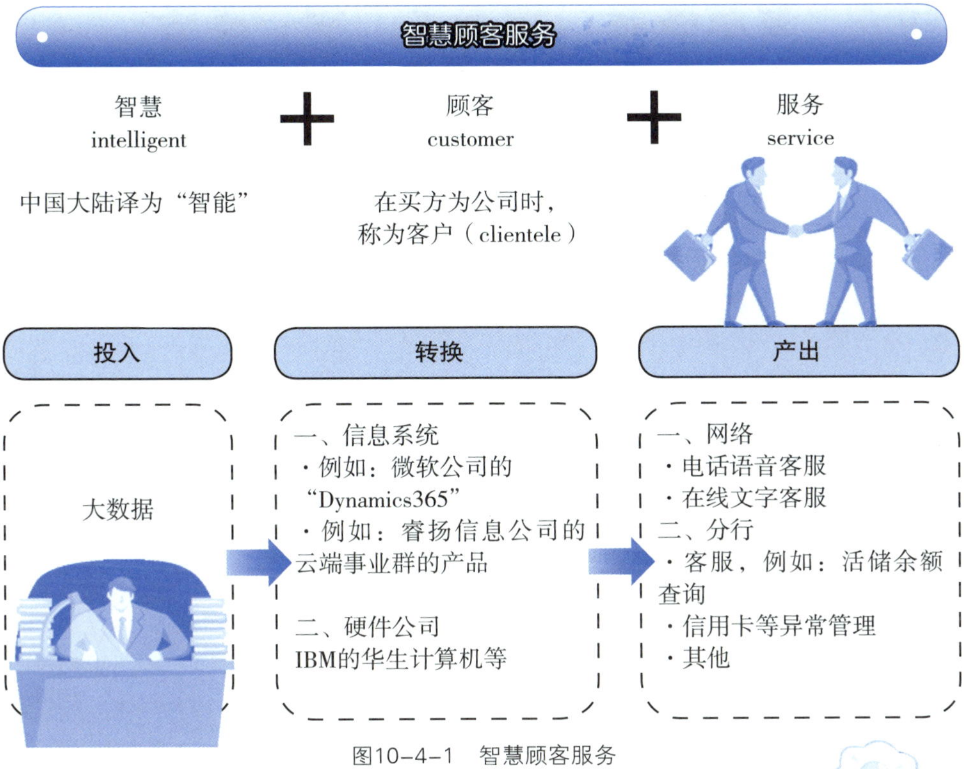

图10-4-1　智慧顾客服务

人工智能的“深度学习”在自然语言运用上的突破

时间：2011年

地点：美国纽约州阿蒙克市

事物：美国IBM的超级计算机华生（Watson）

事件：2011年，美国知名益智节目《危险》（*Jeopardy*）上演了一场备受瞩目的“人机大战”，题目类型就有2500种，IBM“华生”打败连赢节目最多场冠军的杰宁斯（Ken Jennings）与抱走最多奖金的拉特（Brad Rutter）的联手。自然语言一直是计算机科学最大的挑战，IBM华生项目主管费鲁奇（David Ferrucci）认为，华生计算机最大的成就在于能听懂俚语、双关词、委婉语、譬喻等人话，还要能说人类语言，并以最快速度抢答，甚至知道如何选择接下来的问题以及何时该拒绝答题。华生计算机可以帮助人类做重大决定，为计算机发展史迈出重大的一步。华生计算机的技术逐渐成熟，加入各种“认知运算”的应用程序界面，导入智慧家电、汽车，甚至机器人（例如：Pepper），开始走进人类的日常生活中（摘自《经济日报》，2016年12月17日，专7版，曾仁凯）

Unit 10-5 智慧客服：指尖上的顾客服务

以前的朋友一定有过这样的生活体验，跟朋友约会订餐厅，为了工作需求询问公司的电话，拨打104查号台（台湾查号台号码为104），等很久才接到查号人员，电话那一端亲切地为我们查询所需要的电话号码，还提供“马上为您转接”服务。虽然每通电话收费3元，但当下仍然心生感激。而2007年之后的朋友对于生活中的大小事查询，Google一下餐厅名称，马上出现电话、地图地址，还有餐厅相关的推荐信息与照片可以实时参考。手机的出现不只是个人的时尚，更为许许多多产业带来必须面对的翻转，其中金融产业中的顾客服务单位，变化尤其可见一斑。

一、华南银行做法

睿扬信息公司创新生产力顾问方小欣以华南银行的电话客服演变为例，通过Find及Google调查结果证实，中国台湾民众网络使用普及率为84%，对智能型手机依赖度为81%，居亚太地区第二名，调查结果显示上网搜寻、娱乐及社交已成为大众生活中的重要活动。在网络及手机时代，金融业纷纷建立实时、交互式沟通环境。为提升顾客服务质量暨顺应金融发展潮流趋势，于是2015年10月规划导入“新一代客服项目”，导入网络客服（Web call）、文字客服（Web chat）与移动客服（APP call）等功能，全面提升华银顾客服务质量。

借由24小时在线实时互动并关注顾客，全面提升顾客服务质量，进而提高客户满意度与忠诚度。服务无国界，旅居海外顾客如果需联络客服人员，只需利用该项目服务功能，即能与客服人员实时通信，无须牢记各国拨号号码及支付昂贵的通信费用。借由扩大服务的深度及广度，强化顾客对华银的忠诚度。

台湾科技化服务协会为奖励公私部门杰出信息服务之实务案例及其相关解决方案，设立杰出科技化服务管理奖，主办单位邀集国内产、官、学各界专家组成评审小组，最终华南银行于政府机构组别脱颖而出，以“信息服务管理流程之强化与改造”获得评审青睐。

二、台湾中国信托商业银行的智慧“小C”

表10-5-1 台湾中国信托商业银行的智慧“小C”

成立	2017年1月
沟通管道	台湾中国信托商业银行的LINE 公司网站 中信卡优惠APP 行动达人APP
每日使用人次	6000人
满意度	九成以上问题有正确引导或妥适回复

表10-5-2 银行客服的服务比较

项目	2014年以前方式	2015年以后方式
一、沟通方式		
（一）语言	（1）顾客最常使用的咨询管道是拨打客服专线，由客服人员提供24小时在线实时服务 （2）缺点：电信费用须由顾客或银行支付  	（1）网络客服（Web call） 顾客使用计算机连接网络，搭配耳机及麦克风，于银行网站或网络银行之网页上点击拨号选项，即可利用网络电话实时与客服人员咨询各项业务，而且免支付通信费用 （2）移动客服（APP call） 顾客使用手机及平板计算机下载银行提供的应用程序（例如："华银行动网"与"华南食在精彩"）后，通过其拨打网络电话，可实时联络客服人员询问业务相关问题，以此方式节省银行作业成本
（二）文字	（1）顾客于银行网站"意见信箱"留文字信息后，由客服人员以电子邮件或电话回复客户。缺点：无法实时处理 （2）使用网络银行的顾客可通过"答客问"回拨服务，于网络银行留文字信息后，由计算机系统实时或依顾客指定时间自动回拨联系顾客	文字客服（Web chat） 顾客使用计算机连接网络，进入银行网站或网络银行，于网页上以文字方式咨询银行各项业务信息或营销活动等问题时，由客服人员实时于该平台以文字方式回复顾客 
二、单位名称		
顾客服务中心	Call Center	Contact Center

Unit 10-6 聊天机器人在银行业务上的运用

在1979年的"星际大战系列"电影第一集《曙光乍现》中，便出现一个圆滚滚的机器人R2O2，外表是轮型机器人，会说话，很讨喜。实则是由侏儒演员肯尼斯·贝克饰演；另一位机器人C-3PO是由安东尼·丹尼尔斯饰演。其中身高112厘米的肯尼斯·贝克在2016年8月12日，于英国逝世，享寿81岁，电视新闻曾报道。这才让许多人解答心中的疑惑："1977年资讯技术这么原始，机器人怎么会走路、说话？"答案是"真人（侏儒）饰演机器人"。本单元说明聊天机器人（Chatterbot）在金融业的运用。

一、2020年东京奥运的日本政府准备

2016年8月21日，巴西里约奥运闭幕，媒体焦点转到东京奥运。日本东京都将以"科技"为主轴，包括外国游客以指纹作为身份识别（例如：海关通关、信用卡刷卡免签名等）。为了迎接150万名外国游客，其中之一是解决各国人跟日本店员、出租车司机等的沟通问题。日本政府砸大钱，建立20种常用语言（中国话、英语、西班牙语、印度语等）的语音翻译软件，有如苹果公司iPhone中的Siri，原理详见图10-6-1。让日本人（例如：店员）可以借由手机中的翻译APP，跟其他国家人民用各自母语沟通。电视新闻详细说明翻译软件本身不会说话，就跟录音机一样，信息系统把人的语音转成文字才能理解。

二、美国银行业使用情况

银行业客服中心的客服人员，由于工作缺乏成就感等因素，有些银行客服人员年流动率高达45%。许多银行推出聊天机器人，以处理大部分的"答客问"业务。

（1）信用卡公司。2017年1月，美国电子湾公司推出聊天机器人平台，顾客可以查询个人账户信息、购买记录等，掌握自己的消费状况，也能直接完成结账交易。第一阶段在脸书Messenger上推出测试版本。

（2）财富管理业务。2017年，美国银行导入聊天机器人Erica，其服务内容是2016年以前理专对贵宾的服务，可说是普惠金融的例子。

日语的实时语言翻译机

时间：2016年2月6日
地点：日本东京都
机构：Logbar公司，成立于2013年2月15日
资本额：3.76亿日元
事件：发表"实时语言翻译机"（大小跟录音笔差不多），只需0.2秒实时回应。内建语言数据库
支持语言：日语、普通话、英语
地点：在日本各地铁站等地可以租借

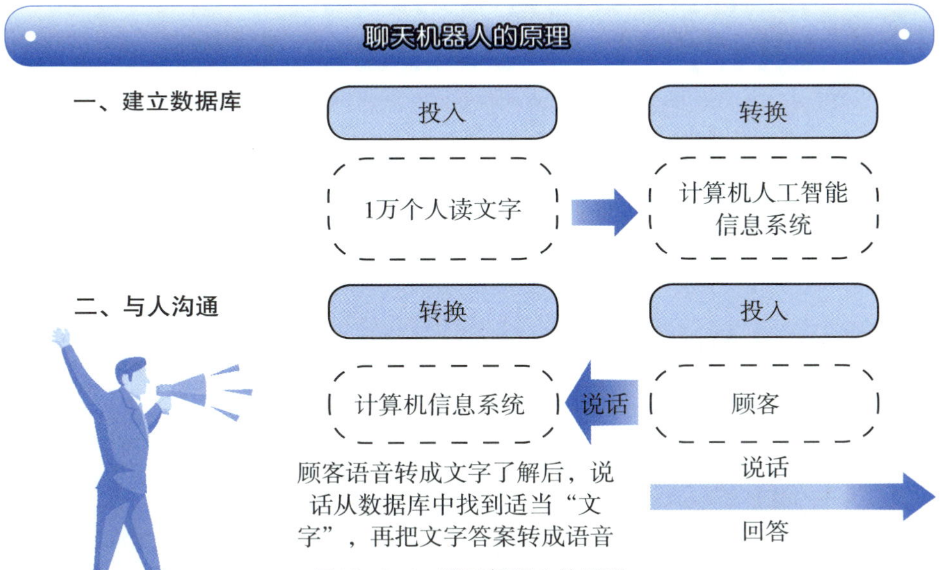

图10-6-1　聊天机器人的原理

聊天机器人（CHATBOT/Chatterbot）

chat：聊天

bot：机器

时间：1966年美国麻省理工学院开发出第一个聊天机器人

事件：聊天机器人是指可以通过文字、声音或图片和使用者对话的计算机程序，顾客通过通信软件（例如：脸书上的Messenger、Line）传送和接收指令，不需另外下载APP。2016年10月，美国电子湾公司在脸书Messenger推出聊天机器人测试版本，打算成为最佳购物助理——顾客可以用文字描述自己想购买的商品，并且设定价格范围，也可以发送照片，让信息系统推荐相同或类似商品。同年11月9日，英文聊天机器人Andy English Bot上市

第一银行小e智能顾客服务

时间：2017年1月1日

地点：中国台湾台北市

机构：第一银行

事件：第一银行领先推出智能客服——“第e客服”。APP智能客服语音服务，顾客使用手机以文字或语音输入，向智能机器人“小e”提问。“小e”所提供的答案会在荧幕上显示，也可以用语音答复，顾客可以依自己的需求，随时开启或关闭语音播报功能；“第e客服”——智能文字客服，是通过自然语言分析与机器学习技术，把银行业务知识跟人工智能信息系统结合。要是顾客对于“第e客服”的回复仍有疑问，可以马上转换到真人服务（《经济日报》，2017年1月5日，B5版，台北讯）

Unit 10-7 在银行电话销售时的运用（以日本两家银行为例）——大数据加人工智能

大数据以精准分析锁定顾客（例如：由信用卡未偿余额推论其借新还旧），再加上对电话营销人员的电话录音通过人工智能系统进行电销话术分析，进而建立电话销售的知识管理系统，由信息系统在荧幕上显示针对此顾客销售时的建议。这种“电话销售话术优化”，在本单元以日本两家银行的做法说明。

一、投入：大数据

由图10-7-1可知两家银行的资料来源：

（1）三井住友银行：只针对电话销售人员的电话销售录音作为第一手资料，经过语音转文字方式，让信息系统分析。

（2）新生银行：新生银行将300万位自然人账户，汇整成文字、数字（存提款）等。

二、转换

银行通过下列两种分析方法，开发出智慧客服系统：

（1）大数据分析。最简单的大数据的统计分析便是计算百分比，例如，在汽车车险出险的理赔电话询问时，顾客来电的内容比重如下：车祸叙述40%、车损与修理31%、受伤与医疗29%。

（2）人工智能中的深度学习。利用人工智能中深度学习的功能学习：

①见贤思齐：针对何种顾客及其电话中的反应，所有成功销售的电话销售人员的应对之道。

②见不贤内自省：针对电话销售失败情况，了解顾客与电销人员的谈话内容。

三、产出

电话销售话术优化目的如下：

（1）“菜鸟”变“老鸟”：有了人工智能系统的辅助，电销人员在跟顾客通电话时，屏幕上会依通话内容，适时出现“提醒”“建议”。

（2）无须专人服务：有了知识管理系统，计算机会记录某顾客前几日电话询问的内容，甚至有其上本银行网站查询金融商品广告的点击记录。有这些计算机资料支持，再加上其他资料，做好“了解顾客”的准备，就不用专人来服务某一位顾客。

日本两家银行大数据与人工智能的运用

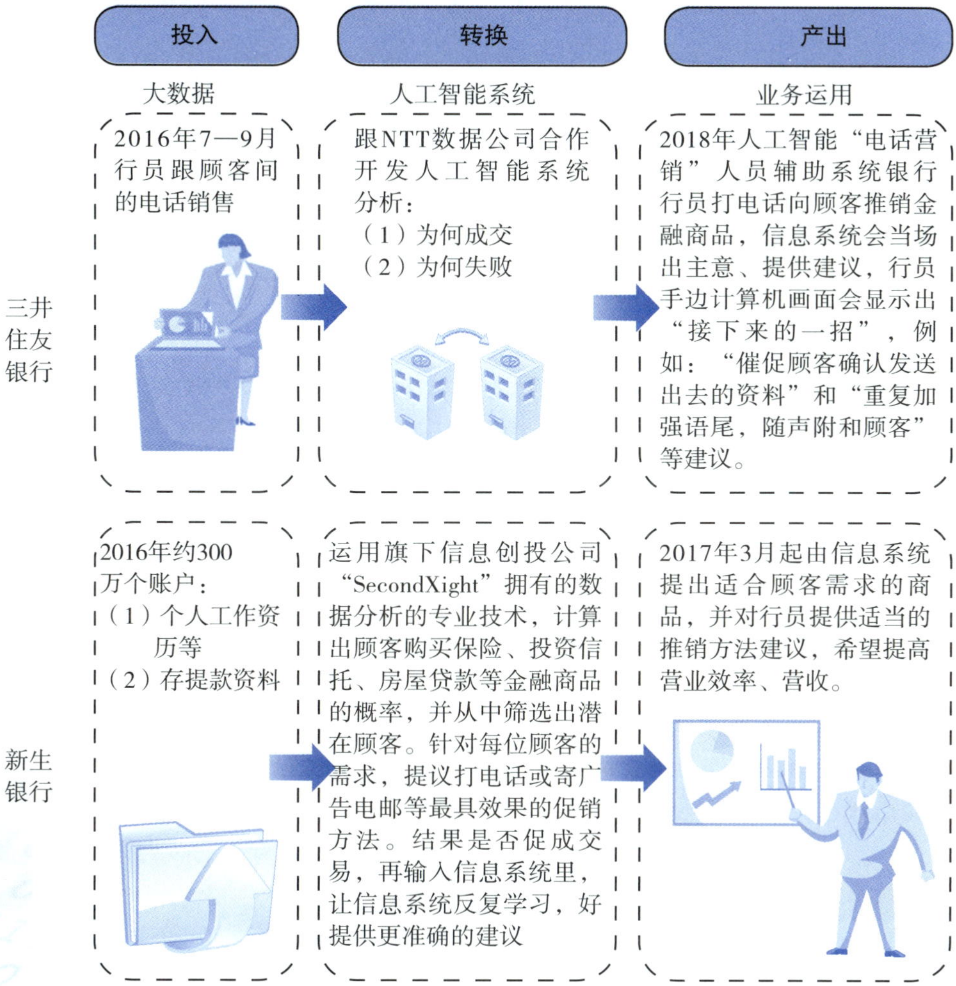

图10-7-1　日本两家银行大数据与人工智能的运用

资料来源：《工商时报》，2016年12月18日，C2版，黄菁菁。

中国企业百度要靠陆奇发展人工智能

时间： 2017年1月17日

地点： 中国北京市

人物： 百度公司陆奇

事件： 百度公司任命陆奇担任百度集团总裁和运营官，借由他的带领以落实董事长的“2017—2026年百度最重要策略方向是人工智能目标”方针，陆奇在2016年9月之前担任微软集团全球执行副总裁，曾是微软人工智能产品“小冰”项目的主要负责人之一，他认为自然语言才是人机界面最有效方式

Unit 10-8 人形机器人的现场服务——以Pepper为例

2016年10月，许多家银行在各自几家分行推出日本人形机器人Pepper，担任门口的迎宾专员，许多电视新闻深度报道，重点放在Pepper的功能。数字分行令人第一眼映入眼帘便有新鲜感的是人形机器人，等到分行内到处都是人形机器人，就有点科幻片“似曾相识”的感觉。

一、Pepper在日本发展进程

因为少子化、高龄化，日本政府从20世纪90年代推动科技政策落实，大力鼓励大学、公司等发展机器人项目，尤其是照护型机器人，日本在这方面是全球技术领先国家。以Pepper为例，由表10-8-1可知，第一代在2006年推出，2015年2月在日本销售，从研发到上市花了9年。

二、在中国台湾的运用

2015年7月起，日本的银行开始运用Pepper；随着专业知识的资料发展和中文界面的开发，中国台湾的银行在2016年10月导入。

三、限制

人形机器人在银行的运用，有两个限制：

（1）外形限制：1970年，日本机器人研究人员森政弘提出“恐怖谷”理论（The Uncanny Valley），说明当机器人跟人类外表达85%相似度时，人类会有害怕和诡异的感觉。

（2）在银行业的限制：人形机器人具有机器人理财专员的能力，但限于法令，只能担任理财专员的助理。

小i机器人

时间：2001年
地点：中国上海市
人物：智臻智能网络科技公司董事长袁辉
事件：2016年3月7日，玉山银行在智慧分行推出小i机器人。这跟Pepper较像，主要来自中国企业智臻智能公司

表10-8-1　日本Pepper人形机器人的演进与上市服务

时间	说　明
2006年	法国Aldebaran Robotics设计出第一款“情绪型机器人NAO”，有可爱的卡通外表，身高58厘米，可以行走、跳舞，跟人交谈，感知人类情绪，甚至可用肢体表达多种情绪反应，拥有神经网络让它每次跟人类互动时都能学习，变成具有不同个性的机器人。NAO被应用在教育、医疗领域
2012年	日本软银集团收购Aldebaran Robotics，由软银、阿里巴巴、鸿海成立的机器人控股公司共同投资
2014年6月5日	在新商品上市发表会上推出
2014年6月6日	在日本软银通信的手机店中展示
2014年12月	日本家电贩卖店利用Pepper宣传商品
2015年2月	在软银移动商店中的基本款以19.8万日元上市
2015 年 7 月	瑞穗银行引进 Pepper 当“店员”招待顾客、负责导览或提供建议，颇吸引顾客
2015年7月29日	发表月租型的商务团Pepper，月租费5.5万日元
2016年10月	明治安田生命保险公司（寿险公司）在日本约80处分社引进约100台Pepper，是金融业引进台数最多的

资料来源：《全球中央》杂志，2016年9月，第18页。

日本Pepper发表会

时间：2014年6月5日

地点：日本东京都

人物：孙正义，日本软件银行公司董事长、总经理

事件：孙正义在发表会上表示，“过去25年，我曾经相信计算机有一天可以像人类的右脑（掌管表情和感知）一样工作，我可以骄傲地引入第一个可以读取人类感情的机器人（注：Pepper），在我们制作机器人的梦想中走出了蹒跚的一步”

Chapter 11

银行对金融科技的研发管理

Unit 11-1 中国台湾的银行在全球金融科技中的地位——微不足道

报刊喜欢引用银行、学者的说法，说明中国台湾的银行在全球金融科技相关专利（例如：10万个）中占1000个，市占率1%，呼吁政府、银行要重视这问题。我们先拉个广角全景，再拉个近景（金融科技类专利），以见林见树。

一、全景：中国台湾占全球专利1%

2017年全球总产值78.5兆美元，中国台湾0.57兆美元，约占0.726%。全球人口76亿人，中国台湾0.236亿人，占全球人口0.3%。先抓住中国台湾经济、人口的全貌，再分析特定项目（例如：专利）时，便八九不离十。

（1）在美国专利申请数：专利跟国籍一样，必须向各国申请。由于美国占全球总产值24%，是全球最大市场，许多国家的公司为了保障自己产品的权利，一定会在美国申请专利。每年报刊皆会公布美国商标专利局的专利申请数量，中国兴起后，2014年中国企业的专利数已超越美商。中国台湾占1%，本来就很符合比率。另外，在人工智能方面专利也是如此。美国及美国银行的金融科技类专利分析见下页小档案。

（2）兵不在多，在精：以专利“素质”（例如：其他论文、专利申请参考引用）来说，中国台湾在美的专利申请大约只有半导体（主要是台积电，其次是联发科）含金量高。其他的大都是“自用”，防止其他专利所有权人提起诉讼。

二、近景：金融科技类专利

（1）金融科技类专利。金融科技类专利大都是商业方法（例如：电子商务流程）、软件（处理资料的方法），只需稍微修改便可回避。因此，2000年以来，美国这方面的法院诉讼案每年约1000件，最高求偿金额1.3亿美元。

（2）0.3%的含金量。电视上经常会播出一些发明王，虽然只有中小学学历，但却取得国内外数百项专利，许多科技研发学者研究台湾的专利含金量约0.3%。99.7%的专利对专利所有权人来说，都只是一张商标专利局的证书，无法对外技术授权赚到权利金。这个现象在金融科技类会更明显，因为设计回避很容易。从这角度来看，99%的金融科技类专利会变成“无牙老虎”。

在数字银行业务推广的2016—2020年，一些银行可能会借专利数等塑造公司形象。但是如同电子业中的华硕等，业内已越来越不重视实体经济时代设计奖（例如德国IF红点奖），甚至基于效用成本的考量，强调专利“在精不在多”，辣椒会辣，一个就够了。

三、中国台湾的专利数极少，含金量极低

银行不热衷金融科技专利研发：大部分的金融科技的专利都是属于“商业方法”（business model，俗称商业模式），就是一个经营生意方式，只要稍微修改，就可以回避。报刊每年都会做台湾金融科技前十大公司（或银行），中国台湾一年专利数（例如：2015年9个、2016年84个，主要是国泰人寿）抵不上美国一家银行的专利数。而且专利的含金量极低。

美国的金融科技类专利分析

时间：2010—2016年

地点：美国

机构：Vispro Fintech Insight

事件：2010—2016年，美国金融科技专利申请数46026个，其中金融机构占15%、科技公司占85%，科技公司平均每年美国专利申请5700个，IBM、思爱普、亚马逊、微软、甲骨文等大型科技公司名列前茅，上述科技公司主要协助金融公司建立可提供其顾客进行财富管理、交易管理、支付服务等解决方案，或协助金融公司开发区块链等技术或软件，或提供云端、数据库建置服务

美国银行的金融科技专利分析

时间：2017年3月25日

地点：美国

人物：Steve Brachmann

事件：发表一篇文章，详细说明美国银行几个重要金融科技的用途

Unit 11-2 银行研发管理——目标、策略、组织设计

银行的研发管理流程：

（1）董事会决定研发目标、研发预算。

（2）总经理决定相关部门的商品／职务、制程的组织设计等（详见表11-2-1）。

（3）相关研发部门提出研发策略、预算企划案每年研究金额对研发方式的影响见图11-2-1。

一、研发目标

银行在市场中的角色影响各银行的研发目标。

（1）市场龙头靠研发：中国台湾银行界资产第一是台湾银行，第二是合作金库银行，主要以企业金融业务为主，在以消费金融为主的数字金融业务的研发较少敲锣打鼓。

（2）市场挑战者靠出奇制胜：以企业金融业务为主的华南银行、第一银行，以消费金融业务为主的台湾中国信托商业银行、台新银行、玉山银行等争先恐后。

（3）市场跟随者“老二主义”：小型银行（分行数80家以下）大都等龙头已成气候，再跟进，省得走错路、浪费钱。

二、研发策略

套用公司“策略”中的策略定义，分成方向、方式和速度三个方面。

（1）研发方向：在银行业最常见的自主研发有两项。

①大数据分析的运用：为了进行精准营销，银行一直都在做。

②人工智能的运用：例如智慧客服，这也表现在买入IBM等人工智能系统，并加以运用。

（2）研发速度：研发目标影响研发速度，速度是相对的，至少有两个比较标准。

①消费者策略：正中其下怀。

②竞争者策略：跟市场龙头、对手比，同一项新商品，领先或落后几个月。

（3）研发方式：银行进行金融科技的科技管理，80：20原则，有两种方式。

①两成银行小规模研发：净利前十名的消费金融导向银行（例如：台新银行、玉山银行、花旗银行）或企业金融导向银行（第一银行、华南银行）。

②八成银行“近全部技术引进”：技术引进包括两部分，硬件（例如：免卡提款的自动柜员机）、信息系统（例如：人工智能、大数据分析等）大都是引进的。以美国花旗银行来说，分行数够多，自动柜员机可自行研发。

三、组织设计

（1）商品服务研发：至少有三个部门负责商品／服务研发。

①新金融商品处：例如开发指数型基金等。

②数字金融部：聚焦在数字金融商品，例如手机支付等。

③顾客服务部：聚焦在数字服务，例如智慧顾客服务。

（2）制程技术研发：至少一个部门负责制程技术研发。
信息部：偏重大数据分析。

表11-2-1　银行总行在商品/服务与制程技术研发方面的组织设计

技术种类	总行之部处
一、商品	
1. 新金融商品 2. 数字银行类 （1）商品 （2）服务	金融商品开发处 数字金融部 （数字）顾客服务部
二、制程	
1. 大数据分析 2. 人工智能	信息部

每年研发费用金额对研发方式的影响

每年研发费用金额	研发方式
一、高于5亿元占银行数目20%，约8家	（一）八成靠技术引进，例如： （1）买免卡提款自动柜员机 （2）买大数据分析信息系统 （3）买人工智能的客户系统 （二）两成自主研发
二、低于5亿元占银行数目80%，约32家	几乎100%技术引进

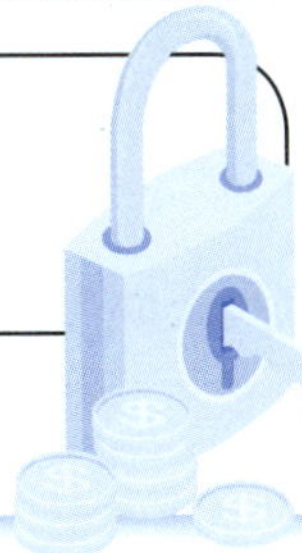

图11-2-1　每年研发费用金额对研发方式的影响

Unit 11–3 银行的数字金融商品/服务研发管理

银行对研发领域较少涉足，大部分集中将国外金融商品引进中国台湾，加上一些商合法令等小修改，比较像国瑞汽车的X车款，是把丰田Altis改装跑车的空力套件等，造成轿跑车外形，以吸引年轻人。

进入数字银行时代，主要是运用金融科技技术，因此必须依靠自行研发或将外部技术转移到金融科技。跟工业中制造业的电子业、生产技术业一样，越来越多银行须增加研发管理的功能。

关于数字金融商品的研发过程可参考表11–3–1。

一、行管中的构想搜集：C_0构想阶段

研发来自目标，引出“问题”“缺口”，于是要妥筹对策，解决问题的构想（idea，或称为点子）可来自内外部两个来源。

（1）银行内部：大部分是由“上级”（主要是董事长、总经理）提出三年计划，要求研发部（尤其是数字金融部）等落实。小部分是由“中级”，由数字金融部提“三年建议”案，董事会核准后，进而落实。

（2）银行外部：以“黑客松”（Hackathon）①为例。来自银行外部的构想主要来源有银行少数股权投资的金融科技公司，或是对大学生、新创公司举办的创业比赛等。

二、构想甄选

本阶段分两个层级：

（1）重要的：影响层面大的，提到总经理甚至董事会。

（2）次要的：数字金融部小做看看。

三、产品的工程发展：C_2~C_4

主要是由“数字金融部”负责，信息处加外部顾问公司配合。

四、市场测试

分两个步骤：

第一，网络测试；第二，分行测试。大都挑2~5家分行试点。

五、上市营销

大都是“打广告”（拍片）等，找代言人，敲锣打鼓。

① Hackathon，又称编程马拉松，在该活动中，很多程序员相聚在一起，以合作的形式去进行电脑编程。

表11-3-1 某银行、某数字金融商品/服务的研发过程

时间	营销管理步骤	新产品开发程序—C系统	负责单位	领衔主管
2017年	构想搜集（idea collection）	C_0构想阶段（proposal phase）	董事长发现市场空间	董事长
2017年9月	构想甄选（idea screening）	C_1规划阶段（planning phase）	跨部门会议	—
2018年2月	产品的工程发展（engineering development）	C_2设计阶段（R&D design phase）	数字金融部	副总
2018年5月		C_3样品试作阶段（sample pilot run phase）		经理
2018年8月		C_4工程试作阶段（engineering sample pilot run phase）		经理
2018年9月	市场测试（market test）	C_5试产阶段（product pilot run phase）	营销企划部	经理
2018年10月	上市营销（marketing）	C_6量产阶段（mass production phase） 1. 新品 2. 新品广告	业务部	总经理

人形服务机器人的本质：以Pepper来说

脑袋：有固定题库与答案的“平板计算机”，再加上类似苹果公司数字语音助理Siri

眼睛：感知器，可认得人脸（甚至能判断喜怒哀乐）

手：可以做些动作

脚：轮型

说明：以银行的“Pepper”小i来说，平板计算机“输入”的是一些银行相关业务的规定

Unit 11-4 银行黑客松——以玉山银行为例

2015年12月起，星展银行举办第一届星展台湾黑客松比赛，2016年许多银行加入。基于资料可行性，本单元以玉山银行2016年7月大学黑客松比赛为对象来说明。

2015年花旗银行首度在中国台湾举办黑客松活动，是中国台湾第一个举办黑客松的银行。星展银行也是通过黑客松寻找应对策略的代表性银行之一，自2014年10月开始，于新加坡、中国香港举办将近十场黑客松竞赛，竞赛的队伍，除广纳具有金融创新想法的参赛者，也让员工融入参赛者的团队中，一同发挥创意，编写手机应用程序的测试版本。2016年11月底，星展银行在中国台湾首次举办黑客松竞赛，主打以马拉松式的紧密合作模式，发想金融解决方案。新加坡星展银行创新官Neal Cross强调创新的文化很重要，希望将创新基因深植在企业和员工中。这类外资银行的金融科技发展概况详见表11-4-1。

一、各取所需

黑客松的本质是大学创业比赛，对双方好处如下：

（1）对主办单位（玉山银行）的好处：寻找创意点子，这是以“群众外包”（crowd sourcing）方式寻找人才。

（2）对参赛小组的好处：参赛小组有许多好处，小至观摩其他队的点子、交友，要是脱颖而出，有工作机会（包括实习）或奖金（例如：台湾中国信托商业银行的黑客松比赛冠亚季军奖金分别有30万元、20万元、10万元）。

二、投入阶段

玉山银行的黑客松比赛多项“赛前上课”步骤。

（1）2015年前的不足：玉山银行发言人表示，曾在大学院校举办过几次科技竞赛，比赛结束后，发现办理传统式黑客松比赛，参赛队伍往往能力不足。

（2）2016年的做法：玉山银行举办三次工作营，由讲师参赛者设计思考方法，从上课到决赛须两个月。

（3）参赛者资格：大学的大学生、硕士生（但不含在职班），希望参赛者立足点相同，从大学中找出金融科技未来之星。

（4）提供工具：金融科技的相关工具由协办单位（此例是IBM）提供。

三、转换阶段：玉山银行的角色

（1）指定主题：在玉山银行的金融科技上，指定四个主题（详见图11-4-1中“投入”栏），让参赛小组想出创新的金融解决方案。

（2）评审：由图11-4-1可知，玉山银行组成评审小组。

四、产出

数字生活类冠军：“台大杰瑞小老鼠”。第一名的“台大杰瑞小老鼠”团队，是由四名台湾大学电机系硕士学生、廖世伟（金融科技暨区块链中心主任）开设的“巨量资料系统之应用”课程，以大数据、区块链技术，做出“GinLocal旅游经验分享平台”。

表11-4-1 外资银行金融科技发展概况

银行	黑客松发想方向目标	黑客松具体实现成品
星展银行	（1）让理财顾客快速掌握银行服务 （2）协助年轻／新富族群利用数字银行累积财富 （3）提供小型企业全方位服务	新加坡推出CINCH（报账上传系统），利用CINCH APP拍摄账单，就可直接将账单输入系统，每月都能自动搜集报账资料，方便企业主搜集，也协助员工精简请款作业流程
花旗银行	并未设限	台湾入选小组为AirSig（空中签名验证服务）、WageCan（比特币金融卡）、EZTABLE（餐厅订位服务），花旗银行已经跟EZTABLE合作

黑客松（Hackathon）

hack：黑客、程序

marathon：马拉松，音译为黑客松

含义：狭义即马拉松式的程序开发活动；广义即持续一段时间（例如：一天到五天）不中断的科技创作。举办大型的黑客松活动，能更快速地以团队方式激荡创意。在活动中，参与者聚在一起，为一个主题完成作品，进行长达数十小时的集体思考创作

2016年玉山银行黑客松竞赛

投入

（生产因素市场）

1.自然资源活动地点：玉山人力发展中心

2.劳力：报名队伍有30队，约300人

3.资本：举办活动费用百万元

4.技术：由IBM提供参赛者Bluemix云端开发平台，内含多样语言环境和上百种（包括人工智能）应用程序界面API服务，有利的开发工具可以协助参赛团队专注于创意的发想，迅速实现金融创新的好点子。

5.企业家精神四个主题：

（1）开放资料

（2）数字生活

（3）手机支付

（4）社群金融

转换

（玉山银行）

评审

1.玉山银行：

（1）数字金融处

（2）信息处

2.IBM软件：事业群总经理贾景光

产出

胜出的小组可到玉山银行实习应用程序界面（Application Programming Interface,简称API）。

图11-4-1 2016年玉山银行黑客松竞赛

Unit 11-5 数字银行商品研发的“产品的工程发展”——设计阶段

研发C系中C_2~C_5阶段是狭义的“研发管理”，也有称为设计阶段。由于Unit11-3篇幅限制，“研发预算”课题在本单元说明。

一、研发密度

（1）研发费用门槛：以电子业为例。电子业公司的研发“最低消费额”5亿元，所以中国台湾99.8%公司不做研发，有些公司设“设计中心”，偏重专利中的设计专利（详见Unit11-2），以汽车中每年销售最大车款Altis来说，便是“2年小改款，4年大改款”，换汤不换药。

（2）中国台湾的银行业力有未逮：中国台湾最大银行台湾银行在欧美是中型银行规模，限于规模，很难一年花20亿元、30亿元做研发，所以金融科技的专利在全球微不足道，很难迎头赶上。少部分大型银行（例如：台湾中国信托商业银行）、中型银行（例如：玉山银行），会在数字银行业务中较简单易突破的部分进行研发。

二、研发规划

（1）专利工程师负责专利检索：由智慧财产组的专利工程师负责专利检索，其一是基于专利分工的考量。其二是在预防法学方面，可先找出外界的专利地雷区地图，以便研发部在研发决策时采取“回避设计”。

（2）研发部负责专利布局：如同下围棋（2家公司在玩）、跳棋（3家公司在玩）般，每家银行的研发部皆须决定“专利”布局，简单地说，包括两项：

①哪些业务中的产品／服务：例如支付、汇款、贷款等。

②采取何种技术专利：外购的或自行研发的技术。

三、研发执行

（1）专利工程师负责专利申请。专利工程师向经济事务主管部门申请专利时，在专利申请时，专业范围多较容易过关，但保护范围太窄；专利范围写太少，专利审核机构往往会打回票。

（2）研发部的专利组合。公司可以拿着专利组合，跟其他公司洽谈专利“交互授权”（cross-licensing），或对外销售专利，俗称技术授权（licensing-out）。

四、研发控制

智慧财产组独立于研发处，在智慧财产权常见的控制活动有二：

（1）专利的效益成本分析。为了维持专利，公司每年须支付专利年费给经济部智慧财产局。智慧财产组每年须提报专利的投资报酬率报告给总经理，以作为后续研发等策略修正。

（2）专利的维护。智慧财产权“守土有责”，对智慧财产权维护的基本工作主要是了解外界有没有冒用本银行的智财权，并且要求其更正。

关于银行的智慧财产权管理详见图11-5-1。

银行的智慧财产权管理

规划

一、成立智慧财产权组

在银行总行设研发处，旗下有智慧财产权组

二、专利检索

（1）借由鱼骨图、技术功效图来了解相关领域发展及分布、专利申请量／时间、专利案件数量变化、专利质量评估。

（2）避免侵权风险应从防御角度出发，检索以前法院相关案例与他人所拥有之专利，才能了解我方是否已落入地雷区，对应以回避设计（design around）方式解套。要是无法避开，而其又是对手兵家必争者，即有赖用专利举发等方式来反制

三、专利“组合”决策

分析技术发展趋势、相关技术专利布局，以决定本公司专利组合方向

执行（研发）

一、专利申请

一般来说，一项发明在进行申请时，要避免仅包含一个实施态样的专利范围，例如：信用卡绑定专利对银行业的影响在于可能影响到哪些业务的运作

二、建构专利组合与布局

盘点公司的智财，以了解手上有多少竞争武器

考核

一、专利维护

（1）对国内外经济部智慧财产局

（2）对外界，防止专利侵权

二、专利出售

（1）对外销售即专利授权（out-licensing）

（2）其他

图11-5-1　银行的智慧财产权管理

资料来源：《经济日报》，2016年10月15日，A17版。

Unit 11-6 银行组成研发联盟

电子业的品牌公司苹果公司、三星电子做商品（以智能型手机为主），都是卖商品给消费者，苹果公司跟三星电子的手机不需互通。银行彼此间竞争，但银行业业务需互通，例如：自动柜员机的金融卡，外形的大小规格一致（像张卡片），只有上面图案差异。背后有信用卡联合作业中心扮演“车同轨，书同文”角色。银行针对跨行的数字银行业务，大都会组成研发联盟，以共同研发方式，借以推出“产业规格”。至于仅供单一银行内部专属使用的，就自行研发，大部分是信息系统类的运用。

一、共同研发的必要

台湾中国信托商业银行个人金融事业总处电子银行部协理苏美勋（2017年6月出任中信金控数字金融处处长）表示，区块链是分散式架构，必须有许多合作伙伴在同一个“链”中，大家才能共享资源、实做应用。（《工商时报》，2016年12月12日，A8版，金融理财中心）

二、共同研发的地理范围

依地理范围，把银行的共同研发至少分成两个级距，详见表11-6-1。

（1）国际级：被报刊称为“R3联盟”的美国金融科技公司R3CEV，本质上是以区块链开发账联网，以供银行和证券业使用，所以需要各国各大银行加入，等于是这70家银行出点年费，委外研发出产业规格。

（2）单一国家：每个国家法令、语言不同，往往需要本土的金融科技产品，因此往往由银行公会、共同作业公司出面，邀集银行们出资，找研发机构开发账联网等系统。

三、国际级R3CEV公司的研发联盟

从台湾中国信托商业银行加入R3联盟来说，以效益成本分析来看，似乎本小利大。

（1）预期效益：台湾中国信托商业银行总经理陈佳文指出，R3公司有很多国际资源可以使用，当会员遇到困难时，会派员指导。金融业是国际性产业，开立信用状、跨国汇款等，必须其他的外国银行也能接受，得有国际一致的标准。（《工商时报》，2016年10月24日，A11版）

（2）成本：每年花25万美元年费。

表11-6-1 银行间共同研发的组织形态

范围	说 明
一、全球 （一）全球金融科技公司 （1）金融科技 （2）基金会 （二）信息公司	R3CEV公司、以太坊（Ethereum） 2015年Linux基金会的超级账本（Hyperledger）计划，聚焦开发公有链，提供政府改善效率，打造即时机器数据转移和交易的物联网基础
二、单一国家 （一）中国	北京市有China Ledger联盟；深圳市金融区块链合作联盟；
（二）日本	日本JADA联盟

资料来源：《商业周刊》，第1515期，2016年11月，第65页。

R3CEV公司

时间：2015年9月成立

地点：美国纽约州纽约市

人物：执行长陆特（David Rutter）

事件：CEV代表

（1）C（CRYPTO2.0）：运用加密技术

（2）E（E-platform）：建构交易平台

（3）V（venture capital）：开发创投机会

会员：全球70家银行等

英国：巴克莱银行

中国：中信银行、华南银行、平安保险公司

美国：摩根大通银行、花旗银行，2016年11月高盛退出

地位：号称全球最大区块链联盟，偏重账联网，跨境汇款只需5秒

Unit 11-7 银行的智慧财产权管理

研发到了“瓜熟蒂落”阶段，此时进入智慧财产权管理。

一、智慧财产权范围

一般把智慧财产权分成三类：专利、营业秘密和著作权，由图11-7-1可知。

（1）X轴：以公开或不公开形态向经济事务主管部门申请商品专利，一定需说明商品如何制成。

①专利的条件较严格：只要符合新颖性与非显而易知性。

②专利保障商品：许多对手通过逆向工程，破解本公司花钱研发的商品，所以本公司只好寻求公权力保障。

（2）Y轴：保护时间

由Y轴可知三种专利的保护时间。包括公司的重要营业秘密，例如：可口可乐公司的可乐配方。

二、银行的智慧财产权分布

数字银行业务跟电子业不同。

（1）少数申请专利。电子业的电子商品以手机来说须约11000个专利，遍及各零组件、作业系统。银行的金融科技大都自用，比较少需要申请专利。

（2）大部分是营业秘密。银行的“专门知识”（Know-how），例如：玉山银行的授信征审制度，都属于营业秘密类。

三、智财权管理的组织设计

银行的智慧财产权管理由智慧财产组负责。

乔美国际公司

成立时间：2000年

地址：中国台湾台北市

董事长：简永松

产品：2007年跟永丰银行推出“标会网”，2008年推出“乔安互助网”，等于是保险公司拒保的老人“死亡”互助会

会员：12000人

事件：号称拥有47项金融科技专利，居中国台湾第一，却很少带来授权收入（详见《商业周刊》，第1478期，2016年3月，第58~60页）

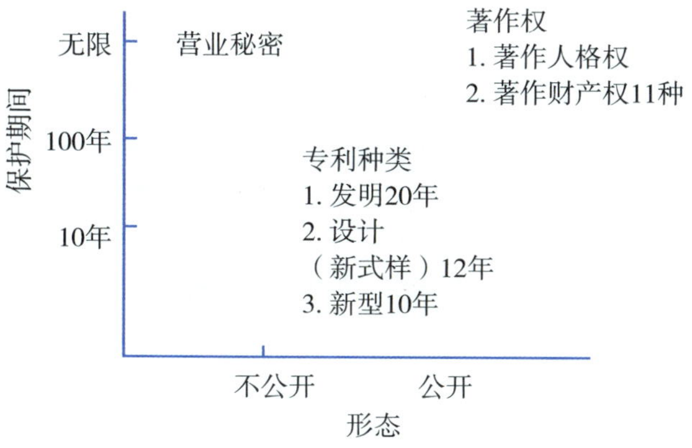

图11-7-1　智慧财政权范围

美国金融科技核准的分析

时间：2016年
地点：美国
机构：Envision IP法律事务所（公司），专攻专利研究
事件：美国金融科技的核发对象如下表

表11-7-1　美国金融科技的核发对象

时间	1996—2009年	2010年后
主要公司	科技公司	银行
项目	金融类	网络
	付款类	移动装置平台，金融交易安全、云端计算、电子商务

Chapter 12

区块链技术在数字金融的运用

Unit 12-1 区块链技术

区块链技术（blockchain technology）有“金融科技中的基础建设”之称。简单地说像“舞龙”中的龙身一节一节般，一“节”便代表一笔交易的“资料档”（称为区块，block），把一连串循序交易的资料档连接起来，像铁链般，称为“区块链”（blockchain）。本章将开宗明义地说明区块链技术，它主要用于银行间转账、汇款，但它不是“万灵药”。

一、区块链大意分解法

大部分“创新”都是像乐高玩具般，把一些拼图块堆积起来，把一些“模块”组装成“产品”。同样，大部分观念（包括技术）都是“模块式创新”，所以可以像化学中把“H_2O”电解成氢和氧。由表12-1-2可知区块链的两种表现方式。

（1）文字分解：区块链是两个名词“区块”和“链”组合的复合名词。

（2）图形呈现：图形可加强我们的记忆，把一块块“区块”划出，成“链”条形。

二、发展历程

由表12-1-1可知，区块链的萌芽过程，从1998年商品“概念”提出到第一个商品产生（2009年1月比特币诞生），花了11年。

表12-1-1 区块链的萌芽期进程

时间	主张
1981年	美国人David Chaum提出不可追踪的密码学网络支付系统，是区块链技术的雏形，称为“Ecash”或DigiCash（即digital cash）
1998年	戴伟（Wei Dai，音译）发表文章说明了一种匿名的、分布式的电子现金系统，其称为“b-money”
2008年	中本聪在一个密码学网站的邮件组列表中发表了一篇论文（俗称白皮书），描述了比特币的电子现金系统。提出区块链是一串使用“密码学方法相关联产生的资料块”，每次“交易”需确认资料的有效性（防伪）与生成下一个区块资料
2009年1月3日	中本聪开创比特币“端点到端点”开源使用者群之节点和杂凑函式系统，其对等网络和第一个区块链开始执行，发行史上最早的50个比特币
2010年10月	BitPay发行报告说，1000家以上商户通过他们的支付系统来接收比特币的付款。比特币可以说是区块链技术在日常生活最早的实际应用

表12-1-2 什么是区块链

区块	链	（区块+链=）区块链
block	chain	blockchain
它是记录一段时间内所有交易的数据包，交易的范围广泛，从交换商品、资产、意愿，到交付结果、进度	过程中产生的所有记录都会被打包封存，所有区块都依时间序串接起来，无止境延伸	中国用词 区块链名称是“分散式账本技术”（distributed ledger technology）
第一笔交易 区块资料：30个由英文字母、数字组成的随机数 → 第二笔交易 区块资料：30个由英文字母、数字组成的随机数 → 第三笔交易 区块资料：30个由英文字母、数字组成的随机数		区块链是一串使用密码技术产生的资料块链连所形成的“分散式账本”（distributed ledgers）
1.交易资料：你提出交易通知时，随机发送一组英文字母、数字夹杂的三十几位随机数当作交易代号 		区块链后新增任何一项交易资料，每位用户会立即收到信息，让所有用户都能随时掌握经过验证且受保护区块链版本
2.记录每一次交易，把每一道经手交易的账本，都摊开来给大家看。交易的认证是以数学为基础，搭配密码学、经济模型与算法算力等加密演算机制，让各个参与的“节点”能够达成共识，认可交易		区块链是一种特定类别的数据库，专门用来储存交易资料。一个“节点”指的是一个人、一家公司（例如：银行）
3.杂凑指标（hash pointer①）：在固定时段中的交易内容和时序，封存在区块链中		“封存”的意思就是无法再修改了，特别是针对过去已经发生的交易

①hash：杂凑、切细。
hashfunction：杂凑正数，是一种从任何一种资料中建立的小数字“指纹”。
hashpoint：一个指向某个被杂凑正数保护的资料结构的“指标”，另外也可验证资料是否被更改。

Unit 12-2 以一笔交易来说明区块链的四个特色

区块链技术是我看到的最多人用文字来描写的观念，越描越复杂。于是我们想到用一笔付款交易来说明。

一、表12-2-1第一栏：以一笔交易来说明

以“例子”来作为切入点，银行扮演的角色之一是“支付”的媒人，最常见的是“自动柜员机转账”或银行临柜交易中的“电汇”。

二、表12-2-1第二栏：区块链的四个特色

在交易的5步骤中第2~5步骤，区块链“步步为营”，各有一个特色。坊间有文章称区块链有5个特色，详细看其性质后，本书将其归类为4个特色。

三、表12-2-1第三栏：区块链的缺点

“以子之矛攻子之盾”这句俚语贴切地说明任何一个人的优点常是其缺点，例如：一个人“八面玲珑”，其缺点是“缺乏坚持”。同样地，区块链越强调其“特色”，反过来来推理，便可举出其缺点。

账联网络公司（AMIS）

全文：amity in sharing

缩写：AMIS，有三个意思，法文（ami），朋友，台湾少数民族“阿美人”

公司介绍：账联网络公司，2016年9月成立，在中国台湾台北市，资本额2013万元，董事长刘世伟，于英属维京群岛注册

表12-2-1 区块链如何运作

以一笔付款交易为例	区块链的四个特色	缺 点
Step1 A 方想要把钱转给 B 方 Step2 此交易在网络作为“区块”代表 Step3 接着被广播到整个网络，若所有参与者同意交易有效 Step4 此区块能加入区块链中，交易过程在公开分类账中被记录，且无法修改 Step5 B方接收到A方的资金	一、没有中心：高效率 1. 对支付来说，“中心”指的是银行、财金公司，银行间（简称DApp）主要是指中央银行 2.区块链没有中间商的角色，因此能加快交易速度，并借此提升资金流动的效率 二、共同参与、交叉认证 1.各“节点”是指整个体系中的参与者（例如：计算机） 2.这些交易区块破解与认证的过程就是“挖矿” 3.参与挖矿的“节点”称为“矿工”。以账联网来说，节点可以是电信公司、银行、公司等 4.各节点接收之后，开始破解一道由密码学组成的数学题，谁先破解，谁就优先得到记账权 5.这个答案又通过多个节点的集体认证，形成共识之后，就能把这笔交易区块按照时间序列链接到之前的区块上。你发出交易通知时，信息系统会公告邻近的在线用户，征求主动的“查票员”，验证交易双方合法性、历史交易记录、资产价值等。最快完成验证的成员就会回复信息系统，拍板交易成立与否。信息系统为了反馈他的贡献，会从交易费用中拨出固定比率奖赏他 三、不可窜改，不易造假：低成本 具有分布式数据库，看来就像是一本摊开来的巨大“共享账簿”。区块链的分散式账本架构，新旧资料都难以窜改，因此在信息安全防护上较为稳固，不需高额投资，只要有一台计算机正常运作，整体系统就会运作，没有停机时间，可在相对低成本状况下，实现365天、24小时连续营运。比特币的区块链自2009年以后即持续维持365天、24小时连续运作至今 四、记录透明可追踪 区块链DLT以开放原始码、“端点对端点”及私密与公开金钥加密技术、所有参与者共同记录所有交易于可认证确实性之分散式账本，又有时间戳证明时间。账户有由密码组成的公、私钥匙来把关，两把钥匙都对了，才能动用资产。监管单位可以“实名制”的身份认证来防洗钱	运用区块链的虚拟货币越来越多，一旦各家应用一涌而出，互通机制可能成为一大问题，像是区块链社群互相交换资料时，如何证明彼此的资料可信度： 1.技术整合与测试验证相当费时，加上金融法令规范严苛，商用化的普及恐慌仍需一段时日消散 2.区块链的主要功能为认证相关资讯，但缺乏一个证明区块链本身真实性的机制。区块链的加密技术安全性理论上满足安全要件，并无形式化的安全性定义，且欠缺外部专家的验证 3.由于每一个区块都会包含前面所有区块的交易信息，以比特币为例，至今已经封存四十多万个资讯区块，因此比特币此数据量90G，加上社群越来越庞大，系统每秒钟只能理七笔交易，以至于交易时间拉长，成为安全漏洞

资料来源：高盛全球投资研究；2016年3月4日，《远见》杂志，2016年5月，第56～59页；《商业周刊》第1515期，2016年11月，第62页。

Unit 12-3 区块链技术发展三阶段

日本索尼互动娱乐公司以电视游戏机“游戏站”（PlayStation,PS）闻名，每4年出改款，型号依序称为PS1~PS4。同样地，许多观念随着时间经过而演化，区块链技术发展可分三个阶段，详见表12-3-1。

一、第一阶段：数字货币，以比特币为例

2009年起，区块链技术第一阶段应用，主要用于“数字货币”，“货币”四个功能之一是支付功能。

（1）投资银行业者的看法：美国纽约市的数字资产控股公司总裁梅斯特（Blythe Masters）称区块链为“货币的电子邮件”。（详见《商业周刊》，第1469期，2016年1月，第26页）。简单地说，可以把“比特币”“以太币”等视为以“电子邮件”形式寄来寄去的“现金”。

（2）2017年起，越来越被接受：2017年2月28日起，加拿大一家咖啡馆设立比特币自动柜员机。从此，越来越多国家的一些商店愿意接受顾客以比特币付款。

二、第二阶段：俗称区块链2.0

区块链技术第二阶段运用延伸到金融业其他领域，主要有两个：智慧契约、智慧资产。

三、第三阶段：俗称区块链3.0

区块链技术第三阶段发展为运用到“金融业以外”。

杭州市的智慧租屋平台

时间：2017年8月11日
地点：中国浙江省
机构：杭州市房屋管理局
事件：通过阿里巴巴、蚂蚁金服的协助，做到下列两项，预防租屋纠纷：
（1）以人脸识别进行房东、房客实名身份验证
（2）利用淘宝评价系统、芝麻信用系统，让信用好的房客免押金

表12-3-1 区块链技术发展三阶段

项目	区块链1.0	区块链2.0	区块链3.0
一、时间	2009年起	2012年起	2015年起
二、技术	1.信息交换 2.进阶：转账／分账自动结算	1.智慧契约 2.智慧资产（以区块链为基础的可交易资产）	数字认证，身份识别、生产履历、票务交换系统，再生能源发展
三、主要运用	（一）金融		（二）金融以外
	1.虚拟／数字货币 比特币 （Bitcoin） 2.以数字支付 （1）以太坊（Ethereum）的国际公共区块链平台 （2）账联网公司：R3CEV （3）富邦、账联网络公司（AMIS，详见Unit12-2）和微软切入物联网和金融创新支付 （4）中国银联与阿里巴巴用在众筹、网络放款中介、证券结算 （5）陆金所和微软开群募平台	1.智慧契约 资产有关的注册、交易活动，例如：股、债、产权的登记及转让，证券与其他金融商品合约的交易与执行等。自动合约条款的电脑程序 2.智慧资产 缺点是需要太高的计算资源，网络传输量大	1.主要应用在社会治理领域，如身份认证、公证、仲裁、审计、物流、签证、投票或网络架构、网域名称使用、数字著作影音授权、医疗／电子病历、食物安全和生技医药品 2.在爱沙尼亚，区块链技术运用在身份证件以及医疗等领域 3.在民宿租赁平台Airbnb研究如何通过区块链技术验证房东、用户身份以及信誉 4.美国纳斯达克交易所使用区块链技术处理代理投票 （1）网络基建暨应用程序界面：以太坊 （2）高阶人力中介：TRST.im （3）房地产：factom （4）钻石黄金：Everledger、BitShares （5）运动赛事：BraveLog

Unit 12-4 区块链技术"商品化"的三阶段

汽车涉及许多人的生命财产安全，所以各国政府对新车安全测试（俗称防撞测试）有许多严格的认证。药品牵涉大部分人的健康生命，所以各国对新药的上市审核程序非常严谨。区块链涉及人、公司跟银行间的财产交易安全，许多人的钱都是流血流汗赚来的，所以法律对诈骗犯、强盗犯的刑罚很重，因为"钱"是许多人生存的基本条件。

由汽车、药品来看，那么来论区块链技术运用的"商品化"（或"服务化"）就同理可通了，详见图12-4-1。简单地说，要让金融科技（以区块链为例）被各国采用，是个漫长的过程，至少须耗时10年以上，跟自动驾驶汽车最快2025年在美国部分州上路一样。

一、概念期：1982—2014年

在1982—2014年区块链属于概念期，先有个商品概念，再开发出雏形。

（1）太极生两仪：区块链是把数个人间"文字"接龙游戏，通过网络"数据包"的方式传递，传递的内容如果是"货币"，那就变成"数字货币"。两个例子，2009年的比特币、2015年的以太币，小试身手。

（2）区块链概念的三阶段发展：传递内容由"数字货币"，进一步到数字、文字，只要人跟人、公司跟公司间的资料传递便可衍生出来。详见Unit12-1。区块链技术处于过度期望的高峰期（Peak of Inflated Expectations），要进入主流市场并带来真正颠覆性的影响，至少还要5～10年。在这阶段里，失败情况会远多于成功案例。因此，勇于尝试并怀抱耐心给这个新技术多一点时间，会是每家公司必须具备的心态。

二、验证期：2015—2020年

信息技术等大众运用，皆必须经过试验期，以证明其功能范围等，区块链情况如下。

（1）新药的本梦比：2015年7月，台湾生物科技公司浩鼎因一个新药的人体实验，股价从200元飙升到2016年3月700元。因人体实验结果公布（俗称"解盲"）不通过，股价一泻千里。浩鼎是生物科技股本梦比大梦初醒的里程碑。

（2）金融科技的本梦比：2013年起，因比特币的爆红，许多人吹捧背后的区块链技术。很多人认为区块链技术几乎无所不能，可说是金融科技中的本梦比技术。

三、区块链技术商品化第三阶段：2021年后

以20世纪50年代，美国推出信用卡来类比，历经70年努力，有些商店仍不接受信用卡。区块链的数字支付等须历经以下商品化过程两阶段。

（1）两家以上大型银行先跑：银行运用区块链会分两阶段，先是银行内各分行跟总行间的支付转账，再到两家银行间支付转账清算。第三阶段才开放给顾客。“支付区块链业务”没问题后，国际汇款是更久以后的事。以玉山银行为例，玉山银行数字金融事业处协理刘美玲表示，玉山银行希望先从小规模、银行内试营运，试行成功后延伸至外部应用。（《经济日报》，2016年9月9日，A5版，韩化宇）

（2）中央银行数字货币应该是2030年以后的事：当许多银行运用区块链于支付、转账、结算等安全无虞后，一些国家的中央银行才会考虑发行“数字货币”，可能分三阶段：在类似“同资系统”中扮演结算角色（或取代同资系统）、央行跟银行间结算，央行对大众发行数字货币。

用新商品开发过程说明区块链技术

商品	雏形发展期	验证期（proof of concept）	商品化阶段
新药	公司研究室 1. 药理实验 2. 动物实验	申请人体实验、取得药证	在各国取得药证后上市
区块链技术商品化	2008年中本聪的加密货币主张	1. 2009年1月3日上市的比特币 2. 2015年上市的以太币	最快2021年才会进入产品生命期的导入期认证流程

图 12-4-1　用新商品开发过程说明区块链技术

Unit 12-5 区块链在银行业运用的导论

2017年7月20日，金融公司推动“公益区块链”，先运用于联合劝募基金会，以进行一个项目募款案例，该项目目标是募款1000万元，运用区块链技术后，可以即时知道还差多少就达成目标，例如：收到800万元，还剩下200万元的额度，该机构能马上掌握，不会溢收，对捐款的对象，也会运用区块链技术追踪拨款记录，绝不会有流向不明的问题。

在公益捐款区块链平台成立后，成员包括慈善机构、代管善款的银行、主管机关。届时包括民众的捐款记录、慈善机构拨付捐款、以及主管机关的查询，都会在区块链平台上留下记录。

区块链技术在银行的运用详见表12-5-1。

区块链技术运用于供应链融资

时间：2016年

地点：中国台湾台北市

机构：第一银行成立项目小组与“数字金融区块链应用实验室”

事件：第一银行承办客户供应链融资、销售链融资、价值链融资，协助供货公司与零售公司最直接的资金挹注。第一银行从上百家客户选出一家中心公司后，展开平行导入与测试，通过平行导入策略加以验证区块链成效与提升客户满意程度（《工商时报》，2016年11月16日，A16版，孙彬训）

区块链技术运用于贸易融资

时间：2016年9月8日

地点：英国伦敦市

机构：英国巴克莱银行（Barclays）

事件：信用状交易下列2家公司

（1）出口公司：爱尔兰农产合作社Ornua（前身为爱尔兰乳品局）价值近10万美元的奶酪与奶油出口

（2）进口公司：Seychelles贸易公司

数字信用状技术：以色列的公司Wave。信用状运用Wave的技术完成货运单据、保险等文件的数字加密签章，4小时内完成开状、交付（《经济日报》，2016年9月9日，A5版，汤淑君）

表12-5-1 区块链技术在银行业的运用

组织层级	区块链技术	在银行业的运用
一、中央银行 1.数字货币 2.清算系统	—	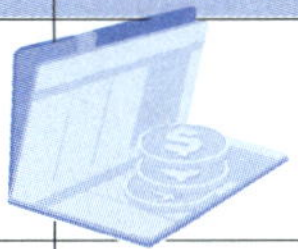
二、商业银行 （一）支付 1.银行间 2.手机支付 3.汇款	数字化货币 账联网 例如：账联网络公司 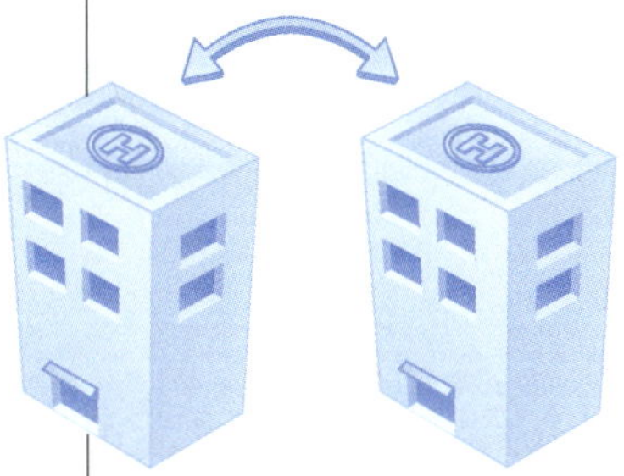	2016年8月24日美国纽约市梅隆银行等发展区块链结算数字货币，提升结算效率 中国台湾远东银行发展QR Code多元支付整合服务平台，作为提供商店行动支付的后援平台，更进一步做到可从系统端修改程序，让各商店机动扩充可接收各种新兴支付工具 美国摩根大通（JPMorgan Chase）深试某种区块链技术，2016年为大约2200个客户在伦敦、东京两大金融中心之间转移美元资金。2016年15家日本银行通过Ripple区块链实验小额实时汇款，2016年9月2日维萨公司等宣布测试小额支付与跨境汇款的区块链应用
（二）贷款 1.企业金融 （1）资金调度管理 （2）贸易融资 （3）供应链融资 （4）联贷 2.消费金融 账户及交易资料查询	付款人钱一汇出，出货人第一时间马上就能知道，未来出货将加速 把供应链每层的收付往来，一层层地串联起来 银行或消费者直接运用区块链就可以比对与查询第一手的交易信息及账目	通过区块链技术让企业快速掌握金流概况 2016年8月14日美国银行跟微软研发进出口公司间的信用证技术。许多国家银行研究，如2016年9月8日，英国巴克莱银行（详见小档案） 通过供应链更透明地传递信息给所有参贷银行 
（三）营销 1.公益捐款 2.了解顾客的资料分享 3.信用卡红利点数 4.其他	（1）可信任守门人（Trusted gate keepers） （2）建立“了解顾客链”（KYC chain）跨行红利集合兑换，持卡人想兑换某一商品时，对于各银行的信用卡红利积点可共同累积兑换，各持卡人间红利积点的移转，让某些人可搜集更多红利积点	把捐款人、捐款机构及受助对象，通过区块链快速完成捐款及统计身份验证，银行之间通过区块链进行顾客资料分享 让信用卡持卡人把红利跨银行累积兑换商品 

资料来源：《工商时报》，2017年1月25日，A15版，朱汉仑。

Unit 12-6 智慧契约

语言是流通的，中国台湾人口中的韩语“欧巴”，指的是“帅哥”，年轻俊男在大陆称“小鲜肉”。两岸在用语上有些不同，我们先有这个常识，再来说“智慧契约”。智慧契约概念见图12-6-1。

一、智慧契约：以旅行综合保险为例

2017年7月兆丰保险、国泰产险携手毕马威管理股份有限公司，在个人旅行综合保险承保范围中之班机延误部分，导入区块链的智慧契约（Smart Contract，又称智能契约）技术，针对航班预定抵达与实际抵达目的地之时间信息予以比对，于确认符合班机延误理赔条件时，主动理赔，提保户只需提供相关理赔文件，兆丰银行、国泰产险即可依约给付赔款，大幅提升理赔处理效率与强化对保户之服务。这是金融科技中的“保险科技”。智慧契约技术在金融业的运用见表12-6-1。

二、以太坊

在数字货币、智慧契约的领域中，较出名的是以太坊，（详见以下小档案）。许多信息名词，例如：“路由”“以太”等音译，令人不知所云，义译较传神。

以太坊（Ethereum）

成立时间：2016年，通过群众募资取得资金来发展
地址：瑞士，以太坊基金会（Ethereum Foundation）
创办人：布特林（Vitalik Buterin），另加上加文·伍德（Gavin Wood）等
性质：智慧契约（smart contract），以“以太虚拟机”来处理点对点间的合约
产品：以太币（Ether,ETH），以作为执行“以太坊”智慧契约的应用
编辑语言：ctt,Go,Java,Python等
ether：以太，这是音译，意译是“大气层”

图12-6-1　智慧契约

表12-6-1　智慧契约技术在金融业的运用

行业	说　明
一、银行	（1）银行间资金清算等 （2）跨境支付、电汇
二、保险	例如：“旅行不便险”中的航班延误险，签的是“智慧契约”，契约系统会自行去抓全球航班延误的信息，一旦发生了航班延误的事实，契约就生效，就会直接理赔到投保人的账户
三、证券	（1）限价单 （2）程序交易（Program trading）

维塔利克·布特林（Vitalik Buterin）

出生时间：1994年
现职：区块链平台“以太坊”创办人兼研发主管
学历：加拿大滑铁卢大学肄业
获奖：奥林匹克信息奖铜牌、提尔奖学金、2014年世界科技奖

Chapter 13

银行分行综合业务的数字化

Unit 13-1 网络身份识别的认证

在中国台湾去银行、证券公司申请开户，要带双证件（身份证、健保卡或驾照等），很多事皆须用到身份证。在美国，你看美国电影，经常谈到的ID指的是“社会安全卡”上的号码时序。进入2016年的数字银行时代，其中2015年3月手机支付先开跑，对于身份认证须于手机联网处理。

一、大分类：台湾当局vs.民间

在网络认证方面，依公务与民间用途，分成两大类：

（1）台湾当局：台湾内政事务主管部门

用途：人民跟政府部门间的网络服务。个人取得“网络身份证”，便可上网跟政府部门洽办各项临柜交易，例如：台湾内政事务主管部门的户政和地政、台湾卫生福利事务主管部门的健保、台湾劳动事务主管部门的劳保、台湾财政主管部门的税。

网络身份证的两种形式：有IC卡版（申请工本费250元），用在计算机旁的读卡机；有手机APP版。

（2）民间：台湾网络认证公司（详见以下小档案）。

二、中分类

由表13-1-1第二栏可知，为了因应银行的手机支付业务，台湾网络认证公司成立“身份识别中心”。消费者使用通过手机付款（绑金融卡、信用卡甚至各类账户）、免卡提款等，在单一银行办理存款，以后在手机付款时，通过在线快速身份识别（Fast identity online,FIDO）便可进行跨银行、跨平台认证。

台湾网络认证公司

成立时间： 1999年

地址： 中国台湾台北市

资本额： 2亿元

大股东： 证券交易所、证券集中保管公司、财金信息公司、关贸网络公司各20%，其余是民股

董事长： 张殿冬

主要业务： 电子认证（电子认证签发、注销、展期、公布，完整的身份识别信物管理，并区分其信赖等级），数字签章公司密钥制作，电子凭证目录服务，电子文件时间戳服务，电子文件存证与公证

表13-1-1 个人网络身份认证的分类

大分类	中分类
一、台湾当局 台湾内政事务主管部门凭证管理中心 例如："实务作业基准" 1.4版是2010年11月订定	补充说明 给予自然人凭证号码（personal identification number, PIN）作为"网络身份证"
二、民间 1994年起，台湾网络认证公司出现，用于网络交易	（一）手机支付 2016年11月，台湾网络认证公司成立"身份识别中心"，认证标准由银行公会规定，2017年起对外营业 （二）其他

顾客游程地图（customer journey map）

又称顾客（或使用者）体验旅程地图

customer journey map tool

这是形容顾客在公司的各种"接触点"（touch points）如何跟公司各方面互动

customer journey mapping

例如：运用usx、mastery等信息系统，把顾客的旅程化成图像，以便在视觉上了解

user journey map template

运用顾客旅程地图"范例"或"模板"（template），改善公司营销策略

TWID身份识别中心

2016年11月因台湾地区金融监管机构的"金融科技发展策略小册子"政策而成立的TWID身份识别中心，2017年3月29日宣布，可直接介接使用自然人凭证用户身份确认服务。

未来金融单位若是有身份识别上的需求，不需要各自介接不同身份验证单位，只要单一介接TWID身份识别中心，即可让客户经由使用金融凭证、芯片金融卡、自然人凭证等不同机制来完成身份识别。

Unit 13-2 金融业的网络申请开户

2015年起，金融业各行业各公司纷纷宣布开放网络申请开户，发布新闻公告周知，详见表13-2-1。

一、用膝盖便可得到结论

有一些银行针对活期储户、申请信用卡的新客户进行顾客调查，发现他们对办理银行业务的反馈是“很花时间”“很麻烦”（例如：要带齐双证件、签一堆表单）等，套用营销管理中的名词，这些就是“顾客痛点”（customer pain points）。这个调查是“白花钱”的，因为只要自己以顾客身份去办一次，便会针对痛点“有感”。

二、2016年7月，台湾8家公股银行全员到齐

在一个行业中开展新业务，有“先知先觉”早早提出新业务的公司、中间的大部分公司，还有“后知后觉”的“晚期”公司，甚至有“不知不觉”的公司。以8家公股银行来说，大抵可说是处于“中期”“晚期”公司。2016年7月，台湾8家公股银行全员到齐。网络申请开户再也不是新闻。

台新银行“24小时在线柜台”

时间：2015年8月15日

地点：中国台湾

人物：台新银行客群经营处副总经理刘树芬

事件：2005年台新银行为了解顾客行为的转变，举办“新生活运动”网络活动调查，结果发现，6000位参与调查的网友到分行申办金融服务申请或交易时，包括等待的时间，业务平均完成时间60分钟。因此，台新银行通过网络服务平台提供信用卡、信用贷款等在线申请服务（《经济日报》，2015年9月14日，A3版，陈怡慈）

顾客痛点（customer pain points）

痛（苦）点：指顾客使用某一产品/服务中“不满足”的落差，以致顾客心中觉得“痛”

缘起：源自人身体中的疼痛，例如：“疼痛点”治疗。在中国，2015年起流行品牌营销的三个点，“痛点”比较是营销研究中的了解消费者的“需求分析”

“痒点”是指消费者决策程序中的“欲求”（心动）

“卖点”是在公司的角度，如何使广告等让顾客“心痒痒”的

表13-2-1　金融业网络申请开户

金融业	网络数字账户	说明
一、银行 	（一）本行顾客 （1）旧顾客只要是年满20岁的台湾自然人，且是第一银行既有存款顾客，就可在网络上开立数字存款账户，完成“身份验证”“上传证件”“检视基本资料”“输入安控验证密码”等四个步骤后，就可迅速完成新存款账户申请开立作业 （2）新顾客上网填写开户基本资料，上传双证件照片，通过计算机视频辅助完成身份证明等步骤，就能完成开户	每笔上限5万元、每日总额度10万元、每月20万元为限可投资基金理财、转账与缴费，基于风险管理，因此存户能进行低风险交易 
	（二）其他银行顾客 提供他行实体银行账户资料，例如：信用卡卡号或他行账户资料	—
二、证券公司 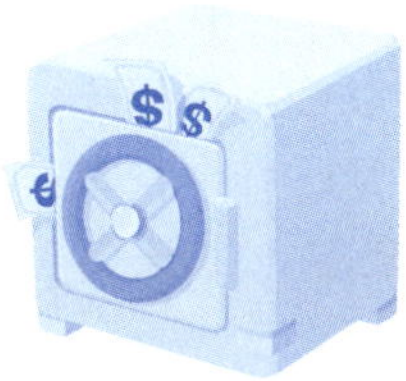	（一）开户 自2015年6月开放以来，富邦、永丰金、兆丰、日盛、合库等五家证券公司可以进行在线开户。证交所2016年11月开放证券公司可以用平板等电子载具来签署契约，永丰金证券于16日启用QR Code文件快验通办理投资人财富管理开户契约书及风险预告书的签署	QR Code文件快验通，是一项结合电子凭证与QR Code的技术运用，经过电子签章Signed之QR Code具有可验证、可信赖及可防止文本遭窜改的特性，借由QR Code把电子签章随文件传递之运作方式，证券公司可提供投资人开户契约书及风险预告书之电子认证文件。
三、保险公司	自2010年起可用电子载具与顾客签契约	—

Unit 13-3 在线申请信用卡——以永丰银行为例

在线申请信用卡过程详见表13-3-1，普通级信用卡刷卡额度12万元，这是银行对持卡人的授信（信用贷款），所以征信审查比开立活期储蓄存款（即提款卡）需多一些文件、程序。本单元以永丰银行的做法为例说明。

一、痛点

以“顾客旅程”（customer journey，详见Unit13-1）的方式，描绘出顾客开户过程的情境与步骤，于顾客角度思考，哪些过程过于麻烦、需要改造，再经过多次的使用者测试与修正，最后推出“云端开户”的在线开户功能。打造更好的“使用者体验”（User Experience,UX）。

二、永丰银行的网络申请信用卡

网络申请信用卡项目，由电子金融外资深协理严国瑞与跨部门的同事携手完成。严国瑞强调，银行进行流程改造，必须遵循金融法规，因此需要信息、平台与金融专业的各部门一起讨论。跟不同部门同仁有很多辩论，也感受到同事的抗拒，“因为我们把很多旧有流程改掉了，但银行害怕出错。”他说。因此，严国瑞化身成“传教士”的角色，不断地跟同事沟通，成功说服自己人的关键，是让每个人都从客户的角度来思考。

永丰银行在线申请信用卡项目

时间：2015年5月

地点：中国台湾

人物：严国瑞，永丰银行电子金融处资深协理

事件：利用“云端开户”，顾客可以24小时在网络上预约开卡，只要把身份证拍照上传，后续会有专人电话联系，确认身份资料及领卡方式，15分钟之内可以跑完所有流程。最快在1天之内，就可以领到信用卡，还可以选择专员送卡到家。在2016年10月出炉的满意度调查中，有98%的使用者满意，92%愿意把“云端开户”推荐给亲友（《天下》杂志，2016年11月19日，第219页）

表13-3-1 在线申请信用卡的历程

时间	2017年6月	2016年7月6日	2017年5月16日
一、规定	开通“自然人凭证”信用卡、开户功能	推出“信用卡辅助持卡人身份验证”平台，提供电子支付机构身份验证服务	银行提供“以卡办卡”服务，即已有信用卡的民众，可以利用这张信用卡验证身份，此属于左述平台的第二阶段
二、银行做法	花旗（台湾）银行号称是第一家，另有台湾中国信托商业银行、玉山银行。新户只需“填写资料”“连线认证”“上传文件”等三步骤，在6～10分钟内就能完成所有流程	下列两类公司加入： （1）4家支付公司，国际连、支付宝、智能宝、台湾电子支付 （2）29家银行 	2017年，玉山银行抢先推出信用卡验证办卡，远东银行立刻跟进，宣布成为首家提供存款账户和信用卡双轨身份验证申办信用卡的银行。 为鼓励在线以卡办卡，玉山银行推出核卡后45天内首刷单笔888元，新户加码赠统一超商现金抵用券200元的优惠活动
三、说明	自然人凭证是一张IC芯片卡，申办较麻烦，需到户政事务所，不限户籍地，带身份证原件，准备一个电子邮件信箱及IC卡工本费250元。使用自然人凭证能“免费”快速查阅个人信用报告，只要年满20岁，进入联征中心网站后，输入身份证号与凭证密码登入，即可在线查阅信用报告	申办流程：只要持有自家或其他银行的信用卡，在特定网页输入信用卡卡号、有效日期，并上传身份证及财力证明资料，新户就能在网络上申办信用卡 	民众可以利用有效期在半年以上的“既有信用卡”，线上直接申办其他银行金融账户或再办一张卡 远东银行结合财金信息公司“跨行金融账户信息核验系统”，同时提供“存款户与信用卡户”双轨线上身份认证，适用20家银行存户与卡友。只要输入他行银行名称账户等，就会通过财金信息公司进行身份验证并提供财力证明，完成开户办卡

资料来源：《经济日报》，2017年8月11日，B4版，叶忆如。

Unit 13-4 在线存款

市场上各家“数字金融账户”（digital account）推出高利、便利及起息金额超低三大优惠，吸引顾客开立数字账户。数字银行的业务许多是网络银行业务的“手机版”，在线存款便是其中一例。

一、从美国电影《云端情人》谈起

你有没有看过电影《云端情人》？一部看似在2025年人工智能的水平便可在现实生活中发生的电影，人跟信息系统的“拟真”声音化身谈恋爱。重点是片中的“女主角”看不到、摸不着，我们借由此点说明银行的数字存款。

二、在线存款：看不到、摸不着

银行的数字账户都是“看不到、摸不着”。

（1）看不到：没有存折。

（2）摸不着：不能领出存款，数字账户上的钱只能用于“数字交易”，例如：付信用卡卡费、手机转账，甚至金融投资。银行为了节省线下成本，提出一些优惠措施，鼓励顾客多开数字账户。

（3）渣打银行活储利率很高。渣打银行“心幸福”数字账户，活储锁定新顾客新资金，存入新资金累计达1.5万元以上、10万元以内可享1.8%利率，10万元以上部分以1.2%利率优惠，目的是希望培养潜在财富管理顾客。

表13-4-2列举了台湾地区4家银行的数字账户情况供参考。

三、结果

时间：2016年1月至2017年6月

银行数目：21家

开立账户：20.4万个

表13-4-2 四家银行数字账户情况

银行		台新银行	国泰世华银行	台湾中国信托商业银行	华南银行
一、时间		2016年	2016年	2016年	2016年7月
二、数字账户名称		Richart	KOKO	Home Bank 方便家	SnY
三、活储利率		存款金额在100万元内，存款利率1%	一般为0.01% 短期活动余额达50万元内1%	一般为0.01% 短期活动余额达50万元内1%	10万元内存款利率1.1%
四、其他	1.支付	（1）信用卡折扣部分，刷@GoGo悠游御玺卡，一般渠道折扣率0.5% （2）每月5次免费跨行转账	（1）一年50次跨行转账免手续费 （2）信用卡优惠部分，刷KOKO信用卡，包括网络购物、悠游卡自动加值都可享有3%现金反馈	社群收款 详见右述	（1）手机进行转账、付款、信用卡现金回馈最高3.5% （2）"揪团摇红包"首创"一对多手摇转账服务"，开启华银APP通过近距离定位，让朋友吃饭直接用手机分账
	2.投资	台湾票据交换所ACH[①]代收代付机制，每月自动存入20000元	银行各种商品的交易与查询服务，在基金投资部分，有理财专员协助过滤筛选基金，最低投资门槛1000元	可实现	最低理财手续费0元起 

资料来源：整理自《经济日报》，2016年9月9日，B3版，夏淑贤；2017年1月5日，B4版，郭幸宜。《工商时报》，2017年1月12日，A23版，张长根。

①ACH：台湾票据交换所的代收代付业务（Automated Clearing House,ACH），俗称媒体交换业务。

Unit 13-5 自动柜员机免卡提款

奔驰等高档汽车为了防窃，驾驶座把手采取数码锁，发动引擎方式改用车主指纹按压。同样道理，各国银行（有些还包括邮局等）的自动柜员机，成为犯罪份子的“狩猎场”。例如：

（1）夜间时，歹徒强抢落单的提款人士。

（2）以盗领方式偷钱。

一、全球自动柜员机数目

（1）2016年317万台：如图13-5-1之走势，全球自动柜员机一年约增加20万台。

（2）新兴国家增加，工业国家停滞或减少。全球自动柜员机数目逐年增加，这跟全球人口数目类似，新兴国家人口增加，工业国家人口停滞或减少，至于美国人口一年增加百万移民。新兴国家的经济一旦人均总产值到1000美元，借款、支付需求大增，银行需求大增，自动柜员机随之增加。美国的自动柜员机逐年增加，从1997年10万台增至2017年42.5万台。

二、免卡提款的效益成本分析

免卡提款对顾客（存户）似乎“有利无害”，对银行来说，在顾客手机绑金融卡情况也是划算的。

（1）对顾客。由表13-5-1第二栏可知，顾客在使用金融卡时存在“痛点”。电视新闻偶尔报道犯罪小组在自动柜员机处装针孔摄影机，侧录顾客操作时按的金融卡密码（6位数字），再偷走顾客金融卡，以盗领存款。因此，有时顾客喜欢生物识别（指纹为主）、手机绑金融卡方式，彻底免除金融卡衍生的许多缺点。

（2）对银行。对银行来说，推动免卡提款可能“效益小于成本”，这是指自动柜员机外加生物识别设备。对银行较省成本的方式是“手机绑金融卡”。

三、担心提款卡被盗领是杞人忧天

2016年，中国台湾汽车失窃数量有多少？答案是“6300辆”，这很多吗？有两个比较标准：

（1）跟2016年新车销量44万辆比较，占1.4%。被偷汽车大都以新车为主，以此来说，占1.4%，看似有些高。

（2）跟汽车存量780万辆中78%为乘用汽车608万辆比，占0.1%。

（3）2017年7月31日，财团法人保险发展中心公布，2016年有投保窃盗险汽车178.58万辆，失窃理赔588次，失窃率0.03%。

这两个比率皆极小且破获率八成，因此汽车失窃率大为降低，所以车主不用忧心忡忡地怕车被偷。同样地，金融卡盗领案一年少于365件，占比不超过0.001%，不用杞人忧天。

全球自动柜员机数目

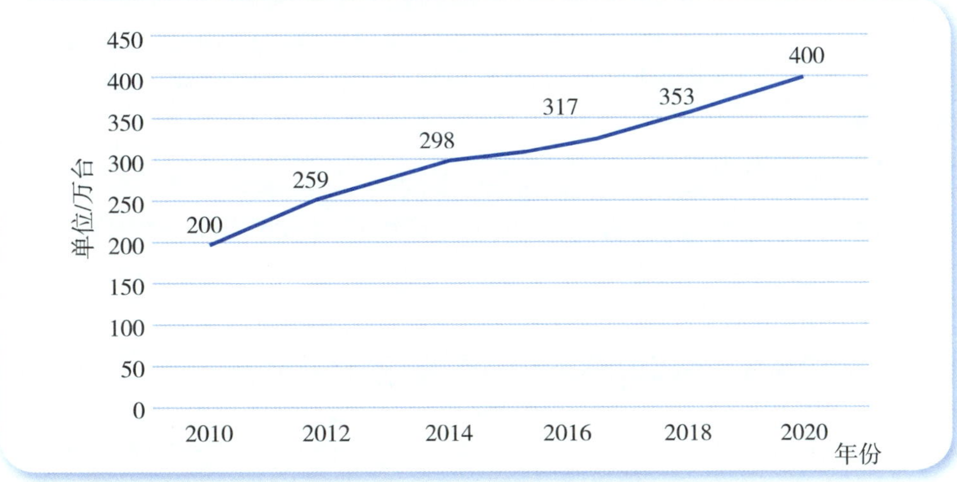

图13-5-1　全球自动柜员机数目

资料来源：零售银行业务研究院公司（Retail Banking Research, RBR）。
注：2020年为预估数字。

表13-5-1　免金融卡提款的效益成本分析

项目	对个人	对银行
（1）效益 	避免使用金融卡的四大疑虑： （1）金融卡遗失，且密码被破解（因使用懒人密码，例如：123456） （2）提款时，金融卡密码被侧录，再加上金融卡被偷等，账户金额被盗 （3）忘了带金融卡，以致无法领钱 （4）金融卡遗失，须至原申请分行重办，很麻烦	减少各分行服务柜台人力 
（2）成本	必须到银行申请手机支付	指纹式：必须在原提款机上增加一个指纹按压槽，其余生物识别方式按理可推
（1）-（2）=净效益	应该是利大于弊	效益大都是给顾客，自动柜员机更新成本较高

Unit 13-6 银行自动柜员机免卡提款的生物识别

2005年至2007年8月27日，中国澳门的威尼斯人酒店在兴建时，为了管理数万名工人，在入口处采取指纹识别。这个全球第二大的人造建筑物，探索频道曾介绍其兴建过程。

一、生物辨识导论

人通过识别人的脸、声音（例如：打电话时）来彼此辨识，继续延伸，在警察办案时，采取指纹来判定当事人身份。2005年起，生物识别（biometric）技术开始被各行业导入使用。

二、2013年起，手机先采用

2013年苹果公司iPhone5s的指纹识别系统，知名科技专栏作家华特·莫斯伯格（Walt Mossberg）使用过后，表示iPhone5s的指纹识别功能成为改变局势的关键（game changer）。指纹识别只需要使用者把手指头往手机下方的指纹部位感应器轻轻一压，就可以对手机快速解锁。在安卓作业系统阵营的手机上，可以在不同的手指设定不同的快捷功能，“一指就搞定”的时代来临。

三、银行的免卡自动柜员机提款

2015年起，各国银行开始把生物识别技术运用于自动柜员机的免持金融卡提款。表13-6-1中第一栏是依人的身体部位由上到下排列，把生物识别技术在银行的运用分类。第二栏说明银行所采取的生物识别方法运用于自动柜员机免卡领款。

产业竞赛的改变者（game changer）

含义：指一个人，一家公司推出产品/服务巨大改变行业的营运状况等

在零售业：1994年，杰夫·贝佐斯（Jeff Bezos）创立亚马逊公司，改变美国零售业的样貌

在汽车业：2003年，埃隆·马斯克（Elon Musk）推出高效能且价格低的电动汽车

刷脸支付系统

时间：2017年5月19日

地点：中国

机构：支付宝

事件：刷脸支付在2013年7月由芬兰的Uniqul公司全球首次推出。在2017年5月19日，支付宝的刷脸支付的短片在网络上播出；2017年7月10日，阿里巴巴集团推出无人商店

表13-6-1 银行自动柜员机的生物识别方式

生物辨识部位		银　行	说　明
脸/眼	（一）脸部 	2015年10月28日起，中国招商银行推出这种识别方式，顾客要先用分行的照相机，依规定方式拍照	（1）顾客先在自动柜员机前拍下照片 （2）通过身份验证 （3）单日领款上限3000元人民币
	（二）眼睛“虹膜”（俗称黄仁） 	2015年10月27日《华尔街日报》报道，美国花旗银行跟美国自动柜员机公司迪堡太平洋（Diebold）研发眼睛虹膜识别自动柜员机 	2016年8月3日，韩国三星电子的Note7手机有此功能；2015年5月14日，日本富士通开发出第一只采用此方式的手机
嘴巴	（一）声纹辨识（声纹通过波长、频率以及强度等130种特征值组成） 	（1）2016年5月17日花旗银行完成声纹注册后，顾客若打电话至花旗电话理财中心，信息系统会自动辨识声纹，15秒完成身份认证；首波290万名信用卡顾客，第二波推展至财富管理客群；集团在2017年，把声纹辨识系统推展到亚太区域十二个国家 （2）韩国BCcard，在线刷卡	全球声纹识别使用人数6000万人，每月持续新增120万人，有19个国家推动声纹识别，包括美、英、德、意大利、以色列等国家，应用于金融业、电信通信产业、政府机构等领域
手指	（一）指纹 	至少有两种“接触式身份证”（touch ID）： 2016年9月20日花旗银行“花旗行动生活家”，指纹登入可在iPhone5s以上手机，或安卓系统下载指纹APP银行首创的“账户预览”“指纹登入”“移动密码”，30秒内就可预览账户、登入网银，转账交易。仅会显示账户余额及最近5笔交易，可大量节省下载资料的通信时间和费用，可维持顾客资料安全	花旗银行副总经理消费金融总事业群李芸指出，数字金融策略为运用最新的科技，以简单及快速为提供顾客更超群卓越的金融体验，满足顾客使用体验（《工商时报》，2016年9月20日，C3版，陈碧芬）
	（二）指静脉 	2016年5月31日，台湾中国信托商业银行“指静脉自动柜员机提款” 1.持芯片提款卡至自动柜员机申请手指静脉提款； 2.选任一只手指进行指静脉手指录制并自设一组指静脉提款密码后，即申请完成； 3.把手指放在指静脉设备装置上，输入身份证号及密码，验证通过后即可进行提款交易	（1）当指静脉识别失败，仍可用金融卡提款 （2）这技术是跟日本日立公司合作

Unit 13-7 美国和中国台湾自动柜员机免卡操作的发展

美国和中国台湾在自动柜员机免卡操作的进程相近。

一、免卡提款的运作

由表13-7-1可知，顾客想在邮局、银行免卡提款必须“过两关”。

（1）申请免卡。

（2）到自动柜员机领款：手机绑金融卡到自动柜员机免卡提款的程序，比手机付款多一道程序，即登录“手机银行APP”，用手机对着条形码扫码器让其辨识手机，才能实现。

二、2015年起，加拿大和美国情况

2015年，加拿大的一些银行推出“免用金融卡在自动柜员机领款”（简称免卡提款）。美国在银行自动柜员机免卡提款进程跟中国台湾同步，详见表13-7-2。

（1）2015年导入期：由表13-7-2可知，加拿大、美国一些银行先试水温。

（2）2016年成长初期：试验期结束，2016年有许多大型银行加入战局。

三、中国台湾的情况——台湾中华邮政的例子

2016年，中国台湾各银行、台湾中华邮政公司（俗称邮局）大幅打电视广告宣传自动柜员机“免卡”提款。

美国摩根大通银行ATM免卡提款

时间：2017年1月26日起

地点：美国

机构：美国摩根大通银行

事件：自动柜员机“免卡”提款，每日提款上限为3000美元，这是统计数字，能满足95%以上的顾客需求。纸钞面额为1、5、20、100美元

办理阶段：以纽约市2100台自动柜员机为例，2015年第一阶段156个分行的自动柜员机优先，2016年进入第二阶段

表13-7-1　邮局和银行的自动柜员机免卡提款

项目	邮　局	银　行
时间	2016年12月19日起	2016年9月起
网络账号	持有邮政芯片金融卡或VISA金融卡的储户，且已申请网络邮局账号，以及安装“e动邮局”网络凭证。可临柜或利用金融卡登入“网络自动柜员机”网站申请“自动柜员机无卡提款服务”，并设定“自动柜员机无卡提款密码”	以苹果支付为例。以“近场通信”（NFC）为主，顾客拿手机靠近自动柜员机的近场通信感应区，手机会显示输入密码或压指纹
自动柜员机提款	顾客到自动柜员机提款前，先登入“e动邮局”APP点选“预约无卡提款序号”，设定提款金额（一次可提领最高3万元），并取得序号后，15分钟内于自动柜员机输入序号、金额及无卡提款密码，即可提领现金，无卡提款序号以手机简讯通知，逾时失效，强化使用安全性	顾客在手机上登录手机银行APP，输入提领金额，走至自动柜员机后按下行动现金按钮。当顾客以手机对着条形码扫码器锁定行动条形码后，机台吐出要提领的现钞；手机与无卡自动柜员机之间的资料交流会被编成密码，只要吐钞完成，有关交易的资料即会消失，不可能再使用，手机使用密码或指纹识别的顾客，更可增加一层安全性，手机上不会储存金融卡的资料，一旦顾客遗失手机，银行能通过网络删除手机的APP

表13-7-2　2016年美国用手机APP免卡提款

时间	说　明
2014年9月	英国埃塞克斯郡市调机构英敏特咨询（Mintel）调查，72%的受访者表示愿意使用可提供高级交易功能的自动柜员机，例如：兑换支票、把一笔存款分拆存入多个账户并缴纳信用卡或贷款（《经济日报》，2016年3月5日，专7版，叶亭均）
2015年	在自动柜员机插入金融卡时，存在个人与账户资料被盗取的问题。专家估计全球银行业损失约20亿美元
2015年3月14日	加拿大满地可银行（BMO）旗下在美国的满地可哈理斯银行（BMO Harris Bank）推出免卡式自动柜员机，让顾客通过手机来提领现金，操作时间10~15秒
2015年3月15日至2016年2月	自动柜员机软件与技术供货公司美国佛罗里达州FISGlobal公司总裁布朗（Dough Brown）认为，免卡自动柜员机有28家银行使用，约2000部自动柜员机。对许多人来说，在街上操作自动柜员机提领现钞的时间越短，就越安全（《工商时报》，2016年2月12日，A8版，锺志恒）。FIS是Fidelity National Information（保真度国家信息）简写
2016年12月	摩根大通银行利用手机的近场通信（NFC）功能，通过自动柜员机连接至个人账户，使用类似苹果支付、三星支付的结账服务，顾客在操作无卡式自动柜员机时，可将手机置于自动柜员机上，按压指纹、输入PIN码（限单次使用），或通过银行手机APP取得密码，输入密码，再输入个人身份认证信息（PIN）后，就能进行交易。提领金额上限3000美元，提供面额包含100、20、5、1美元

Unit 13-8 金融科技的综合运用——中国企业百度的做法

生物辨识中的人脸识别主要是依靠以下两项技术基础：

（1）大数据：同一个人在不同时间、环境的穿着和身材，尤其当从监视器、社交网络团体照等照片极多时。

（2）人工智能的计算：人工智能在人脸识别的运用至少包括三个方面即图像、语音、行为（例如：走路姿势）。

中国企业在人工智能研发布局见图13-8-1。

本单元以中国企业百度2014年4月推出的百度钱包“刷脸付”为例。

一、人工智能的运用

由图13-8-2可知，百度在两方面运用人工智能技术：

（1）人脸识别：人工智能中的图像（人脸照片）、语音（人的语音）技术，建构出人脸识别功能。

（2）行为：由图13-8-2可知，百度在人工智能的运用还针对“人”（主要是顾客）和机器（例如：计算机）。

二、辨识准确率

2015年3月，中国信息主管高峰会时，百度研发主管表示，百度在图像识别等方面的人脸识别错误率0.16%，谷歌的人脸识别错误率0.37%，人工识别的错误率0.8%。

三、2014年4月，百度钱包“免卡提款”

百度钱包“刷脸付”只要“脸部拍照+语音口令”，即可做到支付验证的功能，极为快速精准。

百度（Baidu）

成立时间：2000年1月

地址：中国北京市

资本额：663.82亿元人民币（2015年）

董事长：李彦宏

总裁：张亚勋（2014年9月起）

营收（2016年）：705亿元人民币（+11.9%，或101.69亿美元）

净利（2016年）：100.49亿元人民币（-13.9%，或14.48亿美元）

主要产品：简单地说，百度是中国版的“雅虎”加“谷歌”，以Alexa排名为例，全球搜索引擎市占率12.3%，是全球第二大的搜索引擎公司。其下的“百度钱包”，起自2008年10月28日，2013年10月，使用此名，在中国跟银联支付公司、大型银行皆连线，2017年7月，跟美国贝宝合作，贝宝的海外商店可用百度钱包

中国企业在人工智能研发布局

在生产因素方面强化

1.收购
2017年7月收购美国西雅图市KITT AI，创办人姚旭晨，偏重自然语言处理
2.人才
2017年7月12日，科技媒体TOPBOTS公布“20位驱动中国人工智能”的人才，百度占7位，例如：总裁陆奇、研究院院长林元庆。

运用（商品市场）

1.百度自动驾驶汽车
2.DuerOs
2015年推出，7项功能：语音唤醒、语音播报、应用控制、感情陪伴等。对手是亚马逊的Echo（搭配Alexa人工智能）
3.百度输入法
4.小度机器人
5.医疗大脑等

图13-8-1　中国企业在人工智能研发布局

百度的人工智能运用

图　像	语　音	行　为
通过“深度学习”工具，让电脑学习更多人类的神经元系统，深入了解人脑的运作，包括在图形识别上的工作过程等，再使用这些计算的结果，来提供计算机数据，以获得更好的计算机视觉，做更好的辨识	百度的深度语音识别使用神经元系统和数据资料，以提高语音识别的准确性。这种声纹识别成功率接近97%，能识别不同的声源，还具有高效过滤背景杂音、保留原声的能力。顾客念出短讯验证码中的数字，信息系统就能自动做身份验证，也能提高支付和资金的安全性，降低隐私权的侵犯	1.以大数据来了解人们在网际网络的环境中会做什么，百度的广告搜集很多数据来研究人的行为 2.对计算机等的管理，通过计算机数据分析机器人行为，我们可以了解机器在做什么，更有利于管理数据中心

图13-8-2　百度的人工智能运用

资料来源：《经济日报》，2016年7月23日，A13版。

Chapter 14

银行手机支付的布局

Unit 14-1 信用卡市场分析

信用卡是消费金融导向银行的“核心业务”，主要收入有二，2017年合计最高约490亿元。本单元先拉个全景，看SWOT分析中的“商机”与市场结构（偏重优劣势分析）。

一、市场商机

（1）刷卡金额：刷卡金额每年平均成长7%，略比经济成长率高。

（2）未偿余额：由于小额信贷利率约3%，且申贷手续简化，许多人借此偿抵信用卡未偿利率，由图14-1-1可知，平均利率8.83%，一般最低5.5%。

二、市场结构

信用卡双雄（台湾中国信托商业银行和国泰世华银行）的卡数占市场30.6%，前四大发卡银行市占率破40%，属寡占市场。

三、两雄相争

由表14-1-1可知，国泰世华银行、台湾中国信托商业银行跟寿险、百货公司、超市发行联名卡，最久绑定十年。两家银行卡数相近，刷卡金额差不多。

奥斯瓦尔德对“痛点”“创新”的主张

时间：2016年12月26日

地点：中国台湾台北市

人物：亚历山大·奥斯持瓦德（Alexander Osterwalder），瑞士籍知名的新世代创业人士，是“商业模式图”（Business Model Canvas，2008）及“价值主张图”（Value Proposition Canvas，2005）的发明者，2015年入选全球最具影响力的“50大商业思想家”（Thinkers 50），这项全球排名素有“管理学界的奥斯卡”美名

事件：要加速创新，重点是要“先承认你不知道”，“行动”是创新的关键，第一是找出消费者的痛点，接着就是不断实验，反复尝试，勇于失败，从失败中倾听消费者反馈，再回头修正，反而最能系统降低经营风险与成本，所以成功通常是“好的价值主张加上好的商业模式，再搭配好的执行力”（摘自《经济日报》，2016年12月21日，A12版，周美合、庄静怡）

信用卡商机分析

项目	银行	顾客
1.对象	36家发卡银行	20岁以上中国台湾人民可申请
2.数量	有效卡数2466万张（2017年2700万张）	
3.金额	第一名：从2015年3月算起，截至2016年，国泰世华银行	2016年刷卡金额2.42兆元
4.地点	花旗银行委托尼尔森营销研究公司针对全台湾25～55岁，年收入40万元以上及每月刷卡金额8000元上的持卡人调查，结果显示百货公司为“卡友”最常刷卡消费的地点	三大刷卡地点： （1）百货公司 （2）加油站 （3）超市
5.循环利率	（1）依法令上限15%，不同顾客区隔适用的加码利率计算，几乎都是每三个月重新检视利率 平均数：8.83% 中位数：7.35% 众数：7.35% （2）以固定利率计算者多，例如：国泰世华银行、玉山银行；浮动计算者少，如台湾中国信托商业银行、台北富邦银行、第一银行等，主要是以自行某一定存或放款利率再加上加码	信用卡未偿余额约1100亿元，以左述利率平均数8.83%来说：1100亿元×8.83%≈97亿元，加码金额约为97亿元

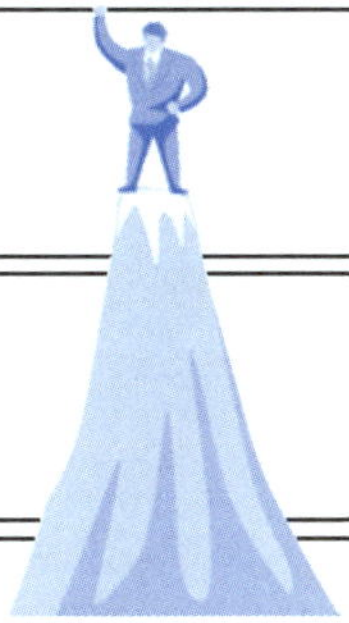

图14-1-1　信用卡商机分析

表14-1-1　2016年信用卡发卡银行两雄相争

项目	台湾中国信托商业银行	国泰世华银行
一、价		
（1）刷卡金额	3600亿元	3900亿元
（2）来源	远东崇光、远东百货联名卡	国泰人寿缴保费 另好市多、亚洲万里通联名卡
二、量/万张		
（1）流通	590（2017年流通数量为616）	353
（2）有效	383	372

注：第3~5名为玉山银行、台新银行、花旗银行。

Unit 14-2 银行在信用卡的业务开展

刷卡手续费：一般来说，联名卡持卡人的刷卡反馈，大都由银行从1.5%的刷卡手续费收入中支用，一支一出几乎没赚头。联名卡以外情况，比较有赚。

信用卡未偿余额利息收入。

一、低速经济成长的闷经济

台湾人口数停滞、经济成长率2%以下，大部分的经济现象都比较像2002年起美国卡通电影《冰川时代》中的主角之一喜德（树獭），动作很缓慢。

（1）流通卡数2700万张：报纸新闻每个月皆例行报道发卡、流通卡数，前者约4000万张，以1600万成人来说，平均每人持有1.7张卡。

（2）刷卡金额2.24兆元：2012—2016年，刷卡金额平均成长率7%，比经济成长率2%还高。

二、信用卡刷卡金额成长靠扩大使用范围

信用卡刷卡金额中高速成长的主因在于“扩大刷卡范围”，以2016—2017年来说明，详见图14-2-1。

三、现金反馈是硬道理

信用卡的服务内容一箩筐，但“现金反馈”比较实际。

对消费者申办信用卡的偏好调查

时间：2016年11月14日

地点：中国台湾

人物：Money 101.com.tw台湾董事总经理周纯如

事件：通过网络邀请网友参与即时投票，对消费者申办信用卡的偏好进行调查（可多选）

调查时间：2016年9月，回收有效样本为730份

消费者申办信用卡三大考量：现金回馈（87%）、首刷礼（71%）、发卡银行（64%）

男女性对信用卡的考量：详见表14-2-1

表14-2-1　男女性对信用卡的考量

排名	男性	女性
1	现金回馈（84%）	现金回馈（90%）
2	加油优惠（68%）	加油优惠（68%）
3	首刷礼（66%）	首刷礼（74%）
4	感应信用卡（65%）	发卡银行（67%）
5	电影优惠（62%）	电影优惠（62%）

资料来源：《工商时报》，2016年11月15日，C2版，孙彬训。

2016—2017年信用卡刷卡金额

项目	2016 年	2017年（预估）
一、刷卡（或签账）金额	2.42兆元	2.62兆元
二、新增刷卡项目	1.由联合信用卡中心建置“公务机关信用卡缴费平台”，2016年1月上线，像是户政事务所、等347家公务机关、公立医院5年内免收手续费。以公立医院为例 2.联卡中心所建置的“全国缴费平台”持续吸引商店使用 3.手机付款绑定信用卡消费	1.2017年4月，私立医疗院所协会跟威士公司推出“医指付”APP，让民众在医院使用手机付款，首波有13家银行和6家医院参与，但不包括医美与高级体检 2.另台大医院以健保给付6000亿元来说，刷卡金额成长可期

图14-2-1　2016—2017年信用卡刷卡金额

Unit 14-3 手机支付

在20世纪90年代，有些人在商店付款，掏出皮夹，内有一排信用卡专用的折叠夹，洋洋洒洒十余张信用卡，成为旁人羡慕的“多卡族”。2016年全台湾1700万位成人，有4000万张卡。2000年起，拿交通卡搭地铁、公交车，甚至到一些商店付款，看似新潮。2015年3月起，个人时髦支付方式为“手机支付”（mobile payment），许多人会讨论彼此的手机有没有网上付款功能。

一、手机支付的“刘姥姥进大观园”现象

清代曹雪芹名著《红楼梦》第40回“史太君两宴大观园”，其中以“刘姥姥进大观园”来说明贫富悬殊，刘姥姥是农村穷寡妇。后世以此表示：大开眼界、少见多怪。2015年3月起，台湾地区金融监管机构允许手机类电子支付上市。于是如同大学中常识课程般，许多报刊大幅介绍两种手机的通信原理。我们在此不提这些专有名词，只简单说明。

二、“90：10”原则的运用

对于手机绑信用卡或金融卡，共有两种方式（详见表14-3-1），套用“90：10法则”，占一成的其他方式可以略而不谈。

（1）手机绑信用卡支付占95%：这方式，有如你向你的某张卡（例如：万事达卡）的发卡银行（例如：国泰世华银行）申请“手机绑信用卡加活储”（详见表14-3-1）。这种上网申请方式很方便，约占手机支付95%。

（2）电信公司绑信用卡的近场通信（NFC）占5%：你须把手机拿到你的电信公司（例如：台湾中华电信）门市，更换SIM卡，如此才能执行手机绑信用卡的功能。这方式较不方便，所以在手机支付中只占5%。

（3）台湾支付（Taiwan Pay）：详见表14-3-2。

全球手机支付商机

时间： 2017年2月5日

地点： 美国

机构： 英国汉普郡的金融科技调研国际机构刺柏（Juniper）研究公司

事件： 2017年全球手机支付金额1.35兆美元。爱尔兰都柏林市的市调研究机构研究与市场（Research and Markets）公司的产业报告“Global Mobile Wallet Market 2017—2021年”预测，移动钱包市场的复合成长率为35.5%

表14-3-1 银行在手机支付方面布局

手机支付	银行家数	说明
一、绑信用卡		
1.TSM①手机	20	中国台湾支付（Taiwan Pay）
2.HCE②手机	17	2014年5月6日起威士卡专用
3.行动收单mPOS③	7	
4.国际代码手机	11	即外国手机支付
二、绑金融卡		
1.行动X卡（金融卡升级版）	2	—
2.手机	16	—

①TSM（trusted service manager）：信托管理服务
②HCE（host card emulation）：主卡模拟
③mPOS（mobile point of sale）：行动收单服务

表14-3-2 中国台湾支付跟外国手机支付比较

项目	外国手机公司	中国台湾支付
一、日期	2016年	2017年9月9日
二、参与支付银行	手机公司 1.苹果公司：苹果支付（Apple Pay） 2.其他公司：三星支付、安卓支付（Android Pay）	20家（2017年2月起） 1.8家公股银行 2.12家民营银行：上海商业储蓄银行、日盛银行、王道银行
三、对顾客、商店		
（一）价（对商店）	手续费较高	手续费便宜
（二）量	绑定指定银行的信用卡	“QR Code+网络银行”，首波业务绑定金融卡，600万个银行账号
（三）质	作业系统 苹果公司iPhone手机ios 其他手机：安卓	各种手机型号，输入密码，打开QR Code后完成扫描即可
（四）时	以近场通信（NFC）手机结账速度较快，使用上相对较为方便	手机扫描QR Code，统一QR Code，商店无须装感应式读卡机

Unit 14-4 手机绑信用卡

2007年2月，中国台湾高铁通车以来，2016年年搭乘人数5600万人次，一天约15.3万人次，但每日运输能力约30万人次，所以产能利用率约50%。台北到高雄直达车90分钟便到，那为什么还有那么多人搭火车、长程客运（价格约600元）？原因是高铁要价1490元，对许多人来说“高不可攀”。由这角度来看，手机支付看似好，为什么不能快速普及呢？本单元将对此进行说明。

一、供给端因素：商店怕多花钱

有人觉得“鸡生蛋，蛋生鸡”看似不知“谁先谁后”。一般来说，套用“鸟巢说”，公司把“好窝”准备好，人才就会“近悦远来”。同样地，在营销管理书上的分类，称为“供给（端）推动”（supply push）。在手机支付，商店须先砸小钱，把收银台的“销售端点系统”（POS）稍微更新，以感应手机支付。由图14-4-1可知，顾客五项“考量”皆属供给端因素。

二、需求端因素：持卡人怕被盗号

由图14-4-1可知，顾客不愿意使用“手机支付的原因”，主要是考虑其安全性，发生支付骗局，其方式有很多，电视常播出诈骗新闻。

三、一个手机绑信用卡、活储账户的例子

手机支付的资金来源有二：信用卡、提款卡。台新银行“一事不烦二主”“毕其功于一役”在实务上推行的解决方案。

阳信银行的数字银行业务

时间：2016年起

地点：中国台湾台北市

人物：郑琰庆，阳信银行电子金融部经理

事件：实体分行103家，在数字银行业务项目有三，即专柜台（主要是银行线上开户）、专收款（偏重手机支付）、专收款（对网络商店的收款服务）

考量使用手机支付的因素（2017年1月）

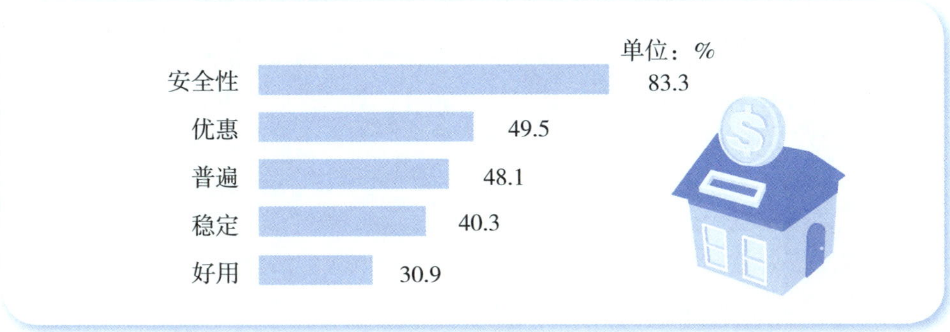

图14-4-1　考量使用手机支付的因素

资料来源：资策会产业情报研究所（MIC）。

手机绑信用卡与数字活储的@GoGo卡

时间：2017年1月起

地点：台湾

机构：台新银行

卡片：@GoGo虚拟御玺卡绑定Richart账户自动扣缴卡费

刷卡现金回馈：数字渠道3.5%，一般渠道1.5%，现金回馈金可存入Richart数字活储账户变成存活储利率1%，另享线上贷款、10元投资等服务（整理自《经济日报》，2017年2月6日，B3版，陈怡慈）

手机支付消费者调查

时间：2017年1月

地点：中国台湾

机构：资策会产业情报研究所（MIC）

事件："手机支付"是指"使用智慧型手机"通过QR Code扫描、近场通信感应、声波验证或一维条码，在实体环境付款以取得商品或使用服务

受访者的"使用情境"：账单缴费，转账服务，消费拆账。以"账单缴费"来说，会员红利平台HappyGo旗下的线上市调中心GO survey针对4000人网络调查发现，多以日常生活情境为主，如便利商店、账单缴纳、餐饮以及大众运输工具（摘自《工商时报》，2017年2月10日，A5版，孙彬训）

Unit 14-5 手机支付的生命周期阶段

手机的功能有：笔记本电脑（可上网）、手机（通信）、照相机、个人助理（PDA）、录音笔、手表（加闹钟）、计算机、游戏机、电视、收音机加音乐播放器（MP3）等。手机可说是“宇宙超级无敌”的人类发明，再加上“支付”功能，又可取代“皮夹”（Wallet）、钱包。有些手机公司董事长表示，在美国成人出门只要带手机和汽车钥匙即可。

有这么多好处，那为什么手机支付的普及率低呢？最直接的考量是：手机掉了怎么办？这由电视新闻可看出，经常有人悬赏请人找回手机，因为“许多美好回忆的照片都在里面”。其次还有手机支付的安全性问题（详见表14-5-1）。手机支付的问题与解决之道参考图14-5-1。

一、导入期：2015—2020年，占消费支出0.3%以下

以2017年来说，消费支出9.328兆元，手机支付占0.16%。

二、成长初期：2021—2025年，占消费支出1%

（一）普及率15%只是甜蜜点：大部分的新电子产品的普及率达到15%，便从导入期进入成长初期。

（二）良性循环下，更多商店加入：由于顾客人数已达200万人，商店“见猎心喜”，前仆后继地加入，新加入者会提出一些优惠措施。

三、成长中期：2030年后，占消费支出5%

手机支付有其上限，大约到2030年的占消费比例会达到5%以上。

供给端的考量：2025年起，人口衰退，缺工问题严重，商店的柜台人员薪水低、工作单调，不易找到足够人员担任。此时，商店会大量买感应式机台，提出优惠措施，以吸引顾客使用手机支付。

表14-5-1 手机付款诈骗方式

诈骗集团骗用户	诈骗者骗商店
时间：2017年1月 地点：中国上海市 机构：中国银联 事件：《2016年移动支付安全调查报告》指出，25%受访者碰到各种手机支付诈骗：骗取网络验证码、账户被盗用、短信连接木马程序等	时间：2017年7月20日 地点：四川省成都市 事件：顾客用手机上的微信支付，在商店消费，但实际上商店没收到钱

手机支付的问题与解决之道

项目	商店端	顾客端
一、问题	全球有260多万台“感应式POS机”，而在中国台湾有12万台（1台价格约3000元人民币），手机信用卡通过“感应式POS机”消费付款。	以远东银行为例，2015年4月进行的一项信用卡持卡人调查指出，许多人不愿把有数十万元额度的实体信用卡绑定APP或用来进行网购，担心一旦遭盗刷，后续导致更多麻烦 例如：消费者在上网购买单曲音乐，卡号资料等会记录于支付界面上，往往也造成个人资料外泄。其结果是手机绑信用卡一直无法做大（摘自《工商时报》，2015年5月22日，C3版，张中昌）
二、解决之道		2016年顾客在身份验证方式如下： （1）扫描指纹 （2）输入字母 （3）屏幕“签名” （整理自《工商时报》，2017年2月10日，B5版，何英焯）

图14-5-1 手机支付的问题与解决之道

Chapter 15

银行放款的在线申请

Unit 15-1 在线申请贷款

上网申请开立活期储蓄存款账户，循序渐进到申请信用卡，下一步发展便是2015年1月起，几家银行带头办理在线申请其他消费者贷款（截至2017年4月各大银行房贷余额比较见图15-1-1），详见表15-1-2说明。

一、2015年开跑

花旗银行是拔得头筹的银行。

二、结果

时间：2015年1月1日至2017年3月11日

在线申请贷款经营绩效：详见表15-1-1

表15-1-1 在线申请贷款经营绩效

项目	余额/亿元	占比重/%	件数
一、抵押贷款	91	8.32	2800
（一）房屋	—	—	—
（二）汽车贷款	—	—	—
二、信用贷款	893	91.67	193757
合　计	974	—	196557

资料来源：台湾地区金融监管机构，2017年7月13日。

各大银行房贷余额比较（2017年4月）

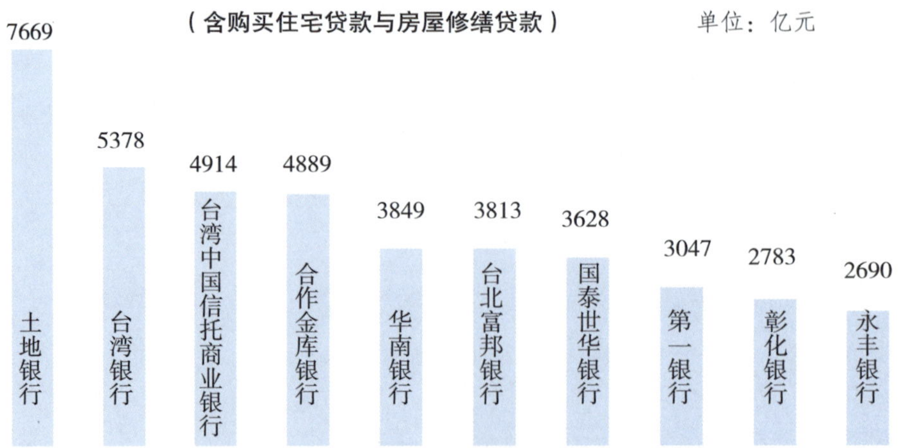

图15-1-1　各大银行房贷余额比较（2017年4月）

表15-1-2　三家银行的网络申请消费者贷款业务

项目		台湾中国信托商业银行	玉山银行	渣打银行
一、适用时间		2016年12月底前	2016年9月底前	2016年9月
二、名称		online 贷	e 指可贷	理享贷
三、信息		通过手机搞定，身份证明及财力证明文件可以随拍上传	三分钟在线填写资料评估后，可得出贷款额度及利率。顾客所填资料属实，银行会以在线得到的额度及利率办理	这属于循环动用型，核准额度范围内可再次申请动用，一年可有三次的动拨次数
四、金额上限		300万元	200万元	300万元
五、其他	1.利率	前三期利率一律1.68%，第四期2.76%起实行机动利率	前三个月利率1.68%起，第四个月2.68%起	前两个月0.1%，第三个月2.99%起
	2.账管费用	9000元，核贷金额10万元以下为6000元	在线申请、核贷金额30万元以下3000元	3000~6000元

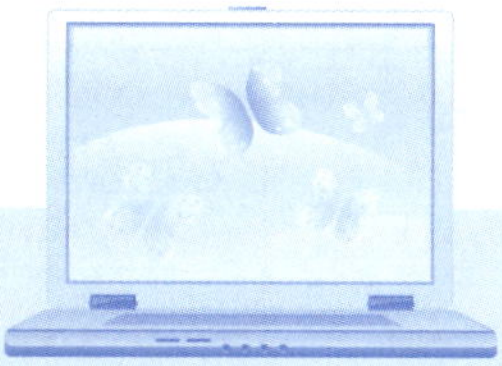

联合征信中心的网络申请

时间：2015年11月

地点：中国台湾

机构：财团法人联合征信中心

事件：2015年11月起，民众以自然人凭证在联征中心网站可使用“个人在线查阅信用报告服务”；2017年起，联征中心扩大到提供信用评分服务

美国的“消费者报告机构”（consumer reporting agency）

- 组织形态：公司或其他法人
- 主管机关：联报、州
- 法令：Fair Credit Reporting Acts

Unit 15-2 美国个人信用评分公司——兼论财务控制公司（FICO）

美国3.2亿人，是个移民国家，状况比较复杂，所以许多事物，其他国家都没听过。例如：许多汽车的驾驶座都有电动加热功能，以适应零下30摄氏度的酷寒。在个人信用评分（consumer credit rating）方面，中国台湾主要是财团法人联合征信中心，在美国有许多这方面公司。

一、消费者报告的使用者

由图15-2-1可知，美国的许多家“消费者报告”机构（customer reporting agency）出报告，卖给两种人：

（1）外部使用者：包括政府、个体（再细分为公司、个人），例如：房东怕碰到不付房租却占着房子的租客，可使用消费者报告公司“查询征信服务”。

（2）当事人本人：当事人本人买“报告”，以证明自己的身份和财力等。

二、消费者报告公司

消费者报告机构，其中较大部分甚至为“个人信用报告公司”（credit reporting agency），如下说明。

（1）全球知名的爱尔兰益博睿公司（Experian），股票在伦敦证交所上市，年营收约50亿美元，员工16000人，在40个国家营运。

（2）美国三大一小个人信评公司，详见表15-2-1，其中的“财务控制公司”（FICO）的大事记详见表15-2-2。

表15-2-1第五栏的公司PRBC（Payment Reporting Builds Credit）很有意思，只需当事人的房租付款记录、水电费和手机费账单，便可评分。

表15-2-1　美国三大一小个人信评公司

公司	FICO（财务控制公司）	TransUnion（环联）	Equifax（易速传真）	PRBC
一、成立时间	1956年	1968年	1989年	2005年
二、公司地址	加州圣荷西市	伊利诺伊州芝加哥市	佐治亚州亚特兰大市	佐治亚州肯尼索（Kennesaw）市
三、纽约证交所代理	FICO	TRU	EFX	母公司MicorBilt
四、信评				
企业	—	—	征信调查	—
个人	—	—	身份证明	—
五、绩效（2016年）				
营收	8.8亿美元	17亿美元	31.4亿美元	—
员工数	3200人	4100人	9500人	—
营运国家	全球	33国	全球	—

表15-2-2　美国财务控制公司大事记

时间	活　动
1956年	两位创办人 Bill Fair（信息工程师）与 Farl Issac（数理专家）创立公司，公司以两人的姓合称 Fair & Issac Company。两人之前是在加州门洛（Menio）公园市的斯坦福研究院上班
1958年	开始销售个人信用评分给50家美国放款机构
20世纪80年代	FICO 信用分数在美国流行
1988年	提供“一般用途”的个人信用评估
1995年	美国2家房贷信用强化公司房利美（Fannie Mae）、房地美（Freddie Mac）开始采用 FICO 的信用分数
2003年	公司更名为 Fair Isaac 公司
2004年	公司搬到明尼苏达州明尼雅波市
2009年	公司更名为 FICO
2013年	（1）公司搬到加州圣荷西市 （2）美国的银行业评估个人信用的工具，财务控制公司市占率很高

美国的消费者报告公司运作方式

投入

大数据

财务资料
1. 联合征信中心报告
2. 个人的薪资等扣缴凭单

财务以外资料
1. 住：水电费、房租
2. 行：手机、电话费

主要是 PRBC 公司

转换

消费者报告机构们

1. 个人身份证明
美国社会保险卡号码
2. 个人
以财务控制公司来说
· my　FICO、Score Watch
针对每个人每月出一份新报告

产出

消费者报告的买方

一、外界，以财务控制公司为例，一年100亿次
1. 公司
（1）公司：当员工应征时
（2）零售公司
（3）金融业
· 联邦房贷保证公司
· 银行：信用卡、其他消费者贷款、车贷
· 保险公司
2. 个人
（1）房东
（2）其他

二、个人（当事人本人）
一年3000万份

图15-2-1　美国的消费者报告公司运作方式

Unit 15-3 美国财务控制公司的个人信评系统

财务控制公司的个人信用评分系统属于货币银行学范围，中国台湾的联合征信中心沿用其精神，可说“台版FICO”。本书站在“大数据分析”角度，简单说明。

一、投入：个人资料

基于个人信息保护法，当事人须授权、允许个人信评公司向银行等机构取得其资料（申请信用卡、贷款等）。

二、转换：计算分数

依据银行授信审核的5P原则（表15-3-2第一栏），把财务控制公司的五大类评分项目一一对齐，再加上其比重（这是第八版）。重点在于以100万人的“大数据”作为参考值，通过类似多变量分析中的鉴别分析等，归入七个分数群。

三、产出：信评分数

计算每个人的信评分数，详见表15-3-3，在第三栏中，本书套用美国标准普尔公司对公司的债信评等的级距。由表15-3-3可知，信评分数越高，银行的房贷利率越低。

就近取譬，表15-3-1是台湾的联合征信中心的个人信评方式，跟表15-3-2相似。

表15-3-1 台湾联合征信中心个人信用评分项目

5P	高分条件	得分分四级
1.展望（Prospect）	新信用卡“申请频率低”（即卡询）	分成五个级距： 一、601分以上：上等（信用良好） 二、450～600分：信用尚可 三、200～450分：信用不好 四、200分以下 五、无法评分
2.状况（People）	负债金额低（相对于年收入）	
3.还款来源（Payment）	延迟缴款次数少	
4.资金用途（Purpose）	使用循环信用的频率（半年内）与比重低	
5.债权保证（Protection）	信用历史长（例如：信用卡持卡时间长）	

表15-3-2 美国财务控制公司的个人信评方式说明

5P	20个信评项目比重	说明
一、借款人展望（Prospect）	新近贷款次数1%	你每次向银行申请信用卡，银行会向信评公司“买”你的信用报告，此行为称“硬要”（hard pull）。银行会查你的征信记录，次数越多，表示你向多家银行申请过，这对你不利
二、借款人状况（People）	1. 品德 2. 信用：按时还款35%	延后30天、60天、90天、120天各有一个分数
三、还款来源（Payment）	信用历史记录15%，另考虑年收入、工作与年薪	信用历史记录越久，分数越高，例如：持有一张信用卡10年，会比5年者分数高
四、资金用途（Purpose）	债务余额成分10%	这包括信用卡、分期付款、零售商店分期付款、汽车贷款、房贷等
五、债权保障（Protection）	债务总计30%	以信用卡额度来说，以10万美元额度来说，用1万美元会比8万美元者得更高分。债务大，风险高

资料来源：FICO公司网站，其他相关文章。

表15-3-3 财务控制公司个人信用评分含义

得分级距	平均违约率	类比：标准普尔的公司债信	房贷利率（举例）
一、800~850分	0.077%	AAA	—
二、700~800分 720~800分 700~719分	0.8%	 AA A	 6.24% 6.37%
三、620~700分 675~699分 620~674分	—	 BBB BB	 6.9% 8.05%
四、620分以下 560~619分 500~559分	—	 B CCC 以下	 8.53% 9.29%

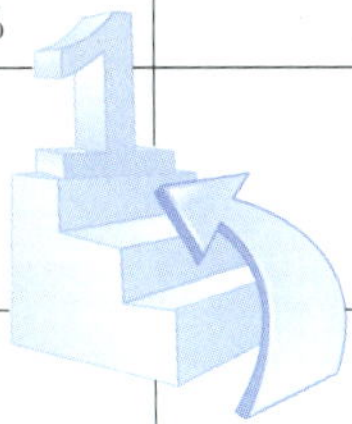

Unit 15-4 玉山银行的“e指可贷”审核贷款申请

玉山银行是一家“中而美”的银行，

“中”：分行数138家

“美”：2016年每股盈余1.59元（115.37亿元除以72.629亿股），呆账率0.01%（预期6个月的应收额）以下。

一、市场区隔与定位：针对未开发市场

以1050万位上班人士来说，套用“90：10法则”分成两群，详见图15-4-1。

（1）债信良好的占90%：债信良好者是指图15-4-1X轴“年薪36万元以上，平均月薪3万元以上者”；Y轴是指有信用卡甚至贷款，如此在联合征信中心会有还款记录，进而判断债信。

（2）债信脆弱者占10%：有少数人债信脆弱，以图15-4-1X轴来说，微小公司（例如：路边摊等）、职称低、月薪低；以Y轴来说，没有信用卡、贷款者。

二、贷款征审方式

（1）投入：大数据。在贷款申请人同意且社交平台内容公开的前提下。

（2）征审方法：大数据征信（见表15-4-1）。通过程序码进行搜寻，可从这210万人中找到三成，近63万个值得放款的人。

三、对玉山银行损益表的影响

通过信贷模型工厂等信息系统，以2016年为例：

（1）营收：由于“信贷模型工厂”系统的协助，跟同分行规模银行比较，以2016年为例，玉山银行个人信贷余额820亿元，中型银行同业约450亿元。

（2）人工成本：玉山银行数字金融部李正国表示，该征审系统让征审人工征审信贷案比率、平均每个案件审核时间（系统只需3分钟）减少一半左右，人力成本减少三分之二。（摘自《商业周刊》，第1512期，2016年11月，第33页）

能够不通过杀价且呆账率低，关键在于在基本业务放款征审上较严格且行员专业能力较强。本单元以玉山银行针对信用较差的两成的人，采取基本社群网站的“大数据分析”“人工智能”的信贷模型工厂，2016年11月，获得金融研训院第八届“最佳财富管理奖”特优。

台湾的银行企业授信征审信息系统的领导公司“睿扬信息公司”

成立时间：1987年
地点：中国台湾台北市
资本额：2亿元
员工数：515人
董事长：张培镛
相关客户：金融事业处的企业授信征审信息系统几乎卖给所有银行

两种顾客授信所需资料

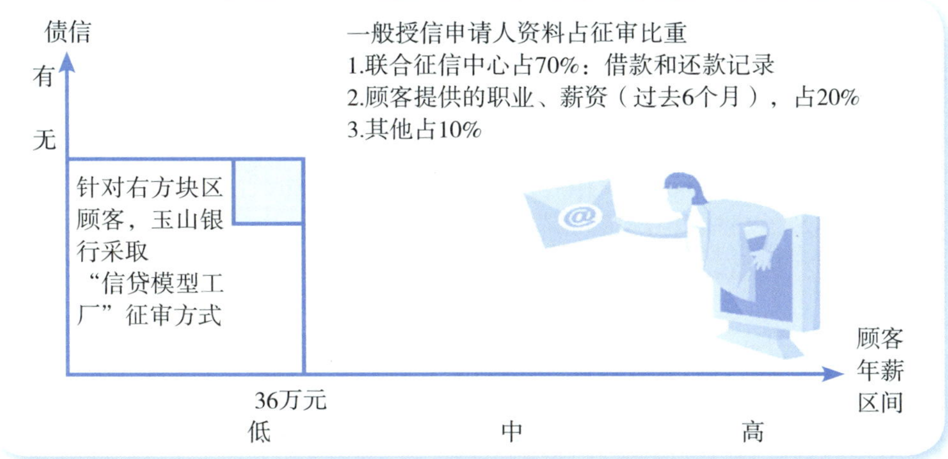

图15-4-1　两种顾客授信所需资料

表15-4-1　玉山银行对借款申请人的社群征信方式

5P	脸书（Facebook）	BBS 等网站
一、借款户展望（Prospect）	顾客发表一则动态后的按赞人数越多，代表其社交活跃度越高，通常是能力越受肯定或社会经济地位越高的人	网友在PTT等社群网站的发文，也可作为征信参考依据。这等于他身边好几位朋友都在帮他申请贷款
二、借款人状况（People）	通常一个人的朋友越多，信用状况越好 	从生活中观察一个人的价值观、信赖度，会决定你是否想和他往来： 1.当事人PO文，而有网友上去发表文章，指出当事人犯错了； 2.当事人有错在先却自认为委屈、上网“讨拍”（寻求安慰），会有很多网友来挞伐PO文者的想法错误、观念偏差等，某些方面这也代表这些网友的价值观相近，属于相对有正义感的一群
三、还款来源（Payment）	一个人在脸书上分享的购物、用餐相关信息，例如：顾客常在脸书分享欧洲旅途照片，或在五星级饭店享用一顿上万元的餐点，足以推断其社会经济地位和经济能力应在中等之上，其信用状况和还款能力会相对良好	—
四、资金用途（Purpose）	如果顾客在申报条件中的职业栏中指出自己是台积电工程师，银行通过程序码调查顾客的交友圈印证，比方说其好友中是否有名人等	—
五、债权保障（Pro tection）	—	—

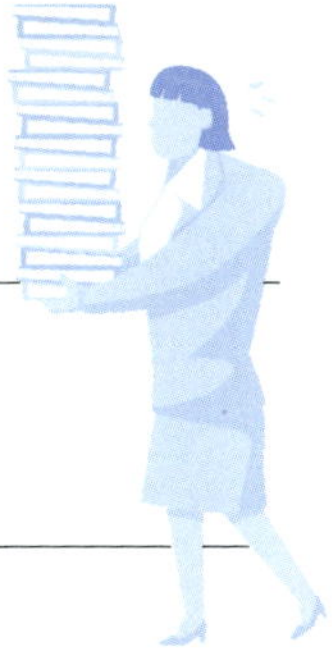

资料来源：《商业周刊》，第1512期，2016年11月，第33~34页。

Unit 15-5 房屋贷款前的房屋估价

2013年8月，台湾地区土地资源管理机构的“实价登录信息系统”上线，卖方、土地代书须在售屋后15天内把成交价上传，违者受罚3.6万元。“实价登录”制度使房屋的成交价透明，基于保护个人隐私，住址只揭露在各城市路1~50号（即以50号为一区间）；2017年6月12日，报载，台湾地区土地资源管理机构打算向台湾地区立法机构送出修正案“公布门牌”。一般来说，银行承的房屋贷款，贷款上限是“房屋市价打七折”，以市价1000万元来说，可借到700万元，少数可借到八成。

这里有两个变量皆有个价格带：例如房屋市价带（50号以内有多户成交，每坪①成交价有差）、贷款成数。所以有星展、台湾中国信托商业银行提供“估价网站”，让民众上网试算房贷金额服务，详见图15-5-1、表15-5-1。

台湾中国信托商业银行“适贷购屋雷达站”

操 作 步 骤

步骤1

点选我（房屋）的位置或输入地段

步骤2

智能估价
“所在地”为住宅使用且不含车位价格的系统估算值如下：
公寓每坪47.8万元
大厦每坪59.5万元
还有合宜单价区间56.5万元~62.5万元

步骤3

点“进阶查询”可获得更精确估价、透天厝估价和总价
本处估价不等于台湾中国信托商业银行最终总价

步骤4

	核贷成数	核贷利率
银行平均	64.39%	1.79%
台湾中国信托商业	85%	1.56%

图15-5-1 台湾中国信托商业银行“适贷购屋雷达站”

① 台湾的房子一坪约为3.3平方米。

表15-5-1 星展银行与台湾中国信托商业银行的房屋估价房贷服务

项目	星展银行	中信银行
时间	2016年11月14日 1.由消费金融处存款暨有担放款部负责 2.“星展好家贷”APP，有6项目服务	2017年1月15日 1.i 适贷购屋雷达站，有三项服务 2.只要输入地址就能查询房屋相关事宜
宜居指数 	1.“找房搜寻”是跟好房网合作10万笔以上房屋，让民众可随时随地寻找房屋 2.“找降价房”提供最新降价以及低于该区实价登录的房屋资料 3.“房产信息”提供最新房市动态信息及房市专家的看法	台湾中国信托商业银行独家编制宜居指数 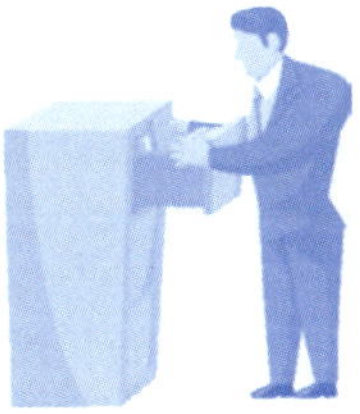
房价指数	“成交行情”中，台湾地区土地资源管理机构实价登录系统可查询三到六个月前的交易信息，“星展好家贷”APP提供近一个月内的成交行情	 台湾中国信托商业银行独家编制房价指数
智慧估价 	1.“预估鉴价”服务，民众可申请在线预估鉴价，两天内提供初步预估结果 2.“房贷轻松算”，房贷利率有优惠，最低1.75%起跳	1.数据库中所累积的资料够多，计算机所估算出来的鉴价值较准。提供整体房价走势及不同建筑物类型如大厦、公寓、独立屋等类型的房价走势 2.获得房屋平均单价、该行政区房屋历年涨跌趋势、邻近房屋成交的实价登录、房屋周边生活机能概况等四类资料

资料来源：《经济日报》，2016年11月15日，D11版，杨筱筠；《工商时报》，2016年1月16日，C3版，朱汉仑。

附　中国网络银行微众银行贷款申请征审方式

· 微众银行对贷款申请人采用下列方式进行信用评分和照会，套用银行的5P信用评分方式见下表15–5–2

1.区量资料

由表15–5–2可知，腾讯集团有两大事业：资讯（腾讯网）、通信软件（微信WeChat）、交易网站（拍拍网）、支付公司（财付通：微信支付与QQ钱包）

2.人脸识别

表15–5–2　5 P信用评分方式

5P	四种资料来源
展望（Prospect）	（一）腾讯（WeChat、QQ）2017年5月27日 1.入口网站（QQ）5.67亿使用人次 2.手机上网微信（WeChat），比较像Line，可获取7亿人次上网时间、地点等资料
状况（People）	（二）人脸识别（核保） 1.人脸识别以确认身份 2.公安部
还款来源（Payment）	（三）在腾讯集团第三方支付（财付通、QQ支付）的信用（卡）支付
资金用途（Purpose）	（四）网络交易平台 拍拍网 网络购物金额等
债权保证（Protection）	通过网络购物金额、信用（卡）额度，可估算一个人的收入

Chapter 16

银行财富管理部的业务

Unit 16–1 全球财富分配统计

每年全球有几个机构会公布全球、亚太区甚至一国的富豪排行，媒体会做出前十大排行榜，说明排名情况，以及上榜理由（例如：股价上涨，以至身价大涨）。升斗小民看着这些富豪“富可敌国”，有些人会“嫉富”（甚至仇富，当富豪为富不仁时），有些人会有“有为者，亦若是”的雄心壮志。本单元先说明全球财富统计数字来源。

一、全球财富的调查

每年有一些金融机构发布全球财富的数字，着眼点主要是哪国比较有财富管理商机。

（1）瑞士信贷研究院（Credit Suisse Research Institute）每年11月1日发表全球财富报告（见表16–1–1）；另在每年10月中发表“家庭企业模式”，说明家庭企业的财富状况。

（2）德国安联集团每年9月底，发表各国人均金融净资产排行榜。

（3）美国万事达卡公司，每年8月13日，发表“富裕族群报告”。

（4）美国波士顿顾问公司（BCG）每年7月中，发表“全球财富报告”。

经过调查得出的富人财富配置比重见表16–1–2。

二、亚太区域财富分配

大约2026年，中国总产值有可能达到23兆美元，超越美国，成为全球第一大经济国。日本自2009年以来，一直是全球第三大经济国。有些财富分配的统计分析，细到欧洲、北美、亚太区，笔者认为不需要看得太细琐。亚太区总产值80%集中在中日，东南亚其他国家总产值成长有限，只有中国的三成左右。

三、单一国家的富豪排行

中美两国的财富约占全球四成，于是人们就会关心其前百大富豪。

（1）美国《福布斯》杂志：每年3月，《福布斯》杂志会公布全球、美国百大富豪名单。

（2）中国：胡润研究院每年5月初公布中国富豪排行榜。

全球财富报告（Global Wealth Report）

时间：2016年11月1日，2009年开始

地点：瑞士

发布机构：瑞士信贷（Credit Suisse）旗下的瑞士信贷研究院（Credit Suisse Research Institute），2008年成立

事件：每年公布年中数字，包括200个国家／地区，48亿成人

表16-1-1 瑞士信贷的全球财富调查报告

时间	2016年	2021年（预估）
一、全球 （1）金融资产/兆美元 （2）成人数目/亿人 （3）=（1）÷（2）/万美元	 256① 48.48 5.28	 334 — —
二、集中度 1. 集中于全球5% 家庭 2. 百万美元富人人数	 50.8% 3300万人（2000年1245万人）	 超过51% 4000万人

①另有数字 176.5 兆美元。

表16-1-2 富人财富配置

排名	资产	比重/%
1	股票	25
2	现金与票券与定存	24
3	房地产	18
4	固定收益证券	17
5	其他投资	16

瑞士信贷集团（Credit Suisse Group）

成立时间：1856年
地址：瑞士苏黎世阅兵广场6号
又称：瑞士信贷银行，简称瑞信
股票代号：在美国纽约证券交易所CS
董事长：乌尔斯·罗纳
员工数：48000人
子行：分布在50多个国家/地区

Unit 16-2 财富管理商机

本单元将讨论全球财富分配的含义。

一、学者关心的是所得、财富分配“M型社会”

2013年，法国经济学者皮凯提（Thomas Piketty）的书《21世纪资本论》畅销全球，通过1890年至2010年约40国的所得、财富统计数字，让全球人民体会分配多不平均，常见的衡量方式如下：

· 全球1%家庭拥有全球24%的财富；

· 全球5%家庭拥有全球48%的财富。政府的政策应该通过税收、社会福利政策等缩小贫富差距，彰显“分配正义”。

2015年中国台湾家庭的资产结构见表16-2-1。

二、金融业关心的是财富管理商机

这对银行等财富管理业者来说，采取“90：10”法则，把90%的资源（主要是理财专员）投放在财富最高的10%家庭，银行称为“高（金融）净值”（highnet worth）个人，俗称“亿万”富豪。

在本书中，我们“在商言商”，只聚焦金融业的“财富管理”（wealth management）的商机。

三、财富的定义

对银行来说，财富的统计分成广义、狭义两种。

（1）广义：包括房地产。主要是房地产占家庭财富四成，有许多富豪靠房地产致富，例如香港李嘉诚等。

（2）狭义：不包括房地产。不包括房地产原因有二：房地产所有权人的资料不易取得，房地产价格较难认定。上市股票就没这两个问题。

世界排名前8位富豪财富等于全球一半人口财富

时间：2017年1月16日，在世界经济论坛（WEF）举办前一天

地点：英国

机构：英国乐施会（Oxfam），2014年起每年发布

事件：根据美国《福布斯》杂志2016年3月的资料

全球排名前8位 富豪财富 4270亿美元	=	全球73.5亿人中 “二等分分类法”中下 一半的人

表16-2-1　2015年中国台湾家庭资产结构

资产净额大分类	金额/兆元	比重/%	中分类金融性资产与负债	金额/兆元	比重/%
一、金融资产净额	61.59	57.01	全台金融性资产	75.64	64.20
（一）海外	6.29	5.82	现金及活期存款	12.51	11.58
（二）中国台湾（来自第4栏）	55.30	51.19	定期存款及外汇存款	15.04	13.93
二、非金融资产净额	46.43	42.99	有价证券	17.44	16.14
（一）房地产	42.7	39.53	人寿保险准备为退休基金	18.20	16.85
（二）家庭生活设备	3.73	3.46	其他金融资产	12.45	—
小计	108.02	100	金融性负债	14.05	13.01
平均每户金融资产（万元）	1123	—	贷款	13.46	12.46
平均每户金融资产（2006年）/万元	800	—	其他金融性负债	0.59	0.55

资料来源：台湾地区行政管理机构。

金融资产净额=金融性资产-金融性负债
上述人口基本资料：
户数847万户，可算出每户1123万元

Unit 16-3 你不理财，财不理你

了解全球、一国的财富分配，那是“结果”，更重要的是分析为何有这结果，对于“一心致富”的人才有希望。

一、大分类：要有钱，76%要靠自己

皮凯提对40个国家的研究中，富豪的财富来源，有个令人高兴的数字。

（1）5%富豪人口中，24%来自财富世袭：“财富”会世袭，在全球财富排前的5%人口中，有24%是“含着金汤匙出生的”。76%是靠自己努力，详见图16-3-1中第一栏。

（2）自食其力型富豪占富人76%：由图16-3-1第二栏可知，富人中有76%是“自食其力”，这又分成两种类，一是工作致富，二是投资致富。

二、中分类与小分类

在图16-3-1中第二栏，“白手起家致富”的有两个中分类原因。

（1）工作占20%：这又分成两小类——创业当老板或者在公司中担任高阶管理者（协理以上）。

（2）投资占80%：大部分人都只是平凡上班族，但可以通过投资致富。全球第二富豪美国股神华伦·巴菲特（2017年身价约768亿美元），在其口述自传《雪球》（艾莉斯·巴德著）一书中，有句话对许多人有激励效果：“要成为我这样，不需要爱因斯坦的智商（例如：智商180以上），只需要一般人的智商即可。”

三、金融业在财富管理业务的布局

眼看着人人皆有致富的商机，金融业各自使出浑身解数以争取商机，详见表16-3-1。

法国皮凯提（Thomas Piketty）

出生时间、地点：1971年5月7日，法国上塞纳省
现职：法国社会科学高等学院
经历：巴黎经济学院教授
学历：法国社会科学研究院博士
荣誉或贡献：2013年出版《21世纪资本论》

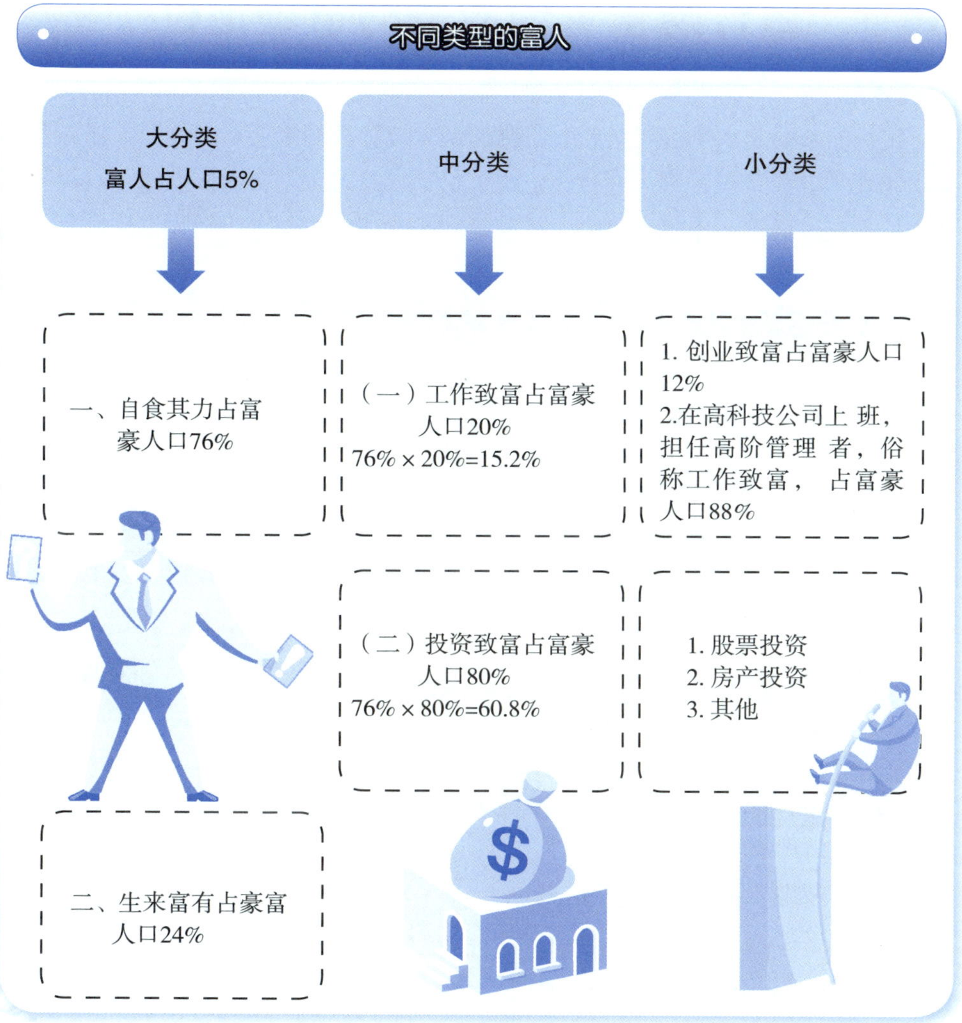

图16-3-1　不同类型的富人

表16-3-1　金融业从事财富管理业务

行业	银行业	保险业	证券期货业
说明	1.台资银行 ・财富管理部	人寿保险公司 主要是投资型保单	1.证券公司 ・财富管理业务处
	2.外资银行俗称私人银行业务（private banking）		2.证券投信与投顾业 ・40家台资证券投资信托公司 ・20家外资在台的投资顾问公司 ・投资顾问公司代客操作，代售海外基金

Unit 16-4 银行财富管理业务的市场定位

银行的本业是“资金买卖业”，赚的是“放存款利率差”，如同大部分零售业遭受到“价差”越来越小的窘状，银行也一样。“穷则变，变则通”，2010年以来，银行逐渐往“量身定做”的财富管理业务切入，本单元说明银行在这方面的市场区隔、定位。

一、市场区隔的前提：辨识顾客的财力

经济学的个体经济中谈到要“差别取价”，营销管理课程谈到“市场区隔”，这是同一件事，皆能辨识顾客的身份。以银行来说，这可分为内外部两种资料来源。

（1）金融控股（下简称“金控”）公司内部资料：金控公司的顾客资料广度（人数）、深度（金融交易金额）皆比独立金融业有优势。

（2）金控公司外部资料：对银行来说，总行、分行的业务相关人员各自须搜集潜在顾客名单。

二、市场区隔（详见图16-4-2）

（一）X轴：依顾客的身份区分

1.家庭：中国台湾有138万家中小企业，稍微大一点的公司都会涉及第一代企业家的赠予遗产的节税规划，甚至股权传承。

2.个人：从初入社会的上班族到中老年人都是。

（二）Y轴：依顾客净资产区分。

1.一般顾客。

2.高净值顾客：对银行来说，针对“高净值顾客”（high net worth customer）的定义，有下列两个标准。

（1）广义标准：只考虑金融资产。只考虑该顾客在本银行的“金融资产”（存款，尤其是定储，其次是基金）金额。“在本行”的原因是本银行“看得到”其财力，不是媒体“报载”。少数银行考虑跟“银行往来”，连刷卡、房贷都可计入。

（2）狭义标准：考虑“净金融资产”。考虑“净金融资产”是要把“真正”有财力的顾客找出来。

三、市场定位

由图16-4-2来看，外资银行和少数民营银行锁定高净值顾客。

（1）外资银行锁定高净值顾客：台湾有6300亿美元的财富掌握在65万位的富裕人士手中，包括中小企业董事长、专业人士及高阶管理人员。

（2）本土银行大小通吃：本土银行中的泛公股银行都是大型（指分行数150家以上）银行，拥有“地点方便”的优势，所以对顾客大小通吃。

金控公司顾客资料来源

金控公司内部资料	外部资料
1. 银行（贷款、存款、信用卡） 2. 保险公司 3. 证券公司 4. 投资信托公司 5. 投资顾问公司	1. 前500大公司董事、高阶管理者 2. 中国台湾前百大富豪

图16-4-1　金控公司顾客资料来源

银行财富管理贵宾门槛

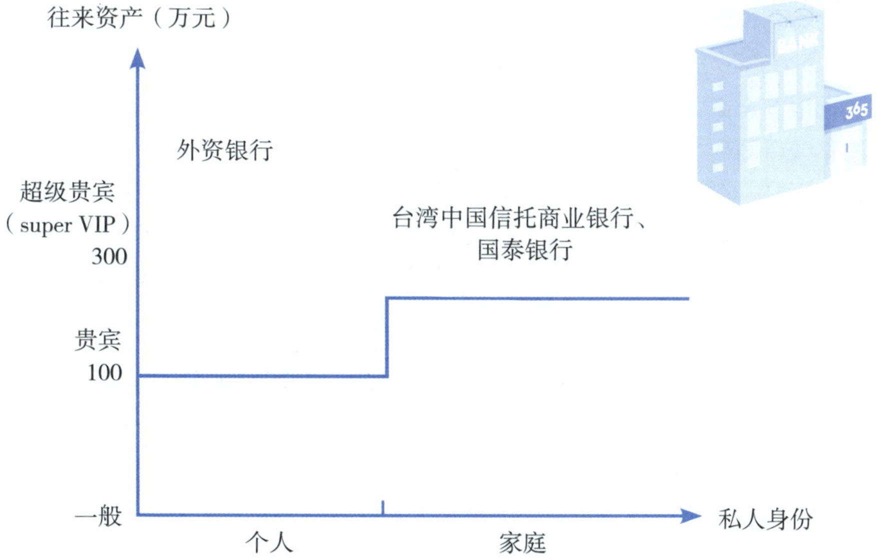

图16-4-2　银行财富管理贵宾门槛

Unit 16-5 财富管理业务的顾客需求分析

一、商品（下述皆是2016年资料）

（一）顾客最在意的财富管理服务前三名

1.希望金融商品符合自己的需求。

2.认为应得到充足、正确的市场信息。

3.在意手续费及管理费的多少。

（二）最吸引顾客的金融商品（详见表16-5-1）

表16-5-1 最吸引顾客的金融商品

排序	男性	女性
1	海外基金	储蓄型保险或类定存保单
2	国内有价证券	海外基金
3	储蓄型保险或类定存保单	外币存款

二、服务

消费者普遍还是价格导向，不看重营销“专业无价”的服务。

财富管理银行暨证券公司评鉴

时间：2017年7月26日公布，2006年开始

地点：中国台湾

机构：《今周刊》

事件：有10家银行、7家证券公司、590位理财专员（银行350位、证券240位）、730位顾客、2541位《今周刊》订户参与（共回收1485份有效问卷），邀请问卷调查总分前6名的公司参加决选会议，提出简报。详见表16-5-2、表16-5-3、表16-5-4

表16-5-2 行业内排名前6的公司

行业	银行	证券
第一名	玉山银行	元大证券
特优	台湾中国信托商业银行	凯基证券
优等	国泰世华银行	群益金鼎证券

表16-5-3 理财专员、顾客对银行证券公司提供的金融商品的满意度

公司	理财专员自评	顾客
银行	90.6%	62.4%
证券公司	89%	57.3%

表16-5-4 顾客对理财专员建议之资产配置满意程度

公司	顾客
银行	16.5%
证券公司	11.5%

三、顾客最重视理财专员的事

（一）顾客在乎的理财专员特质前三名

1.希望理财专员诚实告知投资风险。

2.认为理财专员应设定并执行停损停利点。

3.在意理财专员的服务态度是否优良。

其他例如：有没有落实“带进带出”，追求高获利，或是相关学历背景，甚至服务是否亲切热诚，都不是顾客最在意的。

（二）理财专员在销售金融商品前，是否详尽告知商品风险（详见表16-5-5）

表16-5-5 理财专员的风险告知程度

风险告知程度	理财专员自评	顾客
会完全告知最悲观与最好状况	12.4%	9.2%
通常会大致告知风险及获利状况	50%	35.3%
只简单介绍商品特色，风险略高一些	27.5%	39.4%

四、顾客对实时数字信息服务满意程度（详见表16-5-6）

表16-5-6 顾客对实时数字信息服务满意程度

项目	对数字化服务		对实时数字信息服务	
行业	银行	证券公司	银行	证券公司
满意	51.6%	49%	9.9%	31.3%
普通	44.2%	42.7%	62.9%	59.9%
不满意	4.2%	8.3%	27.2%	8.8%

资料来源：《今周刊》，2016年8月1日，第99页。

Unit 16-6 中国台湾的共同基金市场商机——兼论贵宾财富管理营销组合

阿联酋航空对A380飞机的头等舱大打广告，请美国巨星打广告，座位可躺平睡觉；有淋浴设备，至于酒吧区等都是基本设施。整个头等舱间就像迪拜帆船酒店再现。同样地，银行对贵宾（尤其是超级贵宾）的营销组合比较有特色可言，详见表16-6-3，本单元将说明中国台湾的共同基金市场商机。

一、共同基金市场

由表16-6-2可知，一个共同基金市场，养活许多金融业，但金额却停滞，原因有两个：

（1）基金规模停滞（详见表16-6-1）。

（2）“总费用”收入缩水（详见表16-6-2）。

二、商品策略

商品跟服务都是商品策略的成分。

（1）服务地点：高档、隐秘。中国银行中的A级分行，营业面积够大，一楼营业厅的一般理财区，由理财专员针对散户提供服务。在分行较内处，贵宾顾客凭金融卡刷卡才可进入，比较像机场候机室的贵宾室。有些零售公司、饭店、整形医院为了给超级贵宾保密，甚至从地下停车场起便有专用的电梯。在这方面，美国运通卡公司做得极奢华，针对“无限卡”会员，在许多国家大都市皆提供类似私人招待所的地方，让贵宾可以歇歇脚。

（2）其他：例如24小时贵宾电话服务，以“无限卡”顾客来说，包括订机票、饭店等，因发卡机构跟航空公司、饭店都有合作，贵宾一来电话，客服人员自动快速办好。

三、定价

银行对贵宾顾客有两项收费方式。

（1）销售金融商品收购手续费。

（2）提供顾问服务赚顾问费。至于信用卡中的“无限卡”，卡费年费本来就很高，跟一般卡一样，刷卡消费到一定金额可以抵信用卡年费。

四、促销

（1）账户管理员（account officer）：如同酒店中总统套房有一位专属管家一样，贵宾理财强调单一窗口，跟医院的主治大夫一样，由其找相关专家（会计师、律师等）与会，如同会诊，以提供诊断建议。

（2）镀金式的贵宾招待：银行往往跟大型购物中心合作办“超级贵宾之夜”，跟法国精品或瑞士名表合办新品上市走秀，限定名额，坐在秀台旁。可以跟产品代言人（大都是巨星）、名模、名人接触，无形中把自己的尊荣感提高了。

五、实体配置策略

（1）银行分行。

（2）其他服务设施。

表16-6-1　金融机构的基金相关收入

年份	2009	2010	2011	2012	2013	2014	2015	2016
基金数	517	555	599	623	632	646	672	725
（1）基金规模/兆元	1.97	1.89	1.73	1.84	1.96	1.97	2.20	2.12
（2）总费用比例/%	1.17	1.37	1.46	1.26	1.24	1.27	1.17	1.19
（3）=（1）×（2）/亿元	230	259	253	232	243	250	257	252

资料来源：投信投顾公会。

表16-6-2　总费用比率降低原因

时间	事　中	事　后
一、商品结构	申购手续费率 1. 低费用产品崛起，不论是货币基金、平衡基金或ETF，且为因应竞争，这些基金多有优惠设计，零手续费早已是常态 2. 电子交易比重提高	投信公司基金结构：管理费费率 1. 主动型基金占比重降低杠杆/反基金0.9%~1% 2. 证交所交易基金（ETF）比重提高
二、税费	交易税	银行保管费

资料来源：《经济日报》，2017年2月9日，B2版，赵于萱。

表16-6-3　贵宾理财营销组合

营销组合	说　明
一、产品策略 ·金融商品 ·信息	顾客通过在线预订即可预约服务，有专人提供财富管理咨询。市场动态与突发事件实时趋势优先通知、投资建议报告、保险理赔进度，提供个人化信息服务，像是账单或红利点数查询功能，甚至是客制化实时的金融理财或市场变化资料，充分满足顾客日常生活所需
二、定价策略 ·基金申购手续费率 ·信托管理费率	临柜交易手续费优惠 资产总额的 0.2%~0.4%
三、促销策略 ·广告 ·人员销售 ·促销	专人服务 体检、艺术文化鉴赏、珠宝欣赏、时尚活动、包场电影 例如：台湾中国信托商业银行个人金融客群经营财富管理贵宾美食餐会
四、实体配置策略 ·本行 ·关系企业	使用各分行的 VIP 理财室 星展银行提供顾客专车接送 远东银行顾客可使用远东崇光百货的贵宾室
·分行 ·VIP 理财中心	150 家 例如：总行 3 楼

Unit 16-7 财富处理方式

许多人都说手工做的食品比机器做的食品更好吃。一辆汽车，车身跟车架在焊接时，约3000个点，大部分工作都是靠机器手臂完成，但车内由员工焊接，机器手臂不方便。同样地，涉及理财顾问时，也是如此。全球家庭资产配置及委外的财富管理方式见图16-7-1。

一、理财专员服务两种方式

人工智能系统都可以打败围棋棋王，逻辑上来说，担任理财顾问是轻而易举的。但是，机器人理财专员的投资“对象”（标的）很窄。

（1）机器人理财专员：以美国的机器人理财专员来说，主要投资标的是“证券交易所基金”（ETF），约2000只。

（2）理财专员：一般理财专员，挑几只“泛用”的指数型基金，报酬率7%左右。贵宾理财专员，扩大到另类投资（alternative investment），主要指股票、债券以外，包括房地产、私募股权基金等。

二、机器人理财的金额很难估

看了许多机构发布的同一项内容的数据，差距天南地北，问题出在定义的不同。

（1）广义定义：美国毕马威管理公司发布2015年机器人理财资产规模在美国为3000亿美元。

（2）狭义定义：瑞士研究机构My Private Banking Research发布的报告，2015年全球由机器人顾问管理的资产规模（AUM）200亿美元。2020年预估有4500亿美元。

（3）看你相信哪一个：看数字须了解其定义的范围，就知道适用情况。

机器人理财顾问在全球及在美国的管理资产规模预估见图16-7-2和图16-7-3。

台湾地区金融监管机构有条件开放机器人理财专员

时间：2017年8月10日

地点：中国台湾台北市

机构：台湾地区金融监管机构（尤其是证券期货局）

事件：台湾地区金融监管机构宣布，开放自动化投资顾问业务（即机器人理财）可以代理顾客下单、操作，顾客在事先约定相关投资条件后，填写问卷以了解自己投资属性（例如：目标报酬、亏损容忍度等），即由理财机器人产出投资组合建议，顾客按下同意键，即可代为自动停利停损、再平衡投资金融业的相关业务：银行，如王道的O-Bank、台湾中国信托银行的智动GO；投资信托公司，例如野村投信（筹备）；投资顾问公司，商智、大拇哥

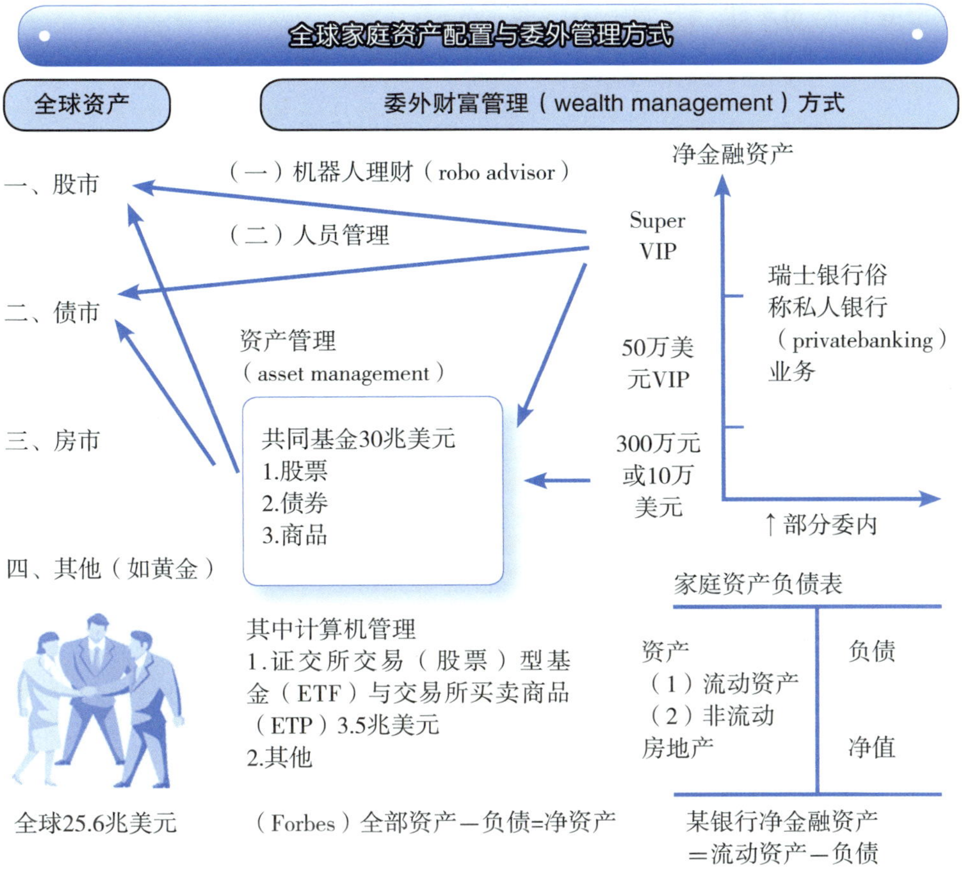

图16-7-1　全球家庭资产配置与委外管理方式

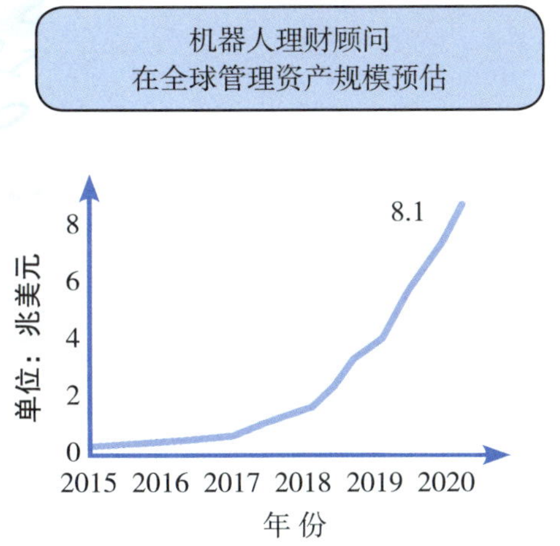

图16-7-2　机器人理财顾问在全球管理资产规模预估

资料来源：Business Insider Intelligence,2016。

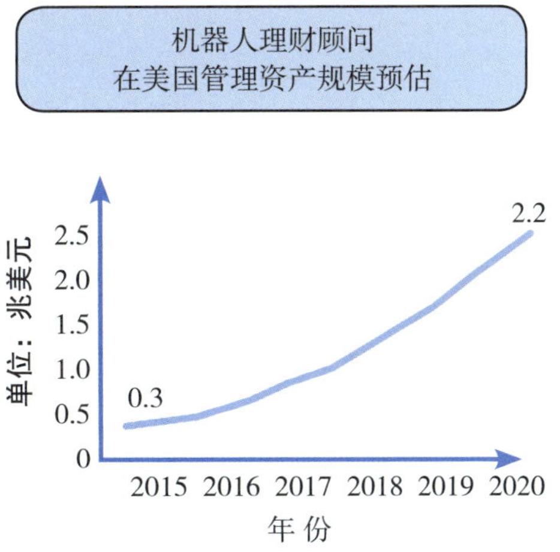

图16-7-3　机器人理财顾问在美国管理资产规模预估

资料来源：KPMG,Roboadvising,2016。

Unit 16-8 财富管理的金融商品

便利商店主要是卖熟食、饮料（含现煮咖啡），让顾客可以止饥止渴；个人药妆店主要是卖化妆品、药。那银行财富管理业务的理财专员主要卖金融商品给哪些顾客呢？这可分为两种顾客，跟飞机上的经济舱、商务舱（甚至头等舱）一样，座位不一样，服务等级也不同。

一、一般顾客常见的金融商品

银行的财富管理的金融商品两大项占此类营收95%。

（1）人寿保险占70%。银行代售寿险公司保单，市占率56%，保险商品占财管手续费收入约70%。但2016年起，这棵“摇钱树”被砍了一刀，详见图16-8-1。

（2）共同基金占25%。主要是开放型基金，海外基金余额约3兆元；台股基金约300亿元，包括单笔、定期定额投资。这部分收入是保单销售佣金、基金的申购手续费。

二、高净值顾客常见的金融商品和服务

（1）投资标的较广、较深。高净值顾客可选的金融商品较广，有保险、基金、股票，甚至房地产。以基金来说，产品深度较深。

（2）咨询。由表16-8-1“租税规划”可知，银行针对专业的顾问项目，会向顾客收取“顾问费”。例如：针对家族股票信托（family trust），像美国洛克菲勒、福特家族，把创业家股票放在家族信托中，以免直接传给子孙后，被子孙卖掉。

表16-8-1 银行对两类顾客的金融商品与服务

顾客分类	投　资	租税规划
一、高净值顾客	1. 股票 2. 基金 3.另类投资	1. 国内外租税规划 2. 赠予 3. 遗产：主要是针对股票信托
二、一般顾客	1. 保单，以储蓄险为主 2. 基金，以几只招牌基金为主	

银行财富管理的保单销售佣金

规定/影响	说　明
一、中国台湾地区金融监管机构的规定	2016年6月，中国台湾地区金融监管机构宣布，因为费差损严重，因此银行卖保单的佣金降低，调降幅度最大的（四成）是趸交（一次性交齐所有费用）型的类定存或储蓄险
二、对银行的影响 1.民营银行 2.泛公股银行	（1）财富管理的主要银行台湾中国信托商业银行、国泰世华银行、台北富邦银行等，保单占财富管理营收69% （2）泛公股银行分行多，顾客理财属性一般也偏保守，所以成为购买这类保单的主力

图16-8-1 银行财富管理的保单销售佣金

Unit 16-9 对比国泰世华银行和台湾中国信托商业银行的财富管理业务

台湾中国信托商业银行、国泰世华银行是中国台湾40家银行中净利排名第四、第五的银行，以消费金融业务为净利主要来源，在财富管理业务方面的推展、市场定位和商品服务策略大同小异。本单元用表格一一进行比较，详见表16-9-1。

表16-9-1 台湾中国信托商业银行的跟国泰世华银行家庭财富管理业务

比较项目	台湾中国信托商业银行	国泰世华银行
一、基本情况		
台湾中国信托商业银行顾客资料来源	1.中国人寿 2.台湾中国信托商业银行 3.1990年起，建立顾客资料库	1.国泰人寿 2.国泰世华银行 3.360度搜索客户全方位资料
市场定位	家庭会员（台新银行一样） 2013年推出，财富管理客户，包括其配偶或直系血亲，都可申请加入；家庭式的理财服务主要是从长期经营角度出发，希望通过提早扎根，跟顾客建立长久的往来关系，并通过家族成员建立家庭，进一步扩大顾客族群，做大财富管理的饼	1.家族企业的董事“启动传承之钥” 2.私人银行业务，例如：2016年3月4日在中国台中市五权分行提供私人银行服务，以服务高端资产顾客

（续表）

比较项目	台湾中国信托商业银行	国泰世华银行
	二、商品策略	
以金控公司旗下各公司产品为主 	1.台湾中国信托商业银行银行的专业投资人定制化服务提供专业投资人可自行指定投资挂牌于美国、中国香港1600只证交所基金、500只以上港股及沪港通A股、200只优质境外债券，与量身定制的结构型商品 2.网络金融平台：以证交所交易基金（ETF）为主	集团资源提供顾客财富管理服务，咨询是最重要的部分，从资产配置到投资标的分析，从信托到财富传承，提供全方位的服务 
银行 	台湾中国信托商业银行银行有百人专家，聘请拥有保险、税务、房地产、律师证照的专家提供客户免费咨询。强调三项： 1.“活得好”：退休金规划 2.“留更多”：指赠予和遗产规划 3.“存更多”：指顾客年轻、中年时的资产配置，保单健诊系统的银行，替客户进行跨保单、跨公司的全面检视，也提供完善保险规划服务，小到每年保费缴纳的金流规划，大至协助客户保险理赔咨询服务（摘自《今周刊》，2015年8月3日，第130页）	财富管理部跟国际级会计师事务所举办传承研讨会，协助顾客了解税务风险与拟定家业传承计划的关键。适当环节引入其他专业人士如律师、会计师、税务专家等，让顾客全面掌握财富管理先机，安心做好资产保值（包括合法节税及传承）防止经营权争夺与股权被卖掉等 
	三、财富管理	
	一些刊物票选“顾客理想品牌”（We are family）第一	2016年 （1）金融研训院第八届精英奖 （2）最佳信托金融奖 （3）最佳财富管理奖

附：中国台湾地区前十大基金公司

（1）基优网统计投信投顾公会、境外基金观测站数据，前十大基金公司市占率65%，持续维持大者恒大的局面，金额详见图16-9-1，名列前茅的基金公司多有强调配息机制的收益型产品，在销售通路上已有一定口碑。

（2）元大投信因证交所交易（指数型）基金热潮，国泰投信有母公司代操业务挹注，成为两家挤进前十大排行榜的本土投信公司。

2017年上半年十大基金公司资产规模

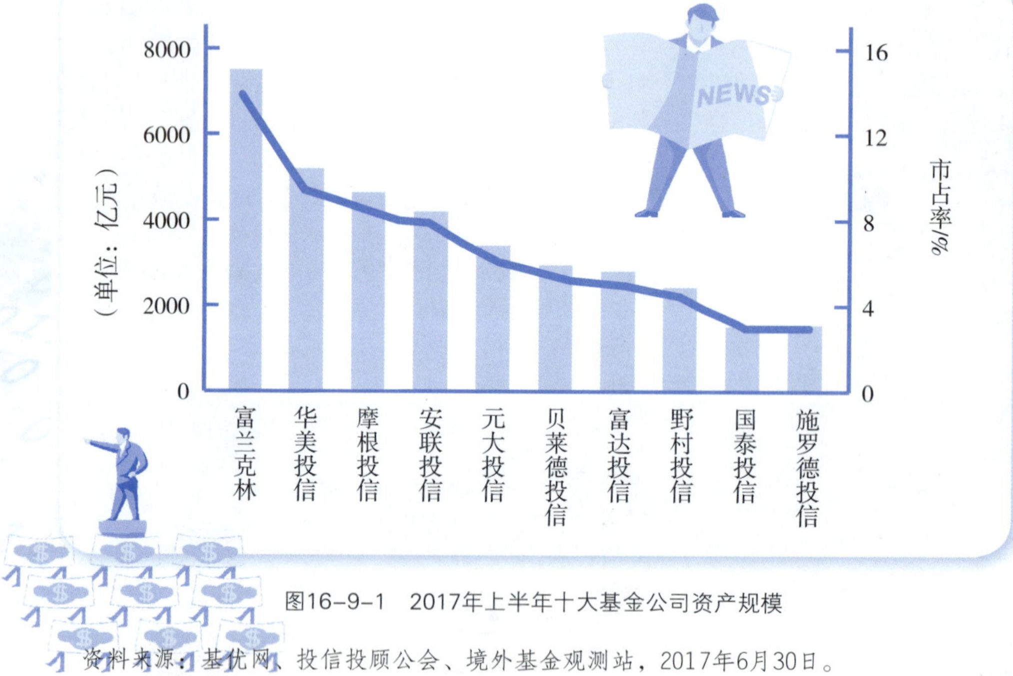

图16-9-1　2017年上半年十大基金公司资产规模

资料来源：基优网、投信投顾公会、境外基金观测站，2017年6月30日。
注：境内外基金、主动与被动式基金共同计算。